KB240069

지중해
무형
문화재

지중해 무형 문화재

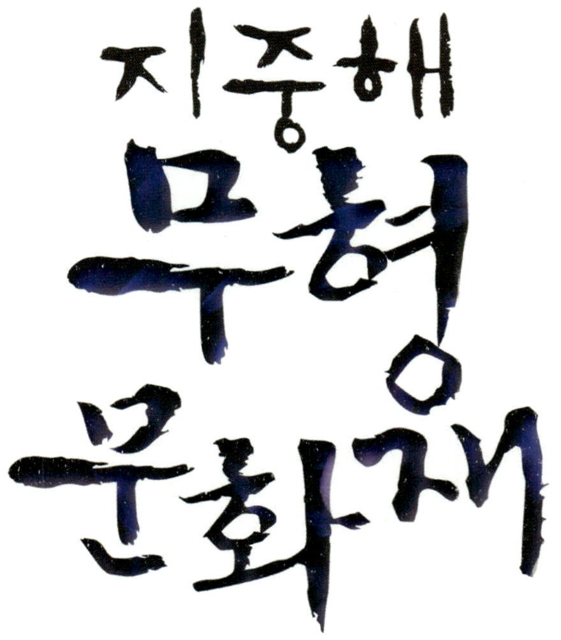

지중해지역원 지음

이담 Books

이 책은 2007년 정부(교육과학기술부)의 재원으로 한국연구재단의 지원(HK 사업)을 받아 수행된 연구임(NRF-2007-362-A00021)

머리말

    지중해는 세상 어느 곳에도 밑지지 않은 많은 문화유산을 간직하고 있다. 이집트의 피라미드, 그리스의 신전, 로마의 건축물, 기독교 성당 및 이슬람 사원 등이 우리에게 알려져 있으나 이것은 주로 유형의 유산들이다. 이 책에서는 현재 우리에게 그다지 많이 알려지지 않은 지중해의 무형 문화유산을 소개하게 되었다. 그 내용은 2부로 나누어져 있다. 1부에서는 유네스코 지정 무형문화유산, 2부에서는 지중해 정신문화란 제목하에 고대 그리스 문화, 기독교, 이슬람교가 구체적으로 어떻게 생활에 원용되는가 하는 점을 다루었다.

    1부에서는 유네스코에 등재된 무형문화유산 중 일부를 지중해 연안 각국 별로 소개한 것이다. 유네스코가 지정한 문화유산은 인간의 생활 및 문화와 관련된 세계 유산, 무형 문화유산 그리고 자연유산을 포괄한다. 유네스코의 로고(상징) 자체가 세계유산 가운데 하나인 아테네의 아크로폴리스 위에 있는 파르테논 신전의 형상을 딴 것이다.

    한편, 산업화, 세계화, 급속한 도시화, 문화의 획일화, 그리고 젊은 세대의 무관심 등으로 많은 무형유산이 사라지고 있

는 가운데 급격히 소멸되고 있는 무형문화유산을 보호하고
자, 유네스코는 1997년 제29차 총회에서 '인류 구전 및 무형
유산 걸작 제도'(이것은 2008년 무형문화유산으로 편입 개
편)를 채택했다. 이어서 국제사회의 인식이 커지면서 2003년
유네스코 총회는 무형문화유산 보호협약을 채택했다. 유네스
코에서는 무형문화의 정의를 '공동체, 집단 및 개인이 자신
의 문화유산의 일부분으로 인식하는 관습, 표현, 지식 및 기
술; 이와 관련된 전달 도구, 사물, 공예품; 문화 공간'으로,
그리고 그 범주를 '언어를 포함한 구전 전통 및 표현; 공연
예술(전통음악, 무용 및 연극 등); 자연 및 우주에 관한 지식
및 관습; 전통 기술'로, 그리고 규정하고 있다(협약 제2조).
이렇게 유네스코의 세계 무형 문화유산은 독특하거나 가치
있는 각국의 관습을 채택한 것으로, 전체 목록은 이 책 끝의
부록을 참고할 수 있도록 했다.

1부는 지중해지역의 유네스코 무형문화재 중 일부를 소개
한다. 일일이 다 천착하지 못한 것은 집필진의 수와 전공 범
위가 충분하지 못했기 때문이기도 하지만, 한 권의 책으로
내기에는 그 내용이 너무 방대한 데도 원인이 있다. 그래서
좀 더 흥미롭고 대중적이라고 생각되는 것들을 선별 소개했
다. 이탈리아의 경우 '베네치아 카니발'과 '일 팔리오'는 지
금 유네스코 무형문화 선정 대상 후보로 등록된 상태이지만,
소개할 만한 가치가 있다고 생각되어 포함했다.

2부에서는 지중해에서 발생 전파된 그리스 문화, 기독교,
이슬람교 등을 다루었다. 이것은 위에서 소개한 유네스코 무

형문화유산 협약 제2조에서 규정한 무형문화유산의 정의 및 범위의 관점에서 볼 때도 무형문화의 전통과 무관하지 않을 뿐 아니라, 참으로 중요한 비중을 가진 것이라고 하겠다. 고대 지중해를 배경으로 발달하여 서양문화의 2대 원류를 이루고 있는 그리스 문화(헬레니즘)와 기독교(헤브라이즘), 그리고 유대교, 기독교, 조로아스터 교 등의 전통을 아우르는 이슬람교는 지중해의 정신과 관습을 이해하는 데 빠뜨릴 수 없는 요소들이다.

다른 한편, 이슬람교의 나라이면서도 그런 전통과 다른 토속적, 샤머니즘적 요소를 함께 간직한 터키의 작명문화도 소개했다. 터키 인은 중앙아시아에 뿌리를 갖는 민족으로 정서나 문화에 있어 우리 한국인과 다소간에 공통점이 없지 않다. 이슬람교와 민족 고유의 전통이 어우러져 있는 터키의 생활상은 유럽과 아시아의 중간에 위치한 지정학적 위치에 어울리는 복합적인 것이며, 작명문화의 미시적 단면을 통해 그들이 갖는 아시아적 정서를 이해할 수 있게 된다.

이 책의 1부에서는 미시적이고 구체적인 생활상, 2부에서는 좀 더 근원적으로 각 사회의 밑바닥에 깔린 문화, 종교적 신조 및 정서 등을 중심으로 살펴본다. 이런 두 가지 상이한 접근 방식은 우리와 동떨어진 곳에서 판이한 역사전통을 가지고 살아가는 지중해 연안 사람들을 포괄적으로 이해하는 데 적지 않게 도움이 되겠다. 단기간의 직접 관광이나 여행 안내서를 통해 얻을 수 있는 지식은 주로 외형적인 건축이나

공예 미술품, 인간의 생물적 특징, 지형 등의 차이들을 경험
하는 것에 한정되곤 한다. 그러나 이 책은 그런 외형이나 시
공의 차이를 넘어서 미시적 인간 생활상 및 행동양식에서 보
이는 보편성에 초점을 맞춤으로써, 정작 지중해 주변 사람들
을 좀 더 가까이 손에 잡히도록 이해하고, 또 그들이 우리
동양인과 갖는 공통점이 무엇인가, 혹은 차이점이 있다면 그
것을 어떻게 판단하고 취사선택해야 할 것인지를 결정하는
데 일조할 것으로 기대한다.

2011년 8월
부산외국어대학교 지중해지역원 외
집필진 일동

Contents

2부 | 지중해 정신문화

1부
유네스코 무형문화재

인류무형문화유산 세계기록유산 세계유산

유네스코(UNESCO)[1]
유산[2]과 무형문화재

프랑스 파리에 본부를 둔 유네스코가 지정한 세계유산은 세계문화유산, 세계기록유산, 세계 무형유산 세 가지로 나누어진다.

좀 더 자세히 살펴보자면, 유네스코는 인류 전체를 위해 보호되어야 할 현저한 보편적 가치가 있다고 인정되는 문화재를 세계유산 일람표에 등록하며 '세계문화유산'이라 칭하고, 이렇게 등록된 유산을 크게 상기 세 가지-세계유산, 인류무형문화유산, 세계기록유산-로 구분하고 있다.

---

1) 이 기구는 'United Nations Educational, Scientific and Cultural Organization(국제연합교육과학문화기구)'의 영문 머리글자를 따서 'UNESCO'라고 불린다. 유네스코는 대중교육과 문화보급, 지식의 유지·증대 및 전파, 세계유산의 보호 등의 활동을 통해 여러 국민들 사이의 이해를 돈독히 하고 협력관계를 촉진함으로써 국제평화와 안전을 확보하려는 국제연합 전문기관이다 (http://www.unesco.org/new/en/unesco/about-us/who-we-are/introducing-unesco/ 2011.08.02 검색).

2) http://www.unesco.or.kr/heritage/index.asp 참조.

구 분	정 의
세계유산	자연유산: 무기적 또는 생물학적 생성물들로부터 이룩된 자연의 기념물, 지질학적 및 지문학(地文學)적 생성물, 동물 및 생물의 종의 생식지 및 자생지
	문화유산: 기념물, 건조물 군, 유적지
	복합유산: 문화유산과 자연유산의 특징을 동시에 충족하는 유산
인류무형문화유산	공동체와 집단이 자신들의 환경, 자연, 역사의 상호작용에 따라 재창해온 각종 지식과 기술, 공연예술, 문화적 표현(예: 무형문화재)
세계기록유산	고문서 등 전 세계의 귀중한 기록물(예: 해인사 대장경판)

먼저 유네스코는 1972년 '세계문화 및 자연유산 보호협약(Convention concerning the Protection of the World Cultural and Natural Heritage; 약칭 '세계유산협약')'을 채택하고, 보편적 가치를 지닌 세계 각 국가의 부동산 유산을 세계유산으로 지정한다. 이 세계유산은 그 특성에 따라 다시 자연유산, 문화유산, 복합유산으로 분류되며, "세계유산은 전 세계 153개국이 보유하고 있는 936점(2011년 8월 현재)에 이른다. 이 가운데 문화유산이 725점, 자연유산 183점, 복합유산이 28점이다. 2011년 8월 현재 세계유산협약 가입국은 187개국이다.[3]

두 번째로 인류무형문화유산[4]은 유네스코 무형유산보호

---

3) 우리나라는 1988년 협약에 가입하여 석굴암과 불국사, 해인사 장경판전, 종묘, 수원화성, 창덕궁, 고창·화순·강화 고인돌, 경주역사유적지구, 조선왕릉, 하회와 양동마을이 세계문화유산으로 등재되었으며, 2007년 국내 최초로 "제주 화산섬과 용암동굴"이란 이름으로 제주도가 세계자연유산에 등재되었다 (http://jejuwnh.jeju.go.kr/contents/index.php?mid=0103 2011.08.02 검색).

4) 긴급한 보호가 필요한 무형문화유산목록에 등재된 무형유산은 9개국 16건(2010년 11월 현재)에 이른다. 긴급보호목록은 2009년 처음 선정되었다. 인류무형문화유산 대표목록에 등재된 무형유산은 전 세계 84개국 213건(2010년 11월 현재)에 이른다. 유네스코가 2001년, 2003년, 2005년 각각 선포했던 '인류 구전 및 무형유산걸작' 90건은 2008년 11월, 대표목록으로 자동 전환되었다. 대표목록 선정은 2009년부터 시작되었으며, 2009년 76건, 2010년 47건이 새로 대표목록에 등재되면서 전체 213건이 되었다. 우리나라의 인류무형문화유산 대표목록에는 종묘 및 종묘제례

프로그램의 일환으로 전 세계 인류 공동으로 보호해야 유산을 말한다. 2011년 현재 유네스코가 지정한 인류무형문화유산은 78개국 241건에 이른다.[5]

마지막으로 세계기록유산은 고문서 등 전 세계의 귀중한 기록물을 말한다.

산업화와 지구화 과정에서 급격히 소멸되고 있는 무형문화유산을 보호하고자 1997년 제29차 유네스코 총회는 '인류 구전 및 무형유산 걸작 제도'를 채택했다.[6] 이로 인해 국제사회의 문화유산 보호 활동이 건축물 위주의 유형 문화재에서 눈에 보이지 않지만 살아 있는 유산(living heritage), 즉 무형문화유산의 가치를 새롭게 인식하고 확대하는 계기가 되었다.

이 책은 오래전부터 유네스코가 특히 관심을 가져왔던 인류무형문화유산을 지중해지역을 중심으로 소개하고자 한다. 유네스코가 지정한 무형문화재는 물론, 공식적으로 유네스코에 등록은 되어 있지 않지만 지중해 각 나라별 독창성을 고스란히 보여줄 수 있는 여러 무형문화유산을 들여다보고자 한다. 과거 역사 속의 지중해가 아니라 현재 우리 곁에 살아 있는 지중해로서, 그 공동체와 집단이 어떻게 자신들의 환경, 자연, 역사의 상호작용을 통해 살아 숨 쉬고 있는지 다양한 무형문화유산을 통해 살펴보자.

악(2001년), 판소리(2003년), 강릉단오제(2005년), 강강술래(2009년), 남사당(2009년), 영산재(2009년), 제주 칠머리당영등굿(2009년), 처용무(2009년), 가곡(2010년), 대목장(2010년), 매사냥(2010년, 다국적유산)으로 총 11건이 있다.

5) 유네스코가 2011년 현재까지 등재시킨 세계 인류무형문화유산목록은 부록을 참조한다.

6) 2001년, 2003년, 2005년 3차례에 걸쳐 70개국 90건이 인류 구전 및 무형유산 걸작으로 지정되었다. 무형문화유산의 중요성에 대한 국제사회의 인식이 커지면서 2003년 유네스코 총회는 무형문화유산 보호 협약을 채택하였다.

류정아 · 임지영 · 장니나

1. 꽁빠뇽나쥬(Compagnonnage)

꽁빠뇽나쥬는 지식과 정체성을 전수해 가는 전통적인 기술 전수 네트워킹 시스템을 말하는 것으로 2010년도에 등재되었다.

꽁빠뇽나쥬의 엠블럼(망치, 사각형, 콤파스)[7]

---

7) http://fr.topic-topos.com/emblemes-de-compagnonnage-chateau-landon

1) 꽁빠뇽나쥬의 정의

“꽁빠뇽나쥬”란 프랑스의 기술 전승 체계로 돌, 나무, 금속, 가죽, 직물 혹은 음식을 가지고 하는 교역에 관련한 지식과 노하우를 전승하는 독특한 방식을 말한다. 프랑스에서 이말의 기원은 1719년까지 거슬러 올라가는 것으로 기술전수자가 스승의 집에 기거하면서 기술을 전수하는 일정한 시기의 숙련기간을 가지는 것을 말한다. 라틴어로 “companionem”은 다른 사람과 빵을 나누는 사람을 의미하며, 현재 친구의 의미로 사용되는 “copain”도 여기서 나온 달임을 알 수 있다.

일반적인 의미로 꽁빠뇽나쥬란 일단의 사람들이 동료관계를 형성하면서 사는 삶을 가리키며, 이러한 삶은 동료들 간의 상호부조, 보호, 교육, 지식의 전수 등을 궁극적인 목적으로 한다.

2) 꽁빠뇽나쥬의 전설과 역사

삐에르(Pierre) 신부가 만든 Emmaüs 꽁빠뇽 운동은 인간, 각각의 사회, 국가가 교환과 분배뿐만 아니라 동등한 존엄성을 확신하고 완성시키며 살 수 있는 “보편적 선언”이며, 이것은 바로 “빵을 나누는 것”이었다. 이 말을 좀 더 넓게 해석하면 살아 있는 존재는 그것이 생겨나는 그 순간부터 인본주의에 근거해야 한다는 점을 상기시키는 것이다.

꽁빠뇽나쥬는 3명의 전설적인 사람들로부터 그 뿌리를 찾을 수 있다. 이들은 살로몬(Salomon), 자크 스승(Maître Jacques), 그리고 수비스(Soubise) 신부이며, 살로몬의 성전을 축조하는 동안 생겨난 동료들 간에 질서가 전해져 내려온다.

살로몬의 전설은 꽁빠뇽의 신화를 "자유로운 직인조합"으로 본다는 점에서 중요한 의미를 가진다.

전설에 의하면, Maître Jacques는 어릴 때부터 돌을 다듬는 일을 배웠다. 그는 15세에 살로몬 사원을 축조하는 작업에 참여하기 위해서 떠났고, 여기에서 36세까지 일했다. 석공, 목수 등에서 지도자가 된 이후에 그는 Soubise라는 이름을 가진 다른 지도자와 함께 프랑스로 되돌아왔다. 그러나 여행을 같이 하면서 지도자 쟉크는 Soubise로 인해 화가 나는 일이 생겼다. 현재 마르세유에 해당하는 지역에 도착해서 그는 그의 라이벌로부터 자신을 보호하기 위해서 라셍트 보움(la Sainte Baume)에 몸을 숨겼으나 자신의 신봉자들의 배신으로 암살을 당했고, 그의 옷가지는 다른 여러 동업조합들이 나눠 가졌다.

좀 더 나중에 만들어진 것으로 판단되는 또 다른 버전에 의하면, 자크 스승(Maître Jacques)와 성당 기사단(l'Ordre du Temple)의 대스승인 자크 드 몰레이(Jacques de Molay)가 동일 인물로 간주된다. 또는 1401년 오를레앙 성당의 작업장이었던 자크 몰레르(Jacques Moler)와 동일시되기도 한다.

건축과 관련된 전설에서 보면, 승려복을 입은 수비스 신부는 솔로몬의 성전 작업장에서 목수들을 관리하였다. 그는 지나치게 권위를 부리는 사람으로 쟉크 스승을 시샘하다가 그와 다툰 후에 보르도를 거쳐서 프랑스로 되돌아왔다. 또 다른 이야기로는 그가 쟉크 스승을 암살한 주범으로 보기도 하고, 또는 그의 무죄를 주장하기도 한다. 또는 그가 베네닉트 수도사로서 쟉크 몰레르와 함께 오를레앙 작업장에 참여했다고 말하기도 하다.

꽁빠뇽과 관련된 또 다른 중요한 전설은 의례 분리와 관련되어 있다. 이 전설은 1401년부터 전해져 내려오는 것으로 셍트-크라 도를레앙(Sainte-Croix d'Orléans) 성당의 탑을 만드는 과정에서 만들어졌다. 쟉크 몰레르와 수비스 드 노정(Soubise de Nogent) 두 거장은 가톨릭과 프로테스탄트가 분리되어 끔찍한 전쟁을 치르게 한 파업에 직면하게 되었다. 이 전설은 좀 더 뒤에 일어난 역사적 사건과 관련을 가진다. 즉 이것은 프로테스탄트가 오를레앙 성당의 첨탑을 파괴해버린 것에 기인한 가톨릭과 프로테스탄트 꽁빠뇽의 분열을 말한다.

프리메이슨단(franc-maçonnerie)[8]과 꽁빠뇽나쥬(compagnonnage)의 상징과 의례는 비록 공통적인 요소가 있기는 하지만 상당히 다르다.

낭트에 있는 꽁빠뇽 박물관에서 꽁빠뇽나쥬의 기원을 명시해놓기는 했지만, 그것에 대해서는 정확하게 알려진 바가 거의 없으며 이와 관련된 고문서들도 겨우 18세기까지만 거슬

---

8) 근대 유럽에서 활약한 세계시민주의 · 자유주의적 단체로서 진실추구와 인간과 사회의 개선을 목표로 한다.

러 올라간다.

아마도 직업이 만들어지자마자 이에 속한 노동자들과 장인들이 조직되어 있었을 것이다. 세계 여러 곳에서 나타나는 다양한 전통과 종교를 비교해 본 연구에 의하면 이들 장인들은 아주 오래전부터 세대를 거쳐서 다소 비밀스럽게 기술을 전수해 왔던 것으로 보인다. 이와 관련된 흔적은 고대 이집트나 로마에서도 발견된다.

꽁빠뇽나쥬는 이미 성당을 축조할 당시에도 존재하고 있었으며, 그와 관련된 특이한 징후들이 발견된다. 또한 꽁빠뇽들은 프랑스는 물론이고 유럽 전체를 여행하였다.

꽁빠뇽나쥬의 기원은 중세 대성당이나 솔로몬의 신전의 노동조합의 모습에서도 찾아볼 수 있다. 이것은 1600년대에 들어서면서 안정적인 단체의 모습을 갖추기 시작하였다. 1791년 샤쁠리에(Chapelier) 법으로 금지령이 내려졌지만 프랑스혁명 시기부터 7월 군주제 시기까지 급격히 번창했으며 3년마다 십만 명의 노동자들이 꽁빠뇽나쥬를 거쳐 갔다. 동업조합인 꽁빠뇽나쥬는 목수, 채석공, 열쇠공, 가구업자, 건축업자 등의 상공업계 노동자들이 힘을 규합, 왕권과 영주권에 대항하고 그 착취를 배격했던 일종의 노동조합의 성격을 띤 것이다. 그래서 역사가들은 꽁빠뇽나쥬를 계급 갈등의 시초라고 보기도 한다. 이 조합 중 오직 드브와르 조합만이 17세기까지 존재했고, 당시 수많은 미숙련 장인들이 특정 기술을 배울 목적으로 프랑스 곳곳을 여행하였다.

| '프랑스 여행'의 꽁빠뇽 - 목수 | '프랑스 여행'의 꽁빠뇽 - 구두 만드는 사람9) |

프랑스 구체제 하에서 직업조직들은 조합들을 중심으로 조직되었으며 그것은 다음과 같은 세 가지의 지위체계로 구성되어 있었다. 견습공, 꽁빠뇽, 지도자가 그것이다. 꽁빠뇽들에게 있어서 지도자의 아들이나 사위가 아닌 이상 지도자 지위를 계승 받는다는 것은 대단히 어려운 일이었다. 게다가 1268년 루이 9세의 요구에 따라 만들어진 "직업서(livre des métiers)"는 모든 노동자들에게 자신의 지도자의 동의 없이 지도자를 떠나는 것을 금지시켰다. 이것이 바로 동업조합으로부터 독립된 최초의 꽁빠뇽 결사체를 만들게 하는 요인이 되었다. "compagnonnages"라는 이름은 19세기에 생겼으며,

---

9) http://la-rose-couverte.over-blog.com/pages/Le_Compagnonnage_videos-1668436.html

그전까지는 "직인조합"이라고 불렀다.

"촌락(Pays)" 꽁빠뇽과 "해안가(Côterie)" 꽁빠뇽으로 구분해서 부르던 시기도 있었다. 전자는 지상의 작업실에서 일하는 노동자들을 말하며, 후자는 고지나 발판 위에서 일하던 노동자들을 말한다. 즉 촌락에서 일하는 사람들은 위험을 감수하기를 원하지 않았으며, 발판 위에서 하는 것과 같은 위험한 일들은 해안 사람들을 불러서 하도록 하였다.

17세기부터 시작해서, 교회의 허가 없이 구두수선공들이 유사 종교행위를 하는 것을 엄단하고자 하였으나 이러한 시도는 완전한 실패로 끝났다. 왜냐하면 1685년 낭트칙령이 폐지되면서 꽁빠뇽나쥬가 분열되었기 때문이다. 신교도들과 무신교들은 서로 다른 직인조합의 형태로 결집하였고, 프랑스혁명 당시 "자유로운 직인조합"이라는 이름을 취하였다.

꽁빠뇽나쥬의 일터

3) 꽁빠뇽나쥬의 활동 특성

꽁빠뇽나쥬는 지식을 전승하는 다양한 방법과 절차들을 종합한 것으로, 국내뿐 아니라 해외에 걸친 교육여행, 입문의례, 학교 교육, 관습적으로 이루어지는 배움과 기술 전승의 도제관계가 모두 종합되어 있다. 꽁빠뇽나쥬는 고대의 기예를 실천하고 가르치고, 그러한 기예 훈련에서의 진정한 장점을 전달하고, 개인의 발전과 훈련을 통합하며, 마지막으로 입문의례를 치른다.

16세를 넘고 관련 직업기술을 배우고 발전시키고자 하는 사람이면 누구나 꽁빠뇽나쥬 공동체에 지원 가능했다. 훈련은 3년에서 7년 동안 지속되며 훈련자들은 각처를 돌아다니면서 다양한 지식과 그것의 전승 방법을 습득한다.

견습보조원들도 참여할 수 있었지만, 장인들만이 고난도의 기술을 갖고 있었다. 거장의 지위를 얻기 어려웠기 때문에 많은 공예가들은 꽁빠뇽나쥬에 오랜 기간 더 머물러야 했다.

꽁빠뇽나쥬에 입문하기 위해서는 치밀한 통과의례가 치러졌으며 '대부'가 지정되고 별칭이 생겼다. 물과 와인의 세례와, 굴욕적인 입문의식, 서약을 맹세하고, 신분증과 비밀번호가 발급된다. 회원들은 선배 꽁빠뇽들에게 치러진 의식에 대한 비밀을 지키고 의무를 다할 것을 맹세한다. 꽁빠뇽나쥬의 회원들은 프랑스 전국에 퍼져 있는 꽁빠뇽나쥬의 기숙사에서 숙식을 해결하고 조직 관료에게 찾아가 일자리를 알아본다.

꽁빠뇽나쥬는 자신들이 취급하는 교류 상품의 우위를 점하기 위해, 또는 고용인(장인)에게 압박을 주기 위해 노동 시장을 통제하기도 한다. 임금과 노동 환경에 대해 관여, 협조적이지 않은 고용인(장인)들의 상품을 보이콧하기도 한다. 꽁빠뇽나쥬 회원이 병에 걸리거나 죽으면 함께 도우며 자신들의 수호성인 축일에 잔치를 벌여 즐긴다. 꽁빠뇽나쥬의 회의는 다수의결 의견으로 결정되며 '프랑스 여행'(Tour de France)이 끝나면 보통 꽁빠뇽나쥬에 적극적으로 참여하지는 않는다. 그러나 작은 단위로 서로 도우며 사회를 형성하기도 한다.

꽁빠뇽나쥬의 회원들

1840년 '프랑스 여행'의 시작10)

4) 꽁빠뇽나쥬 운동의 절정과 쇠퇴

  자물쇠제조업자 꽁빠뇽의 걸작은, 뚜르의 꽁빠뇽나쥬 박물
관이다. 18세기가 시작할 즈음 꽁빠뇽나쥬는 두 가지의 독특
한 특징을 보였다. 노동조직체로서의 그들의 권력이 가공할
정도의 수준에 다다랐다는 것이다. 그들은 간혹 오랜 기간
파업을 하기도 하였고, 그것이 도시에서의 고용을 통제하기
도 하였으며, 고집불통인 지도자에 대항해서 "금지 가게" 목
록을 만들기도 하였다. 더 나아가서 마을 전체에 금지명령을
내리기도 하였다. 게다가 모든 고용의 가능성을 차단하였으

---

10) http://la-rose-couverte.over-blog.com/pages/Le_Compagnonnage_video
    s-1668436.html

며 판산을 시켜버린다는 협박을 하기도 하였다. 이와 동시에 집단들 간의 분열은 심화되었으며, 서로 라이벌 관계에 있는 직인조합 꽁빠뇽 간의 싸움이 생겨서 많은 희생자가 생겨나기도 하였다.

1791년 4월, 프랑스 혁명이, 아라르드(Allarde) 칙령에 의해서 조합시스템에 종지부를 찍고 꽁빠뇽나쥬의 아주 오래된 주장을 구체화시켰다면, 두 달 뒤에는 르 샤플리에 법에 의해서 노동자 결사체 구성이 금지되었다.

1804년에 "자유로운 직인조합(devoir de liberté)"이 만들어지면서, 가톨릭에서 말하는 "하나님의 신성한 의무"를 인정하지 않던 모든 꽁빠뇽들을 결집시켰다. 동일한 시기에 파업을 하는 조직체들에게는 새로운 법령에 의해서 2년에서 4년에 이르는 감옥형이 내려졌다.

그러나 이러한 것들이 꽁빠뇽나쥬가 조직체의 보호와 요구사항을 강화하는 것을 막지는 못하였다. 그럼에도 불구하고, 둘로 나누어진 형제살해와 같은 싸움이 일어났다. 역사가들은 19세기 전반기에 프랑스에서만 최소한 200,000개의 꽁빠뇽나쥬가 있었던 것으로 추정한다.

19세기 후반기에는 산업혁명의 효과와 만나게 되면서 꽁빠뇽나쥬가 쇠퇴기에 접어든다. 왜냐하면 산업혁명은 제조과정에 수공기술이나 비법, 조합 조직 등에 덜 의존하게 되어, 꽁빠뇽나쥬가 연합하는 것이 실패하고, 철도개설 등으로 인해 프랑스 전체를 발로 걸어 다니던 매우 오래된 관행들을 뿌리째 흔들었기 때문이다.

1884년부터 허가받은 조합(les syndicats)들이 노동자의 세계에서 강하고 빠르게 그 수를 늘려나갔고 선조들의 꽁빠뇽나쥬의 행위들을 비웃기 시작하였는데, 이로 인해 꽁빠뇽나쥬는 대단히 빨리 사라질 수밖에 없었다.

1848년 꽁빠뇽나쥬의 대변인이자 작가·소목장이였던 아리꼴 페르디기에(Aricol Perdiguier)가 헌법개정단에 선출되었다. 그가 혁신적인 노동자조직협회를 이끌었으나, 파벌주의, 새로운 형식의 노동자 조합의 저항, 경제적 변화, 종교단체의 배타성 등의 요인들로 인해 1800년대에 꽁빠뇽나쥬 체제는 부패하기 시작하였다.

그럼에도 불구하고 꽁빠뇽나쥬는 살아남았다. 산업화에 직면하여, 그들 선조들의 실천적인 가치들은, 비록 현대주의자들에게 조롱을 당하기는 하였지만, 두 번의 세계대전을 치르면서 전통주의자들의 관심을 끌게 되었다. 2차 세계대전 당시, 꽁빠뇽나쥬는 다시 조직되었고, 쟝 베르나르(Jean Bernard)가 속해있던 꽁빠뇽은 "직인조합 꽁빠뇽 노동자 연맹"을 만들었다. 해방을 맞이하고, 꽁빠뇽 연맹은 다시 활동을 개시하면서 의례를 수행하였으며, "건축업 꽁빠뇽 연맹" «Fédération compagnonnique des métiers du bâtiment »으로 다시 태어났다.

결국 20세기 후반기에 꽁빠뇽나쥬는 전통적인 것과 현대적인 것을 조화시키고자 하는 젊은 신참자들의 관심을 끌게 되었다. 이제는 유럽을 넘어서 세계로 관심의 영역을 넓히는 중이다.

뚜루의 **Musée du Compagnonnage**(꽁빠뇽나쥬 박물관)11)

2. 프랑스 목조 구조물 제작 전통의 특성

1) 프랑스 목조 구조물 제작 전통의 의의와 제작과정

프랑스의 목조 구조물은 13세기부터 활용된 것으로 알려 졌다. 목조물의 결구와 특성을 디자인을 통해 보여준다. 프랑 스의 목조 제작 전통은 강한 상징성을 지니고 있으며 사회적

---

11) http://www.linternaute.com/musee/diaporama/1/7068/musee-du-compag nonnage——tours/50437/

관행으로서 꽁빠뇽나쥬의 성격을 가장 잘 보여주는 대표적인 것이다. 프랑스만의 독특한 제작 방법이 존재하며 중세부터 프랑스의 주요 건축물을 세우는 데 많은 영향을 미쳤으며 유네스코 무형문화유산으로 2009년에 등재되었다.

이것은 예술적 목조 구조물 제작(Art of scribing)이라고도 불리는데, 여기서 '예술'이란 마음에서 일어나는 것을 말한다. 프랑스 구조물 제작의 특징은 축선과 지축으로 이루어져 있고, 지축은 땅을, 축선은 땅 위에 서 있는 모습을 나타낸다. 이 두 개의 선이 목조 구조물 제작의 기본을 이룬다. 실제 크기를 구축하기 위해서는 회전을 이용한다. 기하학은 제작의 정확성과 실체화의 척도로서 컴퍼스로 원 안에 7개의 동등한 공간을 만들어낸다. 이 제작 방식은 목조의 실제 부피와 두께를 빠르게 표현할 수 있다.

목조구조물 제작을 위해 목수는 건축물을 제작하기 전 모든 부재를 산정하며, 매우 복잡한 과정을 거쳐 모든 목조구조물들이 완공 시 서로 꼭 들어맞도록 계획한다.

프랑스 목조 방식(스크라이브) 구조

2) 프랑스 목조 구조물 제작 전통의 특성

목조구조물 제작은 3차원의 복합적인 목조건축물 디자인에 통달해야 하는 것으로, 목조구조물 제작 전문가는 표준화를 추구하는 현대건축과는 반대로 건설 과정에서 건설자의 역할을 강조함으로써, 건축물 자체에 독창적인 자극을 준다.

목조 구조물 제작 전통은 프랑스 전국에 골고루 퍼져 있으며, 훈련소, 꽁빠뇽나쥬의 거주지(maisons compagnonniques), 길드 하우스 등에서 제작이 이루어졌다. 특히 목조물 전통이 강한 노르망디 지역에 집중되어 있다.

목조 구조물 제작은 기술에 국한되지 않는 것으로 꽁빠뇽나쥬의 '프랑스 여행'(Tour de Fracne)에 있어서 출발점이자 중요한 상징적인 역할을 하기도 하였다. 이 전통은 프랑스 관광의 가치를 높이는 데 중요한 역할을 한다. 국가 교육기관에 제작과정학위제도가 있으며, 까다로운 시험을 통과해야만 자격을 얻을 수 있다. 그러나 현재는 디지털 시스템이 구축되면서 10년 안에 기계가 제작을 대체할 것이라는 우려도 나오고 있는 상황이다.

현대 목조 구조물 제작 과정[12]

3. 벨기에와 프랑스의 축제 행렬용 거인과 용

1) 거인신화의 유래

벨기에와 프랑스의 축제에서는 거대한 동물, 용 및 거인 형상들을 만들어 선보이는 것이 하나의 전통으로 자리 잡았는데, 이 형상들은 14세기 후반 유럽 전역에 걸쳐 도시의 종교 행렬에서 처음 나타난 이후, 벨기에의 특정 지역(아테, 브뤼셀, 덴더몬드, 메셀렌, 몬스)과 프랑스의 여러 마을(카셀, 두와이, 페제나스, 타라스콘)에서 전통을 이어가고 있다. 2005년에 유네스코 무형문화유산으로 등록되었다.

거인상은 유럽 민속신앙에 깊이 내재해 있다. 프랑스 거인

---

12) http://www.unesco.or.kr/heritage

가르강튀아 이야기는 라블레가 책을 통해 널리 알리기 전부
터 민간구전에 등장하는데, 여러 곳의 지형적 특징이 가르강
튀아의 행위에서 비롯된 것으로 설명되고 있다. 몽셀미셀산
과 롱블렌느 섬들은 그가 바다로 던져 넣은 몇 줌의 흙이며,
그가 눈 오줌으로 여러 개의 강이 만들어진다. 제네바 호수
의 바닥에서 흙을 파내 쌓은 것이 몽살레브산이다. 신발에서
떨어진 돌 부스러기, 고리 던지기 놀이를 하며 던진 고리들,
그가 토한 음식물 찌꺼기 등이 거대한 바위가 되었다고 한
다. 프라스트베이에트의 스비스타 근처의 거인 이야기도 전
해져 내려오는데, 거인이 어떤 교회를 부수러 등에 돌을 지
고 가던 중, 낡은 신발들을 지고 가는 제화공을 만나 길이
멀다는 이야기를 듣고 거기에다 돌을 내려놓았다는 이야기가
전해진다. 거인들이 던진 거대한 바위들, 거인 발자국은 호수

프랑스 거인 '가르강튀아'[13]

---

13) http://www.seoul.co.kr/news/newsView.php?id=20101227021002, http://
nomadist.org/xe/68220

바닥을 이루고, 그가 다닌 오솔길은 꼬불꼬불한 골짜기로 남게 된다. 평원 위에 외따로 솟은 언덕은 거인의 작품으로 보며 인간의 진입을 막기 위해 독일 여자 거인이 평원 위에 산을 쌓아올린 것이며, 노르웨이의 중앙고지에 산 중턱을 깎아지른 듯한 깊은 협곡은 거인 트롤의 작품이라고들 한다.

2) 거인 축제 행렬의 의미

유럽축제에서는 본래의 모습보다는 과장된 모습을 의도적으로 표현한 사례들을 많이 발견할 수 있다. 16세기부터 프랑스 북부 지역의 몇몇 도시, 플랑드르 지역, 네덜란드, 시칠리아, 스페인의 카탈로니아와 나바르 지역에서는 지역의 중요한 축제 때 거인상 행렬이 이루어진다. 길드들의 연례행사에서 또는 왕족의 환영행사에서 거인상 퍼레이드가 벌어졌으며, 또한 도시 역사상 중요한 순간을 기리는 경우, 위험에서 벗어난 순간, 적의 포위에서 벗어난 순간을 기리는 행사에서도 거인상 퍼레이드가 펼쳐졌다.

예를 들어, 덩케르트에서는 사육제 기간 동안 거대한 모습의 거인 르체(Reuze)가 며칠 동안 다스린다. 두에에서는 1530년부터 가이양(Gaynat)과 그의 가족을 환대한다. 붉은색 케이프와 검은 모자를 쓰고 바옐(Bailleul)의 가장행렬을 이끌며 걸신들린 듯이 먹어치우는 거인 가르강튀아도 있다.[14]

---

14) 조성애(2005), "축제와 신화의 서사구조: 축제의 거인성과 거인 신화 — 유럽축제와 한국축제를 중심으로", 「프랑스문화예술연구」 제15집, p.3

거인상 퍼레이드가 행해지는 두에, 릴, 덩케르크, 카셀의 주민들에게 거인들은 조상으로 간주된다. 이들 거인 조상들은 대부분 시나 지역의 역사적 발전을 도운 행동으로 미화되어 민담과 의식 속에서 전해져 내려오고 있다. 덩케르크의 르체-파파(Reuze-Papa)는 플랑드르 지역에서 아주 잘 알려진 거인인물로 추앙받고 있다. 처음에 덩케르크의 알로윈은 춥고 어두운 북부 유럽에 온 사나운 괴물 전사로 부드러운 목소리를 내어 젊은 여성들을 유혹하고 잡아먹었으나 엘루아 성인이 그를 교화시키고 세례를 준 후 이 거인은 선을 행하기로 하고, 그 후부터 덩케르크는 발전하는 도시가 된다.[15]

이런 변화는 카셀의 거인 르체-파파의 경우에도 보인다. 1757년 성 요한 축일 때 12명의 남자들이 4미터 정도의 높이로 만들어진 이 거인을 메고 행진하는데, 거인의 주머니에는 아이가 들어 있었고, 아이는 '파파'라고 큰 소리로 외치면서 창문에서 제공되는 음식을 모두 받아먹었다는 것이다. 주머니에 아이를 넣고 다니는 거인의 모습은 사람을 잡아먹는 괴물 거인이라는 최초의 이미지에서 야만성이 없어진 선한 양육자, 수호자로 변한 과정을 보여준다. 현대에 와서는 합법적인 아내인 여성 거인상이 동반된다. 야만성은 길들여지고 결혼과 가정을 통해 사회화된 거인의 모습이다.[16]

이런 거인 행렬은 지금은 종교적 의미는 사라지고 사람들을 즐겁게 만드는 요소로 세속화되어 거의 모든 북유럽 지역

---

15) *Fêtes, carnavale et traditions*, J'aime la France: Le plus grand voyage au coeur de nos régons, ed Atlas, p. 142~143, 조성애, ibid, 재인용
16) 조성애, ibid, 3~4

거인들과 용의 행렬17)

3) 거인과 용의 형상

거인과 용의 대형 형상들은 높이 9m, 무게 350kg에 이르
며, 형상들은 신화의 영웅 및 동물, 지역인사, 역사적 종교적
전설적 인물 등 다양한 모습을 본떠 만든 것이다.

예를 들어서 몬스(Mons)에서는 성 조지(St. George)가 용
과 싸우는 형상을 만들고, 덴더몬드(Dendermonde) 마을에서
는 샤를마뉴 전설에 나오는 말인 베야르(Bayard)를 제작, 카

17) http://www.unesco.or.kr/heritage

셀(Cassel)에서는 인기 있는 가족 인물들인 르체-파파(Reuze-Papa)와 르체-마몽(Reuze-Mamon)이 행진한다.

앤트위프 시민들은 12m 높이로 안티고누스 조상을 제작해서 시가지 행렬 수레에 싣고 다녔다. 벨기에의 브뤼셀이나 몽스, 프랑스의 두에 등을 포함한 많은 도시에서는 상인 길드, 직조공 길드에서 거인상을 조각해서 종교행사나 왕실 행진 등과 같은 축제일 거리행진에서 거인상을 선보였다. 영국 솔즈베리의 재단사 조합은 3.6m 높이의 거인상을 제작했으며, 벨기에 에스 지역의 거인상, 벨기에와 네덜란드 그리고 프랑스 북부의 여러 도시에서는 자비로운 모습의 거인상을 도시의 마스코트로 삼고 축제 행사 때 앞세우고 퍼레이드를 한다. 영국에 현존하는 유일한 사례는 솔즈베리에 있다.[19]

마을에 따라 대중 축제와 종교 행사에 대형 형상들을 사용하지만, 거인 형상은 항상 그 마을의 역사와 전설에 따른 특정한 의식에만 사용한다. 거인과 용의 행렬은 민간축제의 주인공으로 적어도 일 년에 한 번 공연하며, 그들은 팡파레 반주와 의상을 갖춰 입은 사람들과 함께 거리에서 역사적 장면들을 연기하고

용의 형체[18]

18) http://www.unesco.org/culture/ich/index.php?lg=en&pg=00011&RL=00153#diaporama
19) 재클린 심슨, 이석연 역, 2004, 『유럽신화』, 범우사, p 61

춤을 추기도 한다. 군중들은 행렬을 따르며, 많은 참가자들이
축제 준비의 여러 단계에서 도움을 준다.

4. 알랑쏭 레이스(La Dentelle d'Allençon)

알랑쏭 바느질(Le Point d'Alenç
on)은 프랑스 노르망디 지역의 알
랑쏭(Alençon)이라는 도시에서 전
통적으로 이어져 오는 레이스 수공
예 기술을 일컫는다. 1660년경 마
뜨라 페리에그가 고안한 알랑쏭 바
느질(Le Point d'Alençon)은 2010
년 유네스코 세계무형문화유산으로
등록되었다.

사진출처:
http://www.unesco.org/culture/

사진출처: http://www.unesco.org/culture/

사진출처: http://www.unesco.org/culture/

1) '레이스의 여왕' 알랑쏭 레이스

알랑쏭 레이스는 16세기 이후 베니스의 바느질(Le Point de Venise)과 함께 경쟁적으로 개발되기 시작하여, 18세기에 이르러 세계에서 가장 비싼 레이스로 등극하였다. 1665년 왕실의 명령으로 레이스 제조공장이 알랑쏭 지역에 설립되면서 비약적으로 알랑쏭 레이스 기술은 발전한다. 프랑스 왕실은 알랑쏭 레이스를 유럽 최고의 레이스로 만들려는 목적으로 아낌없이 재정지원을 하였다. 1690년경 각각의 실 고리를 연결하여 꽃무늬를 만드는 기술을 개발한 이후, 1855년경 입체감을 표현한 모티브를 창조함으로써 알랑쏭 레이스 산업은 최고의 전성기를 맞이한다. 알랑쏭 레이스의 섬세함과 정밀함은 19세기 후기에 절정에 달하였고 1851년 런던에서 개최된 세계박람회장에서 '레이스의 여왕'이라는 칭호를 얻게 된다.

그러나 350여 년 동안 지속되었던 알랑쏭 레이스 산업은 20세기에 이르러 산업자본주의 체제에 밀려 경쟁력을 잃고 만다. 패션산업의 발전과 기계생산 체제의 출현으로 알랑쏭 레이스는 급격한 위기를 맞게 되었던 것이다. 공장에서 대량으로 생산된 레이스는 수작업을 통해 생산되는 알랑쏭 레이스와 그 섬세함을 비교할 수 없었지만 이미 수천 명의 노동자와 알랑쏭 지역민들의 생계수단은 대량생산체제에 존속되었다.

산업발달로 쇠퇴한 알랑쏭 바느질의 영광을 되찾자는 목소리가 구체화된 것은 1976년 프랑스 대통령에 의해서였다. 이로써 알랑쏭 국립수공예기술학교(L'Atelier Conservatoire National d'Alençon) 레이스 수공예품 제조자들은 국가무형관리청에 소속되었고 레이스 수공예 기술은 국가유산으로 가치가 위상되었다. 이를 기념하기 위해 레이스 박물관과 보자르 미술관에서는 바늘로 만든 수백 조각의 레이스를 수집하고 전시하였다.

알랑쏭 레이스(La Dentelle d'Alençon) 세계무형문화유산 프랑스 준비위원단은 문화관리 행정처와 국립수공예기술학교(L'Atelier Conservatoire National d'Alençon) 그리고 레이스 수공업자들과의 긴밀한 협조를 통해 알랑쏭 바느질을 유네스코 세계무형문화유산으로 등록시키기 위해 준비했다. 특히 국립수공예기술학교(L'Atelier Conservatoire National d'Alençon), 레이스 박물관과 보자르 미술관을 강조함으로써 세계 유일의 레이스 작품을 수집하고 전시하는 문화유산의 본거지로서의 전략을 추진했던 것이다. 이는 알랑쏭 레이스(La Dentelle d'Alençon)가 세계문화유산으로 유지될 수 있는 제도적 장치를 강조했다는 점에서 효과가 있었다. 알랑쏭 도시의 노력 또한 남달랐다. 도시 곳곳을 레이스로 장식하여 명실상부한 레이스 도시로서 면모를 갖추었다. 세계무형문화유산으로 선정되기 위한 이와 같은 노력은 알랑쏭 레이스(La Dentelle d'Alençon)가 유네스코 세계무형문화유산으로 선정되는 결정적 요인이 되었다.

2) 알랑쏭 바느질(Le Point d'Alençon)

알랑쏭 바느질의 기술적 세계로 들어가 보자. 천 조각 위에 바늘로 수를 놓아 레이스를 만드는 알랑쏭 바느질 기술은 17세기에 창조되었다. 알랑쏭 바느질은 '자수'를 놓아 장식하는 일반적인 방식과 상이하다. 통상적으로 레이스 제작은 바늘과 방추에 의존한다. 먼저 방추로 만드는 레이스는 유럽지역 중 특히 프랑스 지역(Auvergne, Normandie, Lorraine, Flandres)에서 쉽게 찾아볼 수 있는 매우 일반화된 제작방법이다. 그러나 바늘을 사용해서 레이스를 만드는 기술은 프랑스 알랑쏭에서만 행해지는 유일한 방식이며 특히 정련된 기술을 요구한다. 실과 바늘만으로 손에서 이루어내는 이 특별한 알랑쏭 바느질은 10단계의 숙련된 과정을 거쳐야 비로소 실과 천의 환상적 조합이 이루어지며 독창적이고 세련된 문양의 레이스 작품이 창출된다. 그 제작과정은 아래와 같다.

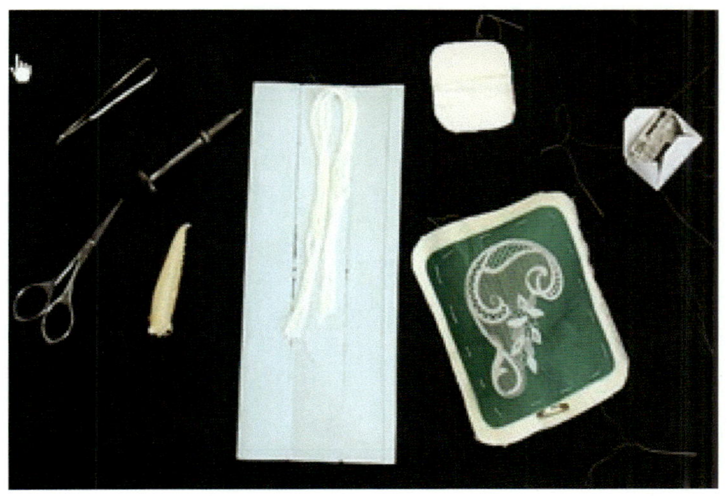

사진출처: http://www.unesco.org/culture/

1단계: 밑그림 그리기(Dessin artistique): 양피조각 위에 새겨놓을 문양의 기본모양을 초크로 그리기.

2단계: 구멍 뚫기(Piquage): 밑그림을 따라 레이스가 들어갈 문양에 맞춰 구멍 뚫기.

3단계: 기본선 수놓기(Trace): 밑그림 위에 바늘과 실로 레이스 기본선 놓기.

4단계: 밑그림 수놓기(Réseaux): 밑그림에 선명하고 규칙적인 바늘 수놓기

5단계: 입체 수놓기(Remplis): 공간감과 입체감을 주면서 바늘로 수놓기.

6단계: 장식 수놓기(Modes): 모자이크, 눈의 결정 모양, 갈퀴 모양 등 여러 가지 문양으로 다양한 장식 수놓기.

7단계: 마무리 장식(Brodé): 기본선을 마무리하는 바느질.

8단계: 분리(Levage): 면도칼을 사용해 양피지에서 수놓은 레이스를 떼어내기.

9단계: 정리하기(Eboutage): 각 문양을 연결하여 매듭을 짓고 남겨진 부분을 족집게 혹은 가위로 잘라내며 정리하기.

10단계: 문지르기(Luchage ou Affiquage): 바닷가재를 이용해 완성된 레이스 자수를 문지르기.

사진출처:
http://www.unesco.org/culture/

사진출처: http://www.unesco.org/culture/

　알랑쏭 레이스를 만드는 10단계의 제작과정 중 기본선 수놓기, 밑그림 수놓기, 입체 수놓기단계는 고난도의 바느질 기술이 필요하다. 이 작업은 숙련된 수공예자들에 의해 전승된다. 알랑쏭 레이스 수공예자는 바느질하는 모양을 따라 하며 구술로 수공예 기술을 익힌다. 그러나 완벽하게 바느질 기술을 익히기 위해서는 평균 10년 정도 학습기간이 필요하다. 1~2센티미터의 레이스 조각을 만들기 위해서 평균 7시간이 걸릴 만큼 알랑쏭 바느질은 고난도의 기술을 요구한다.

19세기까지 수천 명의 수공예자들이 알랑쏭 레이스의 수공예 기술을 완벽하게 습득하고 있었다. 그러나 알랑쏭 바느질의 기술을 계승하려는 노력에도 불구하고, 그 수가 현격하게 줄어들어 오늘날 알랑쏭 국립수공예기술학교(L'Atelier Conservatoire National d'Alençon) 소속 10여 명의 수공예자에게만 찾을 수 있는 전문적 기술이 되었다. 알랑쏭 바느질의 전문성은 비단 고유의 숙련된 바느질 기술뿐만 아니라 레이스 수공예자들의 창조정신에서도 찾을 수 있다. 레이스 수공예자들은 단순히 기술수단에 의거해 생산되는 레이스 산업에 저항하며 새로운 재료를 찾아 세계문화유산으로서 알랑쏭 바느질의 명맥과 전통을 계승·발전시키려고 노력한다.

출처: Wikipedia.

Musée des Beaux-arts et de la Dentelle

http://www.unesco.org/culture/

5. 매사냥[22]

1) 개관

프랑스의 매사냥은 2010년에 아랍에미리트, 벨기에, 체코, 한국, 몽골, 모로코, 카타르, 사우디아라비아, 스페인, 시리아와 공동으로

프랑스 매사냥 응사[20]와
그의 매[21]

선정되었다. 각국에서 전통으로 이어온 매사냥을 유네스코 지정 인류무형문화유산으로 등재하기 위해 아랍에미리트가 제안하였고 한국, 몽골, 프랑스, 스페인 등 동서양 11개국이 공동[23]으로 신청했기 때문이다. 이는 여러 국가들 간에 공유하는 전통문화가 세계적으로 인정받은 사례로 손꼽히고 있다. 동양과 서양, 중동 이 세 지역에서 공통적으로 전승되어 온 문화유산으로 특별한 가치가 있기 때문이다.

2010년 11월 아프리카 케냐의 수도 나이로비에서 열린 제5차 무형유산정부간위원회 회의에서 등재 신청번호 00442

---

20) 응사(鷹師)는 조선시대 응방(鷹坊) 기관에 속해 매를 부려서 꿩을 잡는 일을 맡은 벼슬을 일컫는 말로 '매부리'라고도 함.

21) 본문에 나오는 사진 중 출처가 없는 작품은 저작권 보호기간이 만료된 퍼블릭 도메인(공용 라이선스) 작품이며 출처가 있는 작품은 작가의 허락을 받아 사용 가능한 작품임.

22) La fauconnerie, un patrimoine humain vivant: Falconry, a living human heritage.

23) 공동 지정국은 아랍에미리트, 벨기에, 체코, 프랑스, 한국, 몽골, 모로코, 카타르, 사우디아라비아, 스페인, 시리아이며 지역적 구분으로는 아랍국가, 유럽과 북아메리카, 아시아와 태평양임.

매사냥은 통과되었다. 매사냥이란 맹금류인 매나 수리를 이용해 토끼·꿩 등 다른 동물을 사냥하는 기예로서 총포가 등장하기 이전까지 전 세계 어디에서나 보편적으로 행하던 사냥술이었다. 단순한 사냥활동에 그치는 것이 아니라 매개체인 매를 기르고 훈련시키는 전통적인 상호활동이며 인위적이지 않은 자연에서 이루어지는 맹금류의 사냥방식인 것이다. 매사냥의 기원은 인간이 식량을 획득하기 위해 사냥을 했다고 전해지고 있으나 단순한 호구지책보다는 인간과 매와의 동료애 및 연대의식, 교감을 더 중요하게 생각하는 활동으로 알려졌다. 사냥의 흔적이 매가 이동하는 회랑지대와 여정을 쫓아서 발견되고 있는 것으로 보아 인간은 사냥의 욕심보다는 자연의 순리에 순응했다고 볼 수 있기 때문이다.

2) 매사냥 선정 배경

인류무형문화유산 선정 위원회는 각 국가에서 무형문화유산 목록에 이미 등재되어 있어야 하는 전제 요건 이외에 다음과 같은 요소들이 충족되었기에 매사냥을 지정하기로 결정하였다. 첫째, 매사냥법은 각 국가의 문화유산으로 공동체 안에서 널리 알려졌어야 한다. 매사냥은 자연과 환경을 존중하는 사회전통으로서 세대에서 세대로 이어져 왔으며 각 공동체의 정체성, 전통 존속, 동질감을 얻게 해주었기 때문이다. 둘째, 등재목록 신청은 전 세계를 통해 상호문화에 대한 존중과 다양한 문화를 보급하고 증진시키는 데 공헌할 수 있는 부문이어야 한다. 무형문화유산의 중요성을 눈으로 확인할 수 있게 해주어야 하기 때문이다. 셋째, 이미 여러 나라들에서 매사냥법을 전통으로 유지하고 있고 후대에 전달하려는 노력이 진행 중이며 특히 학습을 통한 전승에 주력하고 있는 점 때문이다. 응사들의 장인정신과 여러 종류의 매를 보존하는 일은 국내적이며 동시에 국제적인 중요한 현시효과를 위해 계획하에 운영되어야 하는 조치들이다. 넷째, 관련 공동체, 협회, 개인자격으로 공동체 모두가 등재 신청서 진행 단계에서부터 동참했으며 이는 자발적으로 신청한 선결동의를 의미하는 것이다.

3) 인류의 가장 오래된 수렵기술, 전통매사냥

기원전 3,500여 년 전 고대 메소포타미아 문명에서 처음 시작했다고 전해오는 매사냥은 이후 동양과 서양으로 뻗어 나가 북방 수렵계인 우리 선조의 전통문화 속에서도 발견되었다. 매사냥 활동은 전 연령대의 남자,

사진출처:
http://www.flickr.com/photos/el7bara/62766701/(작가: el7bara)

여자, 전문가, 취미로 누구나 즐길 수 있다. 매사냥은 인간과

새들과의 영적인 강한 유대관계를 전개시켜나가는 일이 중요
하다. 강한 유대관계를 유지하기 위해서는 전문적인 지식과
훈련을 전수받은 응사가 매를 기르고 훈련시켜 길들인 후 매
를 비상하게 하는 전 과정에 공을 들여야 한다.

　매사냥은 다양한 방식의 문화 전통으로 세대에서 세대로
이어져 왔으며 가족 내에서 가르치고 배우기도 하고 현대에
서는 더욱 체계적인 클럽에서 이루어지기도 한다. 예를 들면
몽골, 모로코, 카타르, 사우디아라비아, 아랍에미리트에서는
매사냥을 할 때 자녀와 동행하여 사막으로 나간다. 새를 다
루고 인간과 새의 신뢰를 형성하는 방법을 가르치기 위해서
이다. 매사냥 전통은 전 세계 폭넓게 분포되어 있지만 공통
의 가치, 전승, 방법을 각기 문화권별로 공유한다. 그러나 새
를 제어하는 방법과 장악하는 방식, 팀의 화합, 매사냥 응사
와 새와의 감정적인 유대는 공통적인 부분으로 알려졌다. 매
사냥법은 한 문화권의 전통으로 보존되던 차원에서 더 넓은
의미로 확산되어 공통의 인류문화유산 주춧돌이다. 실제 사
냥기술만 전승되는 것이 아니라 매사냥이 이루어지는 클럽과
공동체에서 전해져오는 관습으로 춤, 시, 음악, 노래, 음식,
전통 의상을 전부 포함하는 문화유산이기 때문이다.

　전통적으로 사냥 기술은 여러 가지가 있지만 야생의 매를
인간이 길들여 사냥하는 매사냥은 그 역사가 더욱 오래되었
다. 고대 이집트, 중동의 페르시아 등지에서 성행했다고 한
다. 오늘날 인도지역에서 널리 행해지는 것으로 보아 이 사
냥법의 인도기원설도 있다. 한편, 우리나라의 전통 매사냥과

관련 있는 동북아시아에서는 중국 원나라 때에 성행하였다는 기록이 전해온다. 특히 고구려 고분벽화에 그려져 있는 매사냥 그림과 『삼국유사』, 『삼국사기』 등의 기록을 통해 우리나라도 매사냥의 역사가 오래되었음을 알 수 있다. 역사를 거슬러 고조선시대 만주지방의 풍습으로 전해 내려오다 삼국시대 이후 성행한 것으로 전해진다. 우선적으로 귀족 계급에서 유행되어 고려시대에는 매의 사육과 매사냥을 담당하는 행정관청으로 응방(鷹坊)이 존재했다. 응방의 관리를 응사라 지칭했고 그 연유로 오늘날도 응사, 매부리로 부르고 있다. 이후 매사냥은 일반 민간에도 확산되어 일제강점기에는 전국적으로 행해졌다. 현재는 소수의 기능 보유자에 의해 사라져가는 문화유산으로 각인되어 매사냥의 전통 기법을 전수하여 그 명맥을 간신히 유지하고 있는 상황이다.

어떤 문화권에서는 매사냥의 기원을 중앙아시아의 대평원으로 보기도 하는데 이 지역이 길들일 수 있는 맹금류의 최대 자연서식지이기 때문이다. 키르키즈인, 노마드인, 사냥꾼들은 옛날부터 최초의 매부리였을 것이다. 고대 그리스와 라틴 사회는 이 기술을 알고는 있었으나 유행하지는 않았다고 한다.

유럽에서는 7세기 고대 프랑스지역인 골(Gaule)에서 매사냥 흔적이 발견되었다. 아랍인들과 골 족들은 게르만의 침입 때 매사냥을 배워 교류했다. 이후 중세에는 유럽의 모든 나라에서 매사냥이 전파되었고 특히 프랑스에서는 황금 시기를 보낸다. 결국 세월이 흐르고 타 문화 지역으로 넓게 확산되

어 모든 사람들이 매사냥을 즐
길 수 있게 된 것이다. 반면 귀
족들은 특권의식에 따라 매사
냥에 시적인 노래를 곁들이게
되고 기병대, 군대를 동반하여
팀을 이루기도 했다. 매사냥을
귀족예술로 승화하여 지역의

매사냥의 기본교과서인 『De arte
venandi cum avibus』의 삽화

모든 젊은 귀족을 대상으로 경연대회를 열기도 했다. 프랑스
지중해지역인 랑그 독(langue d'oc)지역의 매파 추종자들의
존재가 대표적인 사례가 된다. 당대 유럽에서 맹금류는 중요
한 상업의 대상이었고 소중하고 귀한 산물로 여기고 있었다.
12세기부터 시작된 기사에게 부과된 기독교 규율은 사냥에
관한 다른 접근을 내놓게 된다. 바로 엄격한 교회법에 따라
매사냥이 금지된 것이다. 그러나 양지에서 음지로 숨어든 매
사냥 기술은 조금씩 세련되어져서 1247년 십자군전쟁 이후
에는 동·서양의 문화적 교류가 이루어졌다. 동양(아랍)에서
사냥할 때 매에게 씌우는 머리 덮개와 미끼새 사용이 유럽에
도입된 것이다. 이후 서양에서는 호엔슈타우펜 가문의 프리
드리히 2세가 저술한 『매사냥 기술』(De arte venandi cum
avibus)이 중세 유럽 매사냥의 기본 정석으로 동양에까지 알
려지게 된 것이다. 당시는 주변 여러 국가들에서 출전한 토
너먼트방식의 매사냥 경연대회가 활발하게 이루어졌다고 한
다.

4) 프랑스의 매사냥 전통과 발전

프랑스에서는 프랑스 왕의 취미로 사냥 팀이 있어 널리 성행했다. 구전이 아니라 프랑스 문헌으로 기록된 경우는 13세기로 거슬러 올라간다. 매사냥은 15세기까지 유행했던 귀족 취미였다. 왕실 사냥 팀의 책임자는 매사냥 선생의 지위를 부여받았고 1406년에는 매사냥과 사냥술을 담당할 부서를 구분하였으며 프랑스 매사냥 담당 부서는 프랑스 대혁명 때까지 지속되었다.

루이 13세 치하에 매사냥은 두 번째 황금시대를 가진다. 오늘날 프랑스 매사냥은 숙련된 기술과 정교한 팀 구성에 의해 세계에서 최고로 손꼽힌다. 이미 1616년 왕의 주도하에 이루어지는 프랑스 매사냥은 300마리의 새와 여섯 팀을 보유하고 있었다. 왜가리 사냥 팀, 소리개와 까마귀 사냥 팀, 자고새 사냥 팀 등이 기록되어 있다. 기술의 세련됨과 섬세함은 매사냥의 용맹함을 가능하게 한 것이다. 새들은 떼를 지어 날아다니고 각 새들은 구별되는 역할이 있었다. 이듬해 1617년부터 루이 13세는 왕의 직속으로 매를 지정하기도 했는데 프랑스에서 매사냥이 가장 절정에 이른 때였다. 이후 프랑스뿐만 아니라 독일, 영국, 네덜란드 등 유럽의 대부분 궁정에서 유행처럼 매사냥이 퍼져 나갔다.

점차적으로 17세기 말엽부터 매사냥에 총을 사용하는 것으로 사냥 방식이 전환되어 갔다. 루이 14세는 1670년부터 파리 근교인 베르사이유에서 멀지 않은 작은 도시인 몽테빌에 왕의 직속 매사냥장소를 지정하였다. 왕의 직속 매사냥 선생은 플랑드르지방의 앙베르 출신인 경우가 많았다. 프랑스의 루이 14세, 루이 15세, 루이 16세 왕은 매를 길들이는 것보다 수렵에 더 관심이 많았다고 한다. 이후 17세기와 18세기에 들어와서 왕의 매사냥이 포르제 가문으로 넘어가면서 왕의 특권 취미가 아니라 개인적인 취미로 발전해 나갔다. 특히 나폴레옹은 대단한 사냥꾼이 아니었다. 귀족 취향의 매사냥에 관심이 별로 없었던 것이다. 결국 매사냥은 공식적으로 19세기에 프랑스에서 사라져갔고 1865년 나폴레옹 3세는 '상파뉴 클럽'에게 공식적인 자격을 주고 후원하였는데 1870년 프랑스 제2제정의 몰락으로 중단되었다. 그러다가 애호가들에 의해 매사냥 전통이 발굴되고 학술적인 뒷받침으로 이어지고 국내외 조류 사냥꾼들의 노력으로 화려하게 부활되었다. 이후 프랑스 매사냥의 르네상스라 불리는 시기는 2차 세계대전 말로서 페리고르지방 사람인 아벨 부와예와 지인들에 의해 매사냥이 부활되었다. 그들은 프랑스 국가가 인정하는 매사냥 협회를 창설하였고 조류 사냥의 기술을 보급시켰으며 사냥의 합법적인 활동을 위해 노력한 끝에 1954년 사냥할 수 있는 권리를 획득했다.

오늘날 프랑스 매사냥이 활발하게 이루어지고 완성도가 높은 문화로 인정받는 것은 프랑스만의 문화가 아니라 전 세계에서 이루어지고 있는 보존되어야 할 가치가 있는 문화유산이기 때문이다. 금세기 전반기에 전통 수호자들은 여러 협회를 구성하기 시작했는데 19세기 말부터 주춧돌을 놓은 영국 전통 매사냥협회(Old Hawking Club of Great Britain)가 대표적이다. 이러한 협회 구성은 각 지역에서 행해지던 애호가들을 한 곳으로 집결시킬 수 있어 매사냥의 보존에 큰 역할을 하게 되었다. 또한 현대 매사냥은 애호가들과 전통 보존 위원회의 활동뿐만 아니라 군대에서 비행기와 새의 돌발적인 충돌을 피하기 위해 사용되기도 한다.

5) 매사냥 협회, 전통 보존위원회 활동

현재 전통 매사냥을 보존하기 위해 프랑스 매사냥 협회들의 활동과 마찬가지로 전 세계의 매사냥협회 활동은 조직적이며 활발하게 움직이고 있다. 대다수 국가들은 매사냥의 지역성을 존중하고 있다. 다양한 지역성에서 유추된 특별한 방법이 있고 그 기술은 전승됐으며 매사냥에 사용되는 매들을 보호하고 있다는 공통점이 있다. 매사냥의 미래 비전을 위해 국가 차원에서 지원하고 있으며 워싱턴 협정과 베를린 협정을 비롯한 국제적인 기준에 맞춘 협정들을 통해 세계화의 첨병으로 그 위상을 드높이고 있다. 이러한 국제적 협력의 기저엔 유럽 매사냥 협회들의 역할이 컸는데, 프랑스의 ANFA(L'association nationale des fauconniers et autoursiers français)와 IAF(International Association for Falconry and Conservation of Birds of Prey)를 통해 세계 매사냥 협회의 결집을 이루어 나갔다. 현재 38개국 45개 단체 8,300명의 매사냥 전문가가 소속되어 있다. 매년 각 국가의 대표는 그들의 노하우를 공유하기 위해 세계를 돌며 전통을 보호하는 회합을 이어 나가고 있다.

6) 다양한 매사냥 방식

매사냥 전통 방식은 선조로부터 이어온 것으로 땅에 있는 먹이의 종류에 따라 사용하는 새와 사냥유형이 다양하였다. 중동사막에서는 매를 성스러운 것으로 간주하고 카자흐스탄에서는 여우, 늑대를 사냥하기 위해 독수리를 사용하기도 한다. 문화와 개별 특성의 조합인 모자이크와 같다. 방식은 갑작스러운 변화를 꾀하기보다는 시나브로 세대를 거쳐 오면서 전승된다. 유네스코는 매사냥기술을 인류무형문화유산으로 인정함으로써 매를 길들이고 자연에서 먹이를 잡는 전략을 보존하는 전통을 보호해야 할 가치로 인정한 것이다.

한편, 매사냥 현대 방식이란 매사냥 역사가 짧아 현대적인 방식을 사용하는 미국과 같은 신생국가에서 행하는 것이다. 미국인들은 길들이고 훈련하고 새를 포획하는 방법을 새롭게 만들어 가고 있다. 드넓은 대지와 제도적인 제약이 상대적으로 덜하다고 알려졌다.

이렇듯 전통(중동)과 현대(아메리카) 방식의 복합은 유럽에서 주로 사용하는 방식으로 매사냥에 대한 오랜 전통을 고수하면서도 현대성을 갖추고 있다. 유럽의 매사냥방식은 전통과 현대적인 방법이 섞여 조화를 이루고 있는 것이다. 특히 유럽 매사냥은 유럽 차원에서 인간과 자연의 공존을 위한 위기감에 연대하여 활동하고 있다.

7) 매사냥에 사용되는 기술

저공법은 매사냥 응사의 주먹에 들어갈 정도로 가벼운 새를 다루는 것으로 사냥감을 발견하고 새가 그 뒤를 쫓기 위해 비상하는 방법이다. 해리스 매와 유럽 매가 주로 사용된다. 이 새들은 날개가 짧고 둥글어서 경로를 쉽게 바꿀 수 있다. 저공 법은 새의 먹이가 많아 손쉬운 기술이다.

고공법은 사냥감과 동시에 새가 비상하는 것으로 새는 착지 시 응사와 개를 발견하는 것에 익숙해져 있어야 한다. 이때 매의 속도가 매우 빠르다. 저공법과는 다른 종류의 매들(pèlerins, sacres, gerfauts, lanier 등)이 사용되고 속도가 너무 빨라 위험이 있다.

8) 매사냥의 난점

매사냥은 사냥을 위해 맹금류를 길들이고 이끄는 예술이기 때문에 모든 것이 자연스럽지는 않다. 인간이 매를 오랜 시간 공들여 길들인 결과이기 때문이다. 오랜 전통을 자랑하는 이 예술은 40여 개국 이상에서 성행하고 있으며 2010년 11월 16일 유네스코지정 인류무형문화유산으로 우리나라와 프랑스를 비롯한 11개국 동시 지정되어 세계적인 화합의 전통이 되었다.

끝으로 프랑스의 매사냥과 우리나라 매사냥의 제도적 지원을 비교하기 위해 우리나라 전통 매사냥의 현실을 간략하게 언급하고자 한다. 현재 우리나라에서 매사냥 공인 기능 보유자는 단 두 명이라고 한다. 박용순 응사(대전무형문화재)와 박정오 응사(전북무형문화재)로서 전통의 보존과 후학 양성 및 제도에 큰 어려움이 있다. 프랑스는 관련 단체나 협회의 역사가 굳건하고 공동체 연대의식으로 전통을 이어나가는 반면 우리나라에서는 국가적인 차원의 경제적 지원 없이 개인이 생업을 포기한 채 경제적, 제도적 어려움을 극복해가며 매사냥의 명맥을 이어간다.

특히 어려운 점은 천연기념물 문화재보호법에 의해 합법적으로 매를 포획하는 것이 어렵다고 한다. 자연에서 다양한 매를 길들이고 훈련해야 하지만 우리나라의 현실은 대학 연구용 매와 북미의 해리스 매를 기증받아 전통을 이어나가고 있다. 유네스코 지정 인류무형문화유산 등재의 필수 요건 중 과거의 전통을 계승, 발전시키는 과정과 후학 양성이 중요하듯이 프랑스의 기능 보유자에 대한 폭넓은 지원과 교육의 장이 우리나라에서도 국가적인 지원책으로 필요할 것이다.

6. 프랑스 미식(美食)문화[24]

1) 개관

　인류무형문화유산 선정 위원회는 다음과 같은 요소들이 충족되었기에 프랑스의 미식문화를 지정하기로 결정하였다. 첫째, 프랑스의 미식문화는 개인적인 차원이 아니라 공동체 내에서 활발한 사회적 역할이 동반되어야 하고 정체성의 중요한 요소로 세대에서 세대로 전수되기 때문이다. 둘째, 미식문화의 등재 지원서 등록은 상호 문화 간의 대화와 존중을 위한 촉매 역할로 무형문화유산의 가장 큰 가시적인 효과를 줄 수 있기 때문이다. 셋째, 전통을 계승하는 전략으로 프랑스는 NGO 등 공동체의 참여를 반영하고 전승을 장려하며 특히 교육시스템을 통해 미식문화의 연구와 보급에 몰두하고 있다. 넷째, 프랑스는 우선적으로 자국에서 무형문화유산목록에 등재되어 유네스코 지정 인류무형문화유산 후보 등록을 통해 더욱 폭넓고 활동적인 국민적 참여를 이끌어 내었고 국가 전체 차원에서 많은 기관과 협회들이 자유롭게 의견을 표출하는 등 회의, 토론, 설문조사가 동반되었기 때문이다. 다섯째, 기본 전제 요건으로서 프랑스의 미식문화는 프랑스 정부 문화부 소속 인류학 프로젝트하에 기획되어 프랑스의 무

---

24) Le repas gastronomique des Français: The gastronomic meal of the French.

형문화유산으로 등재되었다.

프랑스의 미식문화는 단순히 프랑스 음식에 대한 소개가 아니라 출생, 결혼, 생일, 성공, 은퇴 등 개인과 사회생활에서 가장 중요한 순간을 축하하기 위한 형식, 의례 만찬에 대한 전통과 관습의 문화이다. 초대와 응대로 이루어진 회식자들과 함께 축하연을 베풀며 «잘 먹고»(bien manger) «잘 마시는»(bien boire) 예술을 극대

1410년경 프랑스의 식사 초대 모습

화하기 위하여 최소 네 가지 서비스를 포함해야 한다. 식전술·음료(apéritif), 전채(entrée), 채소를 곁들인 생선 그리고/또는 육류 요리(met de poisson et/ou de viande accompagné de légumes), 치즈(fromage), 디저트(dessert), 소화를 위한 술·음료(digestif)가 기본 형식이다. 식재료는 신선하고 품질이 좋은 걸 선택하고 요리는 포도주와의 조화를 이루어야 하며 음식을 시식할 때는 특별한 행동을 표현해야 예의다. 향기와 맛은 장식된 식탁에서 이루어져야 한다. 이러한 형식적인 예의는 프랑스 식문화를 세계적인 수준으로 끌어올리는 데 큰 역할을 했다. 특히 중요한 요소로는 풍부한 요리법을 통해 음식을 주의 깊게 선택하고 지역 농산물을 우선으로 선택하여 좋은 품질의 재료를 사용하며 향이 조화되는 요리를 선택하는 것이다. 음식과 포도주와의 결합, 테이블 세팅, 식사 중 유머와 음식 맛보기

에 행해지는 특별한 행동의 조화가 매우 중요한 프랑스 미식법은 잘 정해진 식사 계획을 준수해야 한다. 가족 안에서 전통과 기억으로 전해지는 식도락을 즐기는 프랑스 사람들은 미식법의 생생한 실제를 준수해야 하고 구술과 저술을 통해 후손에게 전달하는 데 애쓴다. 프랑스 사회에서 미식법은 가족 관계와 우정, 더 넓게는 사회관계의 결속을 다지는 데 유용하게 활용된다.

2) 프랑스 미식문화를 세계로

2006년 말 프랑스 식도락과 쉐프 그룹의 일원인 폴 보퀴즈, 알렝 뒤카스 등은 프랑스 요리의 인류무형문화유산 등재를 위한 운동을 하기 시작했다. 이후 2008년 2월 23일, 세계 농업 박람회 때 니콜라 사르코지 프랑스 대통령은 프랑스가 지녀온 '세계 최고 식문화'를 세계에 소개하고자 이 제안을 적극적으로 지지했다. '프랑스인들의 식도락 문화'에 대한 프로젝트는 '유럽식재료 문화·역사 센터'에 의해 체계화되어 인류무형문화유산 등재 신청을 인정하기에 이른다. 결국 2010년 11월 16일 아프리카 나이로비에서 열린 유네스코 정부 간 위원회는 프랑스 미식문화를 지정한 것이다. 같은 해에 각각 지정된 멕시코 요리와 지중해식 다이어트 요리는 요리 자체에 대한 지정인 반면 프랑스는 요리에 대해서만 지정된 것이 아니라 가족과 사회 공동체간의 식문화에 대한 전반적인 의례를 통칭한 미식문화로 지정된 점에서 그 의의가 크다고 할 수 있다.

3) 프랑스 미식문화의 기원과 다양한 지역성

프랑스 요리는 프랑스 전통에 따른 다양한 식도락을 창조해왔다. 지역성이 중요했던 역사를 거쳐 오면서 사회·정치적인 변화를 따르며 발전해왔기 때문이다. 고대 프랑스지역인 골(Gaule)의 고대 그리스, 로마, 게르만으로 이어지는 타문화와의 접촉, 수용, 융합의 역사는 이후 여러 다양한 지역성을 낳게 되었고 음식의 다양성에도 한몫했을 것으로 유추할 수 있다. 이후 중세시대에 접어들면서 프랑스 미식문화는 체계를 갖추기 시작한다. 중세에 여러 궁의 요리를 담당했던 기욤 티렐과 같은 높은 수준의 쉐프(chef)가 출현하여 프랑스 미식문화를 화려하게 이끌게 된 것이다. 이후 프랑스 대혁명은 프랑스 남부와 북부, 서부와 동부의 통합을 가져오게 되어 국민들의 이동이 활발하였고 서로의 지역성에 영향을 줬다. 당대 식문화에서 양념이 덜 체계적이었던 관습에 변화를 가져오는 계기가 되었고 향기나는 허브와 세련된 기교를 음식에 도입한다. 20세기에 들어서 미식문화 창시자이자 레스토랑 경영자인 오귀스트 에스코피에에 의해 프랑스 요리는 현대성의 표준이 된다. 오늘날 프랑스 미식문화는 세계에서 프랑스 문화의 한 양상으로 큰 명성을 쌓고 있다. 특히 에스코피에는 프랑스 각 지방의 특수성을 발견하여 다양한 지역성을 요리에서 중요하게 다루었다.

특히 『미슐렝 가이드』 출판과 더불어 식도락 여행이 보편화되면서 20세기에는 그동안 독점했던 파리 중심의 요리에서 시골로 시선을 돌리게 된다. 가스코뉴 지방 요리는 프랑스 남서부 요리에 영향을 주었다.

프랑스는 다양한 지역에 따라 다양한 요리법이 있고 셀 수 없을 정도의 지역 전통이 가미되어 하나의 규격화된 것으로 프랑스 요리를 지칭하기에는 어렵다. 국가적인 치원에서 알려진 지역 대표 요리들이 많이 있는 것이다. 여러 지역 요리들의 기원을 살펴보면 한 지역에서 다른 지역으로 옮겨진 것도 많다. 치즈, 포도주, 육류 등과 같은 농산물은 프랑스의 여러 지역에서 공통적으로 재배되는 농산물로서 프랑스 요리에서 예외적인 위치를 차지한다. 엄격한 기준에 의거하여 전통으로 보호해야 되는 지리적인 표시 혹은 원산지 표시처럼 표시제 보호, 바이오 농업 보호와 같은 라벨을 공통적으로 매기고 있다.

1929년 미슐렝 가이드 앞표지

사진출처:
http://fr.wikipedia.org/wiki/Fichier:Guide_michelin_1929_couverture-edit.png(작가: GNU Free Documentation License)

4) 중세부터 현대까지의 프랑스 요리 발전

프랑스 요리는 중세시대 때 유일하고 창조적인 국가 요리로 출발한 이래 여러 세기를 거치면서 크게 성장했다. 여러 위대한 쉐프들의 공로로 발전되었는데 다양한 정치·사회 운동의 결과이기도 하다. 프랑스의 다른 요리법은 여러 요리 장인들에 의해 조사되고 정리되었다. 이들은 자신의 온 생애를 걸고 나라의 요리 발전에 공헌했다. 프랑스 요리는 원칙적으로 파리를 중심으로 왕의 쉐프들이 발전시켰다고 알려져 있다. 중세에는 귀족들이 주최하는 연회가 많았기에 만찬을 통해 여러 요리들이 소개되고 알려졌던 것이다. 중세 말기에는 디저트 문화가 생성되었다. 식재료는 계절과 전례에 따라 다양하게 만들어졌다. 연회는 주로 늦은 봄에서 늦가을까지 열렸는데 겨울은 드물게 진행되었다고 한다. 많은 식재료는 소금, 양념, 꿀 등에 의해 보존되었다. 특히 요리의 시각적인 부분이 중요하게 인식되었는데 색상의 조합에 신경을 쓰기 시작했다. 초록색은 시금치와 파물을 사용하기도 하고 노란색은 사프란이나 달걀노른자를 붉은색은 해바라기에서 추출하기도 했다.

앙시엥 레짐 시대에 파리는 프랑스 경제활동과 문화의 출발점이었기에 가장 높은 수준의 요리 장인들이 모여들었다. 오늘날도 유명한 레알, 무프타르 시장과 같은 곳은 식재료를 배분하던 장소로 협력 시스템이었다. 두 가지 타입이 공존했는데, 1차 생산품을 제공하는 것과 가공된 식재료를 담당하는 것으로 구분했다. 체계적인 구분은 직접적인 경쟁을 유도하였고 조수 요리사와 요리사의 다양한 계급 분화를 야기했다고 한다. 15-16세기 프랑스는 여러 다른 나라에서 오는 많은 식재료를 가미하기 시작했다.

17세기에는 최초의 프랑스 요리책(『Le Cuisinier françois』)이 나왔는데 요리법은 당대 통용되던 것만 있는 것이 아니라 중세부터 이어온 전승 자료를 포함하고 있어 그 가치가 있었다. 이후 궁정과 부르주아 요리사들에 의해 요리법이 책으로 나와서 왕이나 귀족에게 소속된 요리사가 아니라 독립적인 요리사가 출현하기 시작했다. 포도주에 따라 다른 잔을 사용하는 등 식문화에 교양을 덧붙였다. 특히 프랑스 대혁명은 프랑스 요리를 전파하는데 결정적인 역할을 한다. 특히 파티쉐로 유명했던 마리-앙투완느 카렘은 프랑스 요리의 세련된 정취에 큰 일조를 했다. 이후 『프랑스 호텔 마스터』(1822), 『파리 요리』(1828), 『19세기 프랑스 요리법』(1833-5)과 같은 명저를 탄생시키는 데 도움을 줬다고 알려졌다. 한편 프랑스 상류 요리의 구성과 현대성은 오귀스트 에스코피에에 의해 영향을 받고 발전하게 되었다. 그의 영향으로 1880년에서 1890년대 사이에 유럽과 미국에 고급호텔이 출현하기 시작하였던 것이다. 세자르 리츠그룹의 사보이 호텔은 에스코피에가 근무한 초기 고급 호텔들 중의 하나로 1898년에서 1921년까지 칼톤에서 요리 책임을 맡으면서 전문적인 업무를 분배하는 요리 팀을 처음으로 만들게 되고 식사 구성과 심플한 현대적인 메뉴를 개발한다. 1903년에는 프랑스 요리의 기본이

프랑스 요리 쉐프 모습

사진출처:
http://fr.wikipedia.org/wiki/Fichier:Paul_
Bocuse.jpg(작가: Arnaud 25)

되는 저서『Guide Culinaire』를 출간하다.

1960년대 아프리카에서의 포르투갈 식민지 전쟁 후 프랑스에 정착하게 된 포르투갈인들은 프랑스 요리에 새로운 혁신을 제공했다. 많은 요리와 테크닉이 출현하여 이 시기를 신(新)요리(Nouvelle Cuisine)라 부르게 되었다. 신요리란 용어는 프랑스 요리 역사에서 여러 번 출현하였는데 이전과는 다른 획기적인 새로운 전기를 마련할 때마다 붙여졌다. 1740년 뱅상 라 샤펠, 프랑수와 마렝과 머농의 요리에 그 이름을 붙였고, 1880년대와 1890년대의 에스코피에의 요리를 묘사할 때 사용했다. 이후 요리 전문 기자인 앙리 고, 크리스티앙 미요가 1960년대에 폴 보퀴즈, 장과 피에르 트루아그로, 미셸 게라르, 로제 베르제, 레이몽 올리비에의 요리에 새로운 요리로 명명했다. 새로운 요리법을 개발해왔던 선각자들은 새로운 요리 단계, 전자레인지와 같은 새로운 도구의 발달로 만들어진 요리 등 새로운 시도와 개발을 연속적으로 이루어 나갔다.

5) 프랑스 요리의 특징, 조리법

기본적인 식사 준비로 빵, 각종 소스, 앙트레로 전채요리, 샐러드, 차가운 음식, 데운 음식이 있고 수프와 걸쭉한 수프, 오믈렛 등 달걀 요리, 치즈 곁들이는 요리, 생선과 해산물, 육류요리가 있다. 육류요리는 쇠고기, 송아지, 어린양, 돼지고기, 토기 요리법으로 구분되어 있고 가금류 요리도 거위, 오리, 칠면조, 비둘기, 닭 등 요리법이 정해져 있다. 석쇠에 구운 요리법과 치즈에 재료를 담그는 요리법이 있다. 파이와 둥근 빵, 채소 요리, 프랑스 치즈가 각각 구별되어 있고 후식으로 아이스크림을 넣은 요리와 제과로 나뉜다. 잼 요리와 프랑스 포도주, 브랜디와 음료도 구별하고 있다.

프랑스 요리에서 식재료의 지역성도 중요한 특징이 될 수 있는데 다양한 지역에서 생산되는 풍부한 식재료로 신선하고 창의적인 요리를 예술작품으로 여긴다는 점이다.

생 장봉과 훈제 연어 샐러드
사진출처:
http://fr.wikipedia.org/wiki/Fichier:Salade_de_jambon_cru_et_saumon_fume.jpg(작가: ayako de Tokyo, Japan)

여러 과일 파이
사진출처:
http://fr.wikipedia.org/wiki/Fichier:Strawberry,_kiwi_and_blueberry_tart_by_rmkoske.jpg(작가: rmkoske)

프랑스 요리에 주로 사용되는 야채로는 감자, 완두콩, 당근, 파, 가지, 호박, 각종 버섯 등이며 흔히 사용하는 과일로는 오렌지, 귤, 자몽, 레몬, 토마토, 복숭아, 살구, 사과, 배, 키위, 자두, 체리, 딸기, 산딸기 등이다. 선호하는 육류로는 닭, 거위, 오리, 소, 송아지, 돼지, 양, 어린양, 토끼 등이며 생선과 해산물로는 대구, 정어리 통조림, 참치 통조림, 송어, 연어, 홍합, 굴, 새우, 오징어 등이다. 허브로는 프로방스의 허브가 단연 돋보이고 타라곤, 로즈메리, 라벤더, 회향, 샐리어, 백리향 등이 있다.

프랑스 식재료를 언급하는 이유는 프랑스인들은 기본적인 프랑스 식재료를 정해 두고 요리 구성을 갖춘다. 식재료 원칙에서 벗어나는 경우에는 해당 요리의 이름을 붙이지 않기 때문이다. 그만큼 전통적으로 식재료가 풍부했던 프랑스의 식문화 토대는 누구나 미식가로 만들기에 충분한 요건이 되는 것이다.

6) 다양한 지방 요리의 발전

프랑스 요리는 지역의 다양성을 고려한 요리로 발전하였다. 전통적으로 각 지역은 고유의 요리가 발전했던 것이다. 이로 인해 프랑스 요리를 세계에 소개하고자 할 때 어느 한 지역에 치중하는 것이 아니라 각 지역의 여러 대표 음식을 자신 있게 드러내고 있다. 이렇듯 다양한 지역성을 바탕으로 프랑스 요리 지도는 크게 4개의 지역으로 구분하고 있다. 북서부, 남서부, 남동부, 동부다. 여기에 프랑스 포도주와 치즈는 요리의 주요 요소로 공통적으로 덧붙여진다.

프랑스 북서부 해안의 지역적 특성은 그 지역 식도락에 영향을 미쳤다. 바다는 해산물과 생선을 제공할 수 있었다. 특히 브르타뉴지방의 가재와 홍합이 노르망디 지방은 가자미와 가라비가 유명하다. 북서부 요리는 버터, 사과, 크림을 재료에 넣고 사과 농사가 좋아 능금주, 칼바도스와 같은 알코올 들어간 음료를 식사에 곁들인다. 브르타뉴의 꽃양배추와 아티초크는 프랑스 대표 농작물이기도 하다. 특히 메밀 경작이 많아 갈레트의 고장이기도 하다.

능금주(cider)를 곁들인 갈레트

뮈스카데(낭트지방의 사향 포도주의
일종)를 곁들인 굴 요리

사진출처: http://fr.wikipedia.org/wiki/Fichier:Belon_oysters_at_Belon_river,_France_.jpg
(작가: Peter Gugerell)

또한 해산물과 어울리는 백포도주가 유명하고 육류로는 어린양, 닭, 염소와 치즈가 알려졌다. 과일로는 버찌가 많고 딸기와 멜론도 품질이 좋다. 파리 버섯과 오를레앙의 식초를 곁들인다. 이 지역의 생산품 코냑은 세계적인 농산품이다.

한편 프랑스 남서부는 보르도를 중심으로 포도주 생산지역으로 명성이 자자하다. 암양 치즈와 소, 자연에서 방목하는 가금류의 품질이 좋기로 알려졌다. 이 지역 거위 간 요리는 대표적인 프랑스 음식으로 프랑스 대부분 가정이 성탄절에 먹는 음식이 되었다. 바스크 지역은 토마토와 피망을 곁들인 요리가 유명하다.

소테른 지방산 백포도주를
곁들인 거위 간 요리

사진출처:
http://fr.wikipedia.org/wiki/
Fichier:Foie_gras_with_sauter
nes.jpg(작가: Laurent
Espitallier from La
Frette(Isère), France)

프랑스 남동부는 지중해 해안가를 중심으로 굴, 홍합, 해산물, 생선이 풍부하다. 다양한 종류의 버섯과 치즈, 벌꿀과 코르시카의 양과 염소도 프랑스 식도락의 상징이기도 하다. 장봉(jambon)과 소시지, 거위 간도 지역 음식으로 각광받고 있다. 특히 프로방스 지방의 허브를 활용한 음식도 인기다. 프로방스의 허브는 프랑스에서 가장 품질이 높은 허브로 알려졌다. 코트 다 쥐르를 비롯한 해안가의 해산물 요리도 특별하다. 지중해 요리로 알려진 야채, 곡식 등도 널리 알려졌으며 프로방스 지방에서 먹는 13개 디저트(treize desserts)는 성탄절의 전통 디저트로 각인되어 있다. 과일과 야채재배가 좋아 디저트에 많이 활용되기 때문이다.

다른 한편 프랑스 동부는 부르고뉴를 비롯하여 적포도주가 유명하고 달팽이 요리, 벌꿀, 디종의 겨자는 세계적으로 널리 알려졌다. 상파뉴 지방의 돼지고기 요리도 유명한데 작은 순대 요리와 곁들인 야채는 지역 요리로 프랑스를 대표하고 있다.

렝스 지방의 작은 순대요리

사진출처:
http://fr.wikipedia.org/wiki/
Fichier:Andouillette.jpg(작가:
Original uploader was
Exceptg at en.wikipedia)

7) 미식문화에 대한 프랑스인의 긍지

위에서 살펴본 것처럼 프랑스 미식문화는 고대에서부터 이어 져 온 다양한 지역성에 기초하고 있다. 중세를 거치면서 왕과 귀족문화에서 비롯된 미식문화는 잘 먹고 잘 마시는 식도락의 문화로 거듭났으며 이는 규칙과 절제, 예의를 통합한 공동체 문화를 창조한 것이다. 프랑스 식도락의 발전은 국가를 상징하는 하나의 통일된 요리에 국한시키지 않고 각 지역별로 다양한 요리법과 식재료를 인정하고 배우려고 하였다. 또한 프랑스 사람들은 이국적인 취향에도 관심이 많아 파리로 몰려드는 다양한 사람들과의 교류를 즐기며 '프랑스의 것'으로 재창조하는 능력이 뛰어났던 것 같다. 과거 유럽의 다른 궁정과 귀족들에게 영향을 준 프랑스 미식문화는 프랑스 국내에만 머문 것이 아니라 점점 확산되기 시작하였고 해외 영토와 식민지를 중심으로 더욱 가속화된 특징이 있다. 특히 문화의 중심지로 파리가 각광을 받았던 시절부터 TGV의 출현으로 이동 거리가 가까워진 현대까지 프랑스의 다채로운 지역성은 더욱 날개를 달았다.

그러나 프랑스의 미식문화는 다양한 지역의 요리들을 표현하는 데 그치지 않고 전통을 계승한 문화로 거듭났다. 식탁에서의 예의와 유머, 필요한 표정과 언어 등은 일정한 전통이 있어 그것을 전승해오고 있는 것이다. 또한 미식문화를 지키기 위하여 프랑스인들은 프랑스에서뿐만 아니라 세계 어디에서도 프랑스인이라면 동일한 미식문화를 유지해야 된다고 믿을 정도로 자부심이 강하다. 자신의 문화를 세계에 소개하고자 하는 열의에서 출발한 프랑스 미식문화 전통은 오늘날 하나의 표준이 되어 가고 있다.

참고자료

꽁빠뇽나쥬 불어
　　　http://www.compagnonnage.info/accueil/index.htm
꽁빠뇽나쥬 역사 참조
　　　http://www.pandoracd.co.kr/shop/pView.jnh?scv=19768
오하이오 대학 홈페이지
　　　http://www.ohio.edu/chastain/ac/companon.htm
위키피디아 불어 http://fr.wikipedia.org/wiki/Compagnonnage
유네스코 공식 자료 LR10-n°00437. pp.1~16(Le repas gastronomique
　　　des Français)
유네스코 공식 자료 LR10-n°00442. pp.1~30(La fauconnerie, un
　　　patrimoine humain vivant)
유네스코(한국)홈페이지 http://www.unesco.or.kr/
유네스코홈페이지 http://www.unesco.org
재클린 심슨, 이석연 역, 2004, 『유럽신화』, 범우사
조성애(2005), "축제와 신화의 서사구조: 축제의 거인성과 거인
　　　신화 - 유럽축제와 한국축제를 중심으로", 「프랑스문화예
　　　술연구」 제15집
프랑스 매사냥 협회 http://www.anfa.net.fr
한국 매사냥 협회 http://kfa.ne.kr
Carnemère C., *Les vins de France: œnologie et géographie*,
　　　Nathan, 1993.
Mauchamp N., *La France d'aujourd'hui: civilisation*, Clé international,
　　　1991.
Pitte J.-R., *Gastronomie Française: histoire et géographie d'une
　　　passion*, Fayard, 1991.
Rambourg P., *De la cuisine à la gastronomie: histoire de la
　　　table française*, Audibert, 2005.

이탈리아

김희정

1. 사르디니아 목가노래 '칸토 아 테노레'[25]

　시칠리아(Sicily)와 함께 이탈리아의 대표 섬이자, 지중해 지역에서 가장 큰 섬 중의 하나로 알려진 사르디니아(Sardinia). 이곳 사람들은 오래전부터 섬의 가치보다 섬 안에 있는 '산' 의 가치를 중시했다. 바다를 거쳐 끊임없이 밀려드는 침입자들 - 페니키아인, 로마인, 스페인인 -을 피해 은신처가 필요했기 때문이다. 따라서 가축의 방목은 오랫동안 이어진 그들의 생계수단이었다. 섬은 고원과 관목지대가 어우러져 독특한 경치를 보여준다. 생존을 위해 사르디니아 주민들이 보여주는 단결심과 독립정신은, 로마가 한 번도 진정으로 지배한 적이 없던 이 지역을 '바르바지아(Barbagia)'라고 부르는 데서 알 수 있다.

---

25) '칸토 아 테노레 Canto a tenore'는 이탈리아 2008년 인류무형문화유산으로 유네스코에 등재되었으며, 2005년에 이미 인류구전 및 무형유산걸작으로 등재됨.

칸토 아 테노레(Canto a tenore)는 사르디니아의 축제와 사랑은 물론, 그 외로운 역사에 대한 달콤 씁쓸한 목가노래로, 자연과 더불어 내는 소리다. 사르디니아의 목가적 문화를 배경으로 발전한 칸토 아 테노레는 지중해의 가장 오래된 전통음악 중 하나로, 이 지역의 독특한 문화를 상징하는 이탈리아 대표 무형유산이다.

칸토 아 테노레는 다성부 음악으로 바수(bassu), 콘트라(contra), 보케(boche)와 메수보케(mesu boche)로 불리는 남성 사중주로 구성된다. 주요 특징 중 하나로는 바수와 콘트라가 표현하는 깊은 후두음의 음색을 들 수 있다. 이 후두음은 주로 종교색이 짙은 합창곡에 적합하다.

지역마다 사르디니아 합창은 형태의 차이를 보인다. 모모이아다(Momoiada)나 바로니아(Baronia) 북부에서는 '쿠세르투(Cussertu)'라는 형태를, 산툴루수르주(Santulussurgiu), 폰

니(Fonni), 바르바지아(Barbagia) 지역에서는 '콘코르두(Concordu)'의 형태를, 폰니 지방 일부와 세네게(Seneghe) 지방에서는 '콘트랏투(Contrattu)'의 형태로서 합창, 일명 '소리 모임'을 가진다.

특히 인구 3천 명의 사르디니아 비티 마을 출신으로 결성된 테노레스 디 비티(Tenores Di Bitti)는 가장 주목받는 다성 합창단이다. 특히 다성 합창 전통 중 하나인 가조스(Gazos)는 주로 기독교 축제일에 부르는 성가로 역시 남성 합창단에 의해 전해진다.

1) 목가세계

야생과 미지의 자연이 그 메아리를 울려내듯, 목가 노래는 메시지 없는 단어들이 공중에 흩어지며 마치 다른 세상의 음악을 듣게 만드는 착각을 일으킨다. 독주자(보케)는 다른 세 가수들의 코러스에 맞춰서 산문이나 시 같은 노래를 부른다. 대부분의 칸투 아 테노레 전수자들은 바르바지아(Barbagia), 마르기네(Marghine), 몬티페루(Montiferru) 또는 올리아스트라(Ogliastra)를 포함한 사르디니아 중북부지역에 거주하며, 지역사회 생활과 밀접한 관계를 가진다.

그들은 지역 내 술집 등에서 즉흥적으로 부르기도 하지만, 결혼식이나 종교행사는 물론 공식적인 자리에서도 공연한다. 칸토 아 테노레는 지방마다 다양한 변주들이 존재하며, 가장 대표적인 멜로디는 '밤의 목소리(*boche 'e notte* 또는 *boghe nota*)' 세레나데를 들 수 있다.

2) 노래가사

목가세계에서 의사소통은 암호나 몸동작을 통해 이뤄지고, 오늘날도 여전히 이 소통방식이 사용된다. 칸토 아 테노레는 '노래'를 통해 대화하고자 하는 사라디니아 사람들의 바람에서 생겨났다. 테노레의 가사는 즉흥적인 영감으로 얻어진다. 주제는 목가세계의 일상을 그리는 평온함과 기원, 쓸쓸함은 물론, 사회에 대한 풍자와 질타에 이르기까지 다양하다. 즉, 고전적인 설화는 물론이고, 현대 정치나 경제 사회적인 현안들의 풍자까지 아우르고 있다.

앞서 언급했듯 테노레의 대표 멜로디로 '보게 롱가(*boghe*

longa)'나 '보게 노타(*boghe nota* 또는 boghe 'e notte)'를 들
수 있다. 이 멜로디는 '사 세리아(*sa seria*)' 형태로 불리는데,
가사 자체가 기승전결의 형식으로 전개되어 마치 한편의 연
극이나 책을 귀로 듣는 것 같은 통일성과 명료함이 특징이다.

멜로디 '보게 레스트라(*boghe lestra*)'는 춤곡에 맞게 운율
이 짜여 있다. 특히 '수 딜루(*su dillu*)' 형태의 멜로디는 아
주 경쾌한 무곡으로 대중적 인기를 누리고 있으며, '수 무투
(*su mutu*)'는 운문의 느낌이 강해 테노레의 독특한 각운을
느낄 수 있어, 시와 춤이 함께 어우러진 복합문화로서의 가
치를 인정받고 있다.

3) 사르디니아인의 삶의 축제 소리, 칸토 아 테노레

칸토 아 테노레를 듣는다는 것은 사르디니아인들의 의식에
참여해 그들의 축제에 동참한다는 의미다.

이 노래는 사르디니아의 소리이자, 그들 삶의 축제를 무형
화한 상징이다. 사르디니아 민중의 열정, 종교적인 장엄함이
나 엄숙함, 사랑에 빠진 이들의 달콤 씁쓸함, 추방된 이들의
서러움, 미망인이 된 뱃사공 아내의 슬픔 등이 고스란히 곡
조에 묻어 나온다.

노래 구절마다 의미 없는 의성어 — '빔보(bimbo)', '레렐레
렐로(lerellerello)' 등 — 들이 삽입되는데, 독주를 하는 보케들
은 전주에 이 의성어들을 박자에 맞춰 읊으며 전체적으로 흥

을 돋운다. 의미 없는 의성어뿐 아니라, 사르디니아 자연의 소리－양이나 소의 울음소리, 바람 부는 소리, 파도치는 소리－가 노래에 가미되어 운율의 풍부함을 더한다.

4) 칸토 아 테노레의 현재

테노레는 이미 언급했듯, 고대와 현대, 세대 간의 간극을 메우고 차이를 초월해 하나로 아우르는 사르디니아의 살아 있는 역사다.

현존하는 칸토 아 테노레는 다양한 특징에 따라 구분되는데, 그 기준은 크게 아래 4가지의 성격에 따른다.

- 오르고솔로 Orgosolo 테노레: 선이 굵은 저음으로 단조의 음을 노래하는 그룹
- 오루네 Orune 테노레: 변조의 곡을 폭넓게 구사하는 그룹
- 오니페리 Oniferi 테노레: 섬세하게 소리에서 영감을 끄집어 낼 정도로 시적인 가느다란 음을 노래하는 그룹
- 혼니 Fonni 테노레: 편안하게 원순음의 부드러운 소리를 구사하는 그룹

사회의 변화에 따라 전통적인 사르디니아 음악이 존속되기보다는, 전통 음에 현대의 음이 혼합되어 오늘날의 칸토 아 테노레로 소개되고 있다. 앞서 언급되었던 '테노레스 디 비티'나 '테노레스 디 네오넬리' 같은 그룹은 전통의 음을 유

지하면서도 오늘날 대중에 가까이 가고자 현대적 감각을 놓치지 않기에, 사르디니아라는 일정 지역을 넘어 세계적인 무형문화 전승자들로 인정받고 있다.

하지만 시간이 지날수록 대중성에 치우친다는 문제점을 보인다. 칸토 아 테노레가 가진 정통 음보다는 현대적인 색채를 강하게 가미함으로써, 사르디니아 역사를 담고 있는 이전 특유의 감성을 잃어 가고 있는 실정이다. 더욱이 사르디니아 자체의 사회경제변화로 인해 '목가 세계'를 상징하는 칸토 아 테노레는, 그 기억이나 메아리만을 짐작하고 부르는 음으로 치부되어 그 정체성이 점차 위협을 받고 있다.26)

2. 시칠리아 인형극 '푸피'27)

19세기 초 처음 생긴 시칠리아의 전통 인형극인 '오페라 데이 푸피Opera dei Pupi'는 민중 계급 사이에서 큰 인기를 누렸다. 인형극 속의 대화는 대부분 인형을 조종하는 기예자(puppeteer)가 중세 기사문학, 르네상스 시기 이탈리아 시, 성인이나 악명 높은 도둑에 관한 이야기 등을 소재로 즉흥적으로 만들어 낸다. 시칠리아의 인형극 극장은 가족 단위로

---

26) http://www.sardiniapoint.it/8381.html 2011. 08. 17 검색
27) '푸피 Opera dei Pupi'는 2001년 인류무형문화유산으로 등재 신청되어, 2008년 이탈리아 인류무형문화유산으로 등재되었음. 인류무형문화유산 등재절차는 부록을 참조바람.

사진출처: Copyright©Tous droits réservés

운영되는 것이 대부분이어서, 인형극 전통과 기예는 아버지에서 아들로 세대 간 가업으로 전수된다. 다만 정교하기 이를 데 없는 인형의 조각과 채색 등은 이 분야의 전문적인 장인이 담당한다. 인형을 다루는 기예자들은 경쟁 상대인 다른 기예자들을 염두해 저마다 독자적인 기술을 연마하는 데 끊임없이 노력한다. 인형 극장은 서로 다른 계급의 사람들이 한데 모여 일상의 이야기를 나누는 장소가 되었고, 자연스레 시칠리아인들의 소속감과 공동의 정체성에 대한 그들의 자각이 깊게 배어 있는 공연이 이루어지게 되었다.

카롤링거 왕조의 기사도 이야기를 다룬 인형극인 '푸피'는 사라센족과 싸우는 용감한 십자군 병사가 주인공으로 자주 등장한다. 「롤랑의 노래(*Chanson de Roland*)」에서 영감을 얻었기 때문에, 인형극의 등장인물은 오를란도(롤랑)와 리날도(르노)라고 불린다. 이들은 여인 안젤리카를 동시에 사랑하고 있고, 그들 맞은편에는 배신자 가노 디 마곤차(가느롱)가 비스듬히 쳐다보고 있다. 키가 **90cm** 정도인 이 '푸피들'은 나무로 만들어졌고, 장식이 화려한 옷이나 갑옷으로 치장되어 있다. 사람들은 '푸피'의 순회공연을 보려고 도처에서 몰려든다. 1850년경 태어난 이 인형극은 1세기 동안 시칠리아 시골마을에서 유일한 오락거리였다.

그러나 오늘날 텔레비전의 보급 등 기술의 발전으로 인해 이 연극은 시칠리아 사람들로부터 점점 외면당하고 있으며, 기능 보유자들로서는 더 이상 이 일을 하면서 생계유지가 어려운 실정에 놓이게 되었다.

3. 베네치아 카니발(Carnevale di Venezia)[28]

118개의 섬과 400여 개의 다리로 연결된 물의 도시 베네치아는 이미 그 독특한 매력으로 사람들의 마음을 설레게 한다. 그 흔한 자동차 대신 배로 이동하면서, 혹은 사람의 두 다리로 도시 곳곳의 운하를 지나

---

28) 베네치아 카니발은 이 지역 다른 전통문화—곤돌라, 무라노 유리공예, 부라노 레이스 등—와 함께 2010년 10월 유네스코 문화유산 등재신청이 된 뒤 현재 등재 여부 결과를 기다리고 있음. 베네치아카니발에 관련된 자세한 사항은 다음 사이트를 참고바람. http://www.carnevalevenezia.com/

노라면 누구라도 아드리아 해를 향해 열려진 베네치아의 주인공이 된다. 바로 이곳에서 매년 2월 천 년 역사의 베네치아 카니발이 열린다.

베네치아 카니발을 언급한 최초의 역사기록은 1039년이었고, 18세기가 되어서야 베네치아 인들의 삶 속에 자리 잡게 되지만, 18세기 말 베네치아 공화국과 함께 사라졌다. 이후 200년이 지난 1979년, '카니발' 연극 축제를 만들어낸 예술 비엔날레 주최자들에 의해 다시 빛을 보게 되었다. 이를 계기로 오늘날 베네치아 카니발은 수십만 명의 관광객을 모으는 세계적 축제로 거듭나게 된 것이다.

정확히 카니발은 10월 첫째 일요일부터 크리스마스까지, 그리고 그리스도의 공현절(1월 6일)부터 사순절(2월-부활절 전 46일)까지 지속된다. 이 기간 동안 주민들은 익명이 보장되는 가면을 벗지 않고 지냈다. 중세 계급 구분이 엄격한 신분사회였던 베네치아였기에, 이 기간 동안 평민들은 계급의 굴레를 벗어나 심리적 해방감을 만끽할 수 있었다. 카니발은 하층민의 불만을 해소할 수 있는 장치[29]였던 것이다. 사람들은 가면과 가장을 통해 억압된 꿈과 감춰진 열망을 마음껏 발산하고, 더 나아가 어떤 인물과 사회를 풍자하는 해학과 위트까지 선보인다.

---

29) *Carnival of Venice*, Storti Edizioni, 1999, p.46.

베네치아 카니발의 주 무대는 바로 산 마르코 광장(Piazza San Marco)이다. 카니발 기간 중 이 광장은 거대한 야외 가면 쇼를 방불케 한다. 중세 귀족풍의 의상과 가면으로 치장한 사람들이 환상적인 분위기를 자아내면서 과거 베네치아 공화국의 영화를 떠올리게 만든다. 특히 광장 한쪽에 설치된 가면무도회(Gran Ballo delle Maschere)는 빼놓을 수 없는 볼거리다. 호텔이나 유명 카페에서도 부자들을 위한 디너파티나 가면무도회가 개최되고, 참여 시 복장규제와 더불어 프로그램에 따라 천차만별의 입장료도 고려해야 한다.

축제 당일 베네치아 앞바다는 수많은 곤돌라와 화려한 옷을 입은 사람들로 뒤덮여, 도시는 운하 속의 카니발 낭만을 고스란히 느낄 수 있는 매력적인 장소가 된다.

4. 시에나 '일 팔리오(Il Palio)[30]

시에나(Siena)의 팔리오(Palio) 축제는 수백 년 동안 한 번도 중단된 적이 없는 이탈리아 대표 축제이자, 오늘날 전 세계 관광객들이 참여하는 열광의 도가니라 할 수 있다. 즉, 지방자치제가 발달한 이탈리아에서 이 축제는 단순히 시에나라는

---

30) 수십 년 동안 이탈리아 시에나의 팔리오 축제는 유네스코 유산으로서 등재 신청을 준비하고 있음. 아이러니하게도 이탈리아 국외 문화재 관련인사들의 긍정적인 등재 여부 결과와 달리, 이탈리아 내부인사들의 이견(이 축제에 수반되는 사고, 지역 간 반죽, 동물 학대 등)으로 인해 등재 신청이 지연되고 있음. 시에나의 팔리오 축제에 관련된 자세한 사항은 다음 사이트를 참고바람. http://www.comune.siena.it

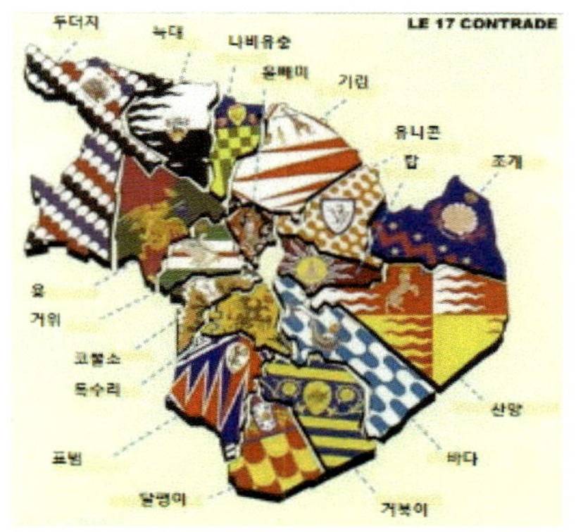

한 도시를 대표하는 것이 아니라 이탈리아를 상징하는 중요한 민속축제인 것이다.

이탈리아에서 가장 잘 보존된 중세 도시 시에나. 매년 7월 2일과 8월 16일에 도시 전체가 팔리오 경기로 인해 과거로 돌아가 흥분에 빠져든다.

팔리오의 기원은 시에나의 역사에서 기인한다. 로마와 피렌체 사이에 위치한 시에나는 중세 때 독립 공화국이었는데, 수백 년 동안 경쟁 관계에 놓여 있던 피렌체와는 끊임없는 싸움을 벌여 왔다. 1260년 몬타페르티 전투에서 승리하면서 번영을 맞았으나 결국 피렌체의 공격으로 16세기에 토스카나 공국으로 편입되고 말았다. 이후 시에나는 1729년 여 군주 베아트리체(Beatrice Violante von Bayern)의 칙령으로 지금도 이어지는 17개의 콘트라다(Contrada: 일종의 시구역)으로 나누어졌다. 오늘날까지 이어지는 이 콘트라다는 단순히 지역만을 나눠놓은 것이 아니다. 콘트라다 별로 깃발, 헌법, 정부 그리고 자신의 콘트라다를 상징하는 동물이나 자연(용, 늑대, 거북이, 기린, 조개, 고슴도치, 독수리, 거위, 나비유충, 달팽이, 올빼미, 유니콘, 바다, 표범, 코뿔소, 탑, 산양)이 있어 도시 속의 또 다른 도시를 만들어 가고 있다. 팔리오 축제는 분쟁을 피하고 화합을 기원하는 의미에서 시작되었지

팔리오 경기 직전 퍼레이드

만, 시에나의 몬타페르티 전투에서의 승리를 기념하여 과거 영화로웠던 시에나를 기린다는 의미도 담겨 있다. 안장 없는 말을 타고 벌이는 경마대회인 팔리오의 어원은 라틴어 '팔리움 Pallium'에서 비롯된 것으로, 경주 우승자에게 주어지는 직사각형 모양의 깃발에서 파생되었다.

팔리오는 17개 콘트라다 간의 경주지만, 조개 모양의 시청 캄포 광장(Piazza del Campo)에 참여할 수 있는 것은 10개의 콘트라다뿐이다. 7개는 전년에 뛰지 못했던 콘트라다가 뛰게 되고, 나머지 세 팀은 이전에 참가했던 팀이 추첨을 통해 다시 뛰는 행운을 얻는다.

팔리오 본 경기 이전 삼사일부터 시장의 감독하에 경기에 참여할 말 10필이 제비뽑기를 통해 각 콘트라다에 배정된다. 기수 선발 역시 말을 선정하는 비슷한 시기에 몇 차례의 시험을 거쳐 이뤄진다.

팔리오는 7월과 8월 두 번에 걸쳐 열리지만 시에나 인들에게는 일 년 동안의 기대와 희망이 고스란히 걸려 있는 행사다. 팔리오가 열리기 몇 달 전부터 17개의 콘트라다가 주말마다 한 주씩 돌아가며 시가행진을 벌이면, 자신들의 깃발을 집집이 내건 주민들은 온통 축제분위기에 휩싸이기 때문이다.

행사 당일에는 아침 10시경 각 구역의 성당에서 승리를 위한 미사가 집전되며, 오후에 접어들면서 도시 구역의 퍼레이드팀들이 도시 전체를 돌면서 퍼레이드를 시작 오후 4시부터 경주에 참가하는 10개 콘트라다가 중세 기사 복장을 하고 깃발을 앞세운 채 골목골목을 누빈다. 팔리오 축제는 퍼레이드 행렬이 오후 5시경에 캄포 광장에 도착하면서 본격적으로 시작된다. 각 콘트라다의 기를 앞세운 퍼레이드 행렬이 캄포 광장에 도착하면 오전부터 광장에서 기다리던 사람들의 함성은 극에 달한다. 2시간 정도 광장을 돌며 깃발 던지기 시범 등 각종 행사를 벌이는 퍼레이드 행렬이 빠져나가면 곧이어 경기가 시작된다. 10명의 기수가 출발선에 도착하면 캄포 광장은 극도의 긴장감에 빠져들게 된다. 경기는 안장 없는 말을 타고 D자형의 캄포 광장을 세 바퀴 도는 것으로 보통 90초 정도면 끝이 난다.

팔리오 축제에서 벌어지는 경주의 가장 큰 특징은 '최소한의 룰'이다. 기수와 경주마 간의 몸싸움은 당연시되고 심지어는 상대방의 말에다 채찍질을 가하는 것도 허용된다. 또 기수는 안장 없이 말에 기승하기 때문에 낙마는 흔히 있는 일이라, 기수 없이 말만 결승선에 먼저 들어와도 우승으로 인정한다.

이런 공격성 때문에 경주가 끝난 후, 콘트라다 끼리 패싸

움이 붙기도 하지만 경찰들은 굳이 말리려 들지 않는다. 경기가 끝난 후의 싸움 또한 팔리오의 오랜 전통이기 때문이다. 경주의 우승자는 비단으로 된 팔리오(기)를 수여 받고 영웅 대우를 받는다. 우승자에게는 엄청난 액수의 상금이 주어지는데 패배한 팀에게 우승자가 위로금을 준다.

이렇게 우승한 콘트라다 시민들은 병에 포도주를 담아 마시며 시가행진을 한다.

팔리오가 세계적으로 유명해진 것은 그 경기 자체가 아니라 이탈리아 특유의 열정적인 민족성 덕분이다. 몇 달 전부터 축제를 준비하는 모습과 축제가 열리면 서로를 응원하며 열광하는 모습들은 지금의 현대 사회에선 찾아보기 힘든 소중한 모습일 것이다. 뜨거운 태양 아래 자신과 콘트라다의 명예를 위해 최선을 다하는 기수들과 그런 그들을 응원하는 시민들이 하나로 어우러져 민속축제와 가족축제가 결합된 진정한 이탈리아 축제라 말할 수 있다.

참고자료

Toshiyuki Kono, *Intangible Cultural Heritage and Intellectual Property: Communities, Cultural Diversity and Sustainable Development*, Intersentia, 2011.

한림출판사 편집부 저, *Korean Intangible Cultural Properties-Folk Dramas*,

Carnival of Venice. Storti Edizioni. 1999.

세계유산 홈페이지 http://www.unesco.org/new/en/unesco/

인류무형문화유산 홈페이지 http://www.unesco.org/culture/ich/

세계자연보전연맹(IUCN) http://www.iucn.org/

국제기념물유적협의회(ICOMOS) www.-icomos.-org

국제문화재보존복구연구센터(ICCROM)

문화재청 http://www.cha.go.kr/

http://jejuwnh.jeju.go.kr/contents/index.php?mid=0103

http://www.unesco.or.kr/heritage/wh/index.asp

http://www.comune.siena.it

http://www.carnevalevenezia.com

http://www.sardiniapoint.it/8381.html

임주인

1. 인간 탑(Castells)

'까스텔'은 전통적으로 카탈루냐 지방 여러 곳에서 축제 때에 행해지던 인간 탑이다. 그들은 축제에서 팀을 이루어서 탑 모양을 만들었다가 다시 이를 해체시키는 놀이를 즐겼다. 2010년 11월 16일 유네스코에서 스페인 카탈루냐 지방의 인간 탑을 무형문화재로 지정하게 된다.

1) 까스텔의 기원

'까스텔'의 인간 탑 쌓기 전통은 카탈루냐 남부 타라고나 시 근방에 위치한 '볼스'라는 곳에서 18세기 말에 시작되었다. 이후에 카탈루냐의 다른 지방에서도 이 경기가 행해졌고 1981년 이후, 카탈루냐뿐 아니라 마요르카 지방에서 9층 높이의 까스텔이 등장하게 되었다.

카탈루냐어로 까스텔의 의미는 '성'이다. 까스텔은 탑을 쌓고 해체되는 것이 일련의 순서대로 행해질 때 성공적으로 본다. 성을 쌓을 때 성 쌓기에 참여한 모든 사람들이 올라가게 되는데 마지막으로 꼭대기에 올라가는 사람은 네 개의 손가락을 들어 보인다. 이 네 손가락은 카탈루냐 지방의 깃발에 그려져 있는 네 개의 줄을 상징한다. 끝까지 올라간 마지막 사람은 내려올 때 까스텔의 반대편으로 내려오게 되고 모든 사람이 안전하게 내려오게 될 때까지 층을 그대로 유지한다.

탑의 윗부분을 형성하려고 기어오르는 사람들 옆에서 까스텔의 아랫부분에 있는 다른 이들은 '삐냐'를 만든다. 삐냐의 멤버들은 탑구조가 무너지려고 할 때 위에 있는 사람들이 안전하게 떨어질 수 있도록 '망' 구조를 형성한다.

까스텔은 두 개의 면으로 구성되는데 그 하나는 탑의 아랫부분인 삐냐이고 다른 하나는 탑의 윗부분이다. 그런데 인간탑에서 중요한 것은 탑의 기초를 이루는 삐냐 부분이다. 계속 탑을 쌓아가도 된다는 신호를 보이게 되면, 그곳에 모여 있던 밴드는 '까스텔의 톡'이라는 음악을 연주하여 이벤트에 참여한 구경꾼들의 시선을 집중시킨다. 탑의 윗부분은 까스텔의 아랫부분에 최소한의 압력을 주면서 가능한 한 빨리 탑을 세워나간다. 까스텔을 해체시킬 때에는 민중들의 환희 속에서 이루어진다.

까스텔은 아래에서부터 차근차근 한 계단씩 올라간다. 이 단계는 솜씨와 힘, 그리고 많은 연습을 필요로 한다. 4개 층이 완성되면 시선을 끌기 시작하게 되고 6층이나 7층 높이를 쌓으면 기록으로 남게 된다.

2) 까스텔의 치장

(2009년 10월 24일)

전형적으로 탑 쌓기에 참여하는 이들은 하얀 바지에 검은색 장식 띠를 띠고 색깔 있는 셔츠를 입어서 팀을 표현한다. 일반적으로 바르셀로나의 팀은 붉은색 셔츠를 입고 빌라프랑카 팀은 녹색 셔츠를 입는다.

장식띠는 그들의 복장에서 가장 중요한 부분이다. 왜냐하면 이 띠는 장식뿐 아니라, 허리 아랫부분을 지지해주는 역할과 탑을 쌓아 올라가면서 손이나 발을 잡는 도구로서의 역할을 담당하기 때문이다. 띠에 달린 장식술은 그 길이나 넓이가 인간 탑의 층에 따라 다양하다. 장식띠의 길이는 1.5미터에서 2미터에 이르고 탑의 위층으로 올라갈수록 일반적으로 짧아진다. 탑을 쌓는 데 참여한 사람들은 피해를 최소한으로 줄이고 균형유지에 도움을 주기 위해서 맨발로 올라가게 된다.

3) 까스텔의 구조

인간 탑은 8층 내지는 9층 구조로 되어 있고 가장 꼭대기 층은 돌아가는 팽이모양을 이룬다. 사고는 탑을 쌓는 동안에는 별로 일어나지 않는다. 그러나 소몰이 경기처럼 주위에 앰블런스가 대기하고 있다. 2006년 8월에 치명적인 사고가 마타로에서 발생하여 맨 꼭대기에 올라가 있던 어린아이가 떨어져 죽었다. 이에 앞서서 1981년에도 토레뎀바라에서 인간 탑 쌓기에 참석한 한 사람이 경기 도중에 죽는 사고가 발생했다.

인간 탑 쌓기의 모토는 힘과 균형, 그리고 용기와 이성이다.

- 힘: 선수는 일반적으로 옹골찬 사람으로 최초로 인간 탑 쌓기에 참석한 사람은 농부들로서 이들은 육체노동에 이골이 난 자들로 무거운 물건을 들어 나르는 데 익숙한 자들이었다.
- 균형: 위에 올라가 있는 사람을 지탱하기 위해서는 균형 감각과 믿음을 필요로 한다.
- 용기: 인간 탑 쌓기에서 가장 중요한 요소는 용기이다. 특히 인간 탑의 맨 꼭대기에 올라가는 어린아이들에게 가장 필요한 요소가 용기이다.
- 이성: 리허설이나 공연에서 요구되는 것은 치밀한 훈련과 이성이다. 어떤 실수도 용납될 수 없는 위험한 경기이기 때문이다.

4) 까스텔의 기교

인간 탑은 주로 각층을 구성하는 사람의 수와 전체 층수에 의해서 명명되어진다. 각각의 층은 1명에서 5명 사이로 구성된다. 각 층을 구성하는 사람들의 수에 따라서 다음과 같이 불린다.

- 한 층에 한 사람: 삘라르
- 한 층에 두 사람: 토레

- 한 층에 세 사람: 트레스
- 한 층에 네 사람: 쿠아드르
- 한 층에 다섯 사람: 씽크

층수에 따라서 다음과 같이 나누어진다.

- 여섯 층: 시스
- 일곱 층: 세트
- 여덟 층: 비우트
- 아홉 층: 노우
- 열 층: 데우

탑이 높이 올라갈수록 각 층의 사람 수는 적어지고 아랫부분에서는 이들을 뒷받침하기 위한 사람들이 필요하다. 아래 층은 일반적으로 다음의 세 층으로 나누어진다.

- 삐냐(크기): 1층으로 보통 수백 명으로 구성된다. 모든 인간 탑은 삐냐를 갖고 있지만 삐냐라고 불리는 경우는 별로 없다.
- 폴레(덮개): 2층으로 삐냐의 위층이다.
- 마닐레스(수갑): 2층 폴레 위의 층이다.

'아굴라(바늘)'라는 용어는 인간 탑 맨 꼭대기에 있는 한 사람을 뜻하는 용어로 인간 탑이 해체될 때, 인간 탑의 바깥 부분이 모두 해체될 때까지 그대로 서 있어야 한다.

인간 탑의 명명어 중에는 경기가 성공적이었는가 어떠했는가에 따라서 다음의 세 단계로 나누어진다.

- 데스까레갓(Descarregat): 탑이 꼭대기까지 성공적으로 형성되고 해체되는 경우에 부르는 말이다.

- 까레갓(Carregat): 탑이 꼭대기까지 완성되었지만 탑이 해체되는 중간에 무너져버리는 경우를 이르는 말이다.

- 인뗀(Intent): 탑이 꼭대기까지 완성되지 못하고 실패한 경우를 이르는 말이다.

- 아이쉐까도르(aixecador): 위에서 두 번째 층에 해당되는 사람으로 도소스에게 떠받쳐지고 위로 엔사네타를 받치고 있다. 이들은 거의 항상 아이들로 구성되어져 있다.

Fully constructed

- 깝다 꼬야(cap de colla): 각 팀의 우두머리로서 인간 탑을 쌓기 시작하는 때부터 팀을 지시하고 이끌어가며 호흡을 맞추는 사람으로 그의 주위에는 많은 조수와 충고자들이 있다.
- 도조스(dosos): 일반적으로 아이들로 구성되어 있고 맨 위층에 있는 기수를 떠받드는 이들이다.
- 엔샤네타(enxaneta): 맨 꼭대기에 있는 어린이
- 뽐다달뜨(pom de dált): 꼭대기 세 층으로 도소스, 엑세카도르, 엔사네타 세 층으로 구성되어 있다.

2. Flamenco(플라밍고)

플라밍고의 역사라고 하지만 확실한 것은 알려지지 않았다. 어원만 보더라도 '격정적인 불타는 듯한'을 의미하는 형용사 flameante에서 기원했다는 설이 가장 유력한데 '플랑드르 지방'을 의미하는 단어인 플라밍고(flamenco)에서 유래했다는 설 등이 있지만 어느 것도 명확하지는 않다. 역사가 제대로 알려지지 않은 것도 서민 속에서 태어나 서민 속에서 자란 민간 예술의 숙명일 것이다. 플라밍고가 탄생한 것은 15~16세기경의 안달루시아라고 한다. 유대교, 그리스도교, 이슬람교 등 세 종교가 혼재하면서 독특한 문화를 만들어 온 이 지방은 13세기부터 15세기에 걸쳐 레콩키스타에 의해 그리스도교도의 지역이 된 곳이다. 한편, 인도에 기원을 두고 유럽 각지를 유랑하던 롬(스페인어로 히타노, 영어로 집시, 현재는 바람직한 호칭은 아님)이 스페인에 유입되면서 역사에 남기 시작한 것도 15세기의 일이다. 그들은 점술과 예능, 제련, 말 매매에 재능을 보였고 재정복된 지 얼마 안 되는 안달루시아에 흘러들어와 1499년에 발포된 정주령에 따라 각지에 흩어져 살게 되었다. 정주령이 내려졌다고 해서 주택이 제공되었던 것은 아니다. 오히려 그리스도교와 스페인어를 강요받았고 롬 고유의 문화가 부정되거나 차별받는 시대가 오래 이어졌다. 예능에 재능을 발휘했던 롬들은 이러한 슬픔을 노래에 담아 불렀고 그 가락은 그때까지 이어져 온 그들 자신의 음악과 안달루시아의 가락을 교묘하게 혼합시켰음이 틀림없다. 즉 플라밍고는 차별받고 박해받던 롬들의 혼이 깃든 외침과 안달루시아의 풍토가 결합하여 이루어진 결정체인 것이다. 롬만의 힘으로 플라밍고가 탄생한 것은 아니겠지만 그들 없이는 플라밍고가 성립되지 못했을 것이다. 초기의 플라밍고는 현재와는 매우 달랐던 듯하다. 생활 속의 애환과 사랑 등 일상적인 일을 주제로 노래했고 반주는 손뼉을 치는 것만으로 이루어졌다고 한다. 지금은 플라밍고에 빼놓을 수 없는 기타나 캐스터네츠도 나중에 도입된 것이며 처음에는 구두도 신지 않았기 때문에 구두소리(사파테아도)의 효과를 살릴 수도 없었을 것이다. 현재의 형태에 가까워진 것은 19세기에 들어선 뒤부터이다. 처음에는 롬이 자신의 집에서 즐기던 것이었지만 다른 집 연회에 초대되고 축제에 불려 나감에 따라 이것을 좋아하는 사람이 많아졌으며 19세기 말에는 '카페 칸탄테'라는 플라밍고를 전문으로 공연하는 술집이 등장하면서 크게 유행하였다. 유행은 해외로까지 퍼졌고 20세기에 들어서자 무대 공연의 형태로 흥행이 이루어졌다. 유행과 발전에 따라 플라밍고의 주요 형식의 대부분은 이 시대에 완성되고 플라밍고는 황금 시기를 맞이했다. 때를 같이하여 안달루시아에서 탄생된 투우도 벨몬테(Belmonte), 호세리토(Joseito)라는 2대 스타 투우사에 힘입어 인기 절정에 이르렀으며 번영은 언제까지나 계속될 것처럼 생각되었다. 그러나 이윽고 쇠퇴하기 시작했다. 라디오나 영화 등 새로운 오락이 보급된 데다 1920년대 말부터 시작된 세계적인 불황, 1930년대의 내전으로 '카페 칸탄테'의 수는 급격히 감소하고 많은 스페인 사람들에게 플라밍고는 기억 속에서 사라져 갔다. 또 제2차 세계 대전과 프랑코 독재 체제에 대한 주변국들의 반발로 인해 해외공연도 저조해졌다. 회복의 기미가 보이기 시작한 것은 1950년대부터이다. 국민 생활이 안정되고 해외에서 찾아오는 여행객이 다시 늘기 시작하자 급감했던 카테 칸탄테를 대신하여 '타블라오라'(Tablaora)는 극장식 레스토랑이 등장했고 각지에서 플라밍고 페스티벌과 동호회가 활발해졌다. 무용수와 연주자도 새로운 스타가 속속 나타났다. 플라밍고 기타의 신이라 불리는 파코 데 루시아(Paco de Lucia) 등이 제2차 세계 대전 후의 플라밍고 역사를 장식했다. 그리고 무대 예술로서도 플라밍고는 확고한 지위를 구축하기에 이르렀다.[31]

3. 베르가 성체축일(The Patum of Berga)

성체 축일 동안 바르셀로나를 방문하면, 바르셀로나의 요브레갓(Llobregat) 강가 근처에 있는 교외지역인 베르가를 방문해보아야 한다. 이 지역은 바르셀로나 농업지역의 경관을 잘 묘사하는 낙엽송과 떡갈나무 숲으로 되어 있다. 베르게다 지역의 베르가는 바르셀로나로부터 약 84킬로미터 떨어져 있고 전형적인 카탈루냐 지역의 로칼리티를 잘 드러내는 곳이다. 오랜 역사를 자랑하는 수많은 역사적 유적지가 있고, 풍부한 먹을거리가 있으며 고기단자 스프인 '알본디가(albondiga)'

---

31) Just go, 스페인, 2004년 시공사, 350~351

나 버섯을 곁들인 송아지 고기가 유명하다. 뿐만 아니라, 북이나 드럼 음악과 종교적 춤, 불꽃놀이 등을 곁들인 축제가 성체 수요일에서 일요일까지 성 바울(Plaza Cremada de Sant Pere)의 광장에서 펼쳐진다.

'타발(Tabal)'이라는 이름의 거대한 북이 바르셀로나 베르가 축제의 시작을 알리며 울리면, 도시 전체가 거인과 난쟁이들의 거대한 가면무도회장이 된다. 축제가 끝나도 새로운 해가 다시 시작하듯이 베르가는 주민들이 환의로 가득 차게 되고 카탈루냐와 스페인의 다른 장소의 주민들도 이 오랜 전통에 참여하는 의도에서 무슬림과 기독교인 사이의 항전을 흉내 내는 드라마에 동참한다. 가브리엘 대천사가 사탄과 그의 악당들을 쳐부수는 장면이 이 축제의 하이라이트이고 독수리상은 이 축제에서 가장 유명하다. 인조불과 춤은 거의 축제 마지막까지 이어진다.

4. 라 고메라 섬의 휘파람 소리

실보 고메로(Spanish for 'Gomeran Whistle')는 '고메라인의 휘파람'이라는 뜻으로 카타리아 제도에 사는 라 고메라 지역 주민들이 작은 산골과 깊은 계곡을 가로질러서 연락을 취하기 위해서 사용한 언어이다. 고메라 휘파람을 부는 사람은 스페인어로 '실바도르'라고 불리고 2009년 유네스코에 의해서 무형문화재로 등록되었다.

이 언어의 근원이 무엇인지는 밝혀지지 않고 있지만 휘파람 소리에 아주 간단한 음운/음성학적인 구조를 갖추고 있었을 것으로 추정되고 있다. 이 섬의 원주민으로 알려진 구안체인들이 생겨나기 전에 이미 고메라 휘파람은 이에로, 테네

리페, 그란 카나리아 등지에서 이야기됐고, 마지막 구안체인 들에 의해서 스페인어로 각색되게 된다. 그리고 16세기 스페인 정착민들에 의해서 언어로 채택됐다. 휘파람은 이에로에서 19세기 말엽까지는 번성했었는데 1976년에는 거의 남아 있지 않게 된다. 휘파람이라는 독특한 의사전달의 수단은 20세기 후반에 와서 거의 없어지게 되는데 지방 자치 정부가 고메라 아이들 모두에게 학교에서 휘파람을 가르치면서 되살아나게 된다. 휘파람 언어는 지형학적 원인으로 그 지역 원어민에 의해서 쉽게 익혀지게 되었다. 지금은 이 휘파람 언어가 유네스코에 등록되어 공식적으로 보호를 받고 있다.

다른 여느 휘파람처럼 고메라의 휘파람도 음조는 없고 일반 언어의 분절을 유지함으로써 소리를 낸다. 그래서 이 언어의 다양한 음색은 다양한 음조를 가장한 것처럼 나타나 스페인어의 방언을 구성한다.

라구나(Laguna) 대학의 라몬 트루히요 교수(Ramón Trujillo)는 그의 책 "고메로의 휘파람, 언어학적 분석"이라는 책을 1978년에 출판하였다. 이 책에는 백여 가지에 해당되는 스펙트럼 사진을 가지고 고메로 휘파람에 두 개의 모음과 네 개의 자음이 있다는 결론을 내고 있는데 이것은 잘못된 이론임이 밝혀졌다. 모음은 높거나 낮을 수 있고 자음은 끊어지거나 연결되는 멜로디 속에서 상승과 하강을 할 수 있기 때문이다. 줄리앙 메이어(Julien Meyer)(2005 - in French only(pg 100), 2008)는 고메로 휘파람의 모음의 통계학적 분석에서 네 개의 모음으로 구성되어져 있음을 밝혀낸다.

고메로 원주민 이시드로 오르티스(Isidro Ortiz)와 함께 쓴 트루히요의 작품("EL SILBO GOMERO Materiales didácticos" - qv. pdf link below)은 그의 초기 논문에서 4개의 모음으로 결론지었던 가설을 증명해 보였다. 그는 경험적인 데이터와 음성학적인 가설 사이의 차이를 자세하게 서술하였다. 또한 2005년 안나 리용(Annie Rialland)은 파리 대학에서 새로운 자료에 근거하여 고메로 휘파람의 음성학적, 청각적 분석에 대한 저서를 출판하였다. 여기서는 경과음뿐 아니라, 주파수의 변조 역시 휘파람 소리를 구별 짓는 역할을 담당한다는 것을 밝혀낸다.

라구나 대학의 마누엘(Manuel Carreiras)과 워싱턴 대학의 데이비드 코리나(David Corina)는 2004~2005년 고메로 휘파람에 대한 분석 세미나에서 고메로 휘파람이 일반 언어와 마찬가지로 머릿속에서 이해된다는 데 대해서 논쟁을 벌였다. 이 논쟁에서 그는 기능적인 최면술의 공명 이미지와 같은 두뇌 작용을 모니터링함으로써 고메라 휘파람이 스페인어 문장을 만드는 두뇌와 같은 부위에서 작용하게 된다는 것을 밝혀내게 된다.

5. 엘체 신비극(The Mystery Play of Elche)

중세시대, 기독교인들 사이에서 신비주의 연극이라 불리는 교회예배 형식의 극이 인기가 있었다. 중요한 축일에 사복음서에 들어 있는 내용의 극적 연출에서 비롯된 신비극은 도덕적인 부분을 중시하면서 자체극으로 발전하기도 했다. 매년 같은 축제에는 같은 장소에서 정해진 극을 상연하였는데 15세기에 대부분의 신비극은 사라지게 된다. 오늘날까지 남아 있는 신비극은 독일의 바바리아(Bavaria)에서 행해지는 수난극(Passion Plays)이 그것이다.

그뿐만 아니라, 15세기 이후 6세기 동안, 스페인의 '엘체'라고 하는 마을에서 성모 마리아 승천을 기념하여 신비극을 상연하게 된다. 이 극은 두 개의 장으로 구성되어 있고 첫 번째 것은 8월 14일 성모 승천 축제 전야에 상연되고 두 번째 장은 8월 15일 축제 당일에 상연된다. 유네스코에서는 "마리아의 죽음과 승천, 그리고 동정녀의 대관식을 기념하는 성스러운 음악 연극"이라고 칭하면서 무형문화재로 등록시켰다. 엘체의 신비극(The Misteri d'Elx)은 14세기와 15세기 매년 8월에 '엘체'라는 도시에 있는 산타 마리아 바실리카(교회당)에서 상연되던 예배극이다. 2001년 유네스코에서 성녀 마리아의 승천을 기념하는 엘체의 신비극을 무형문화재로 지정하였다. 이 연극은 그 지방 사람들이 직접 극에 참여하였고 젊은이에서 늙은이에 이르기까지 아마추어들로 구성되어 배우들이 발렌시아 언어로 수 세기 전에 쓰인 텍스트를 각본으로 삼아서 연극을 한다. 이 텍스트는 중세, 르네상스, 그리고 바로코 시대의 멜로디를 곁들여서 어린아이로 구성된 성가대가 성모 마리아와 천사의 목소리를 재현한다. 텍스트는 라틴어로 된 몇 편의 시와 시편이 발렌시아 언어로 씌어 있다.

오늘날, 미국에 있는 많은 신교에서 예배극 형식을 채택하고 있다. 그러나 텍스트는 현대의 삶에 적절하게 새롭게 각색되어 있다. 신비극의 전통은 세대를 거듭하면서 시공을 초월하는 진실을 기독교 커뮤니티 속에서 표현한다.

엘체의 신비극 원본, 1709년

엘체 신비극의 창작 날짜를 둘러싸고 두 가지 설이 있다. 17세기 초반, 그 도시의 역사를 연구한 크리스토발 산스(Cristobal Sanz)는 이 예배극이 13세기에 쓰였다고 했다. 그는 결국 이 도시의 역사를 증명할 수 없음을 고백하고 이 도시에서 신비극이 상연된 것이 1276년 초기 주민들에 의해서라는 것만을 제안했다. 그는 또한 더 오래된 또 하나의 가설을 덧붙였는데 그 이야기인즉, 정복자 제임스 1세가 이 도시를 정복한 뒤, 1265년에 무어인에 의해서 점령당한 이 도시 주민들은 신비극에 대한 아이디어를 생각해내게 되었다. 1717년 엘체의 후작 호세 안톤(José Antón)은 신비극에 대한 생각을 거듭해오다가 1266년 엘체의 한 해안가에 이상하게 생긴 방주를 발견하게 된다. 그 방주에는 기도구절이 적힌 콘수에따(Consueta)와 성모 마리아 승천의 그림이 있었다. 이 그림은 1266년에 처음 신비극이 상연되었다는 오스카 에스플라(Oscar Esplá)의 설을 뒷받침하고는 있지만 후에 와서 진실이 아님이 밝혀지게 된다.

19세기 후반에 역사가들이 엘체에 도착하여 신비극에 대한 연구를 한 결과, 신비극 탄생의 시기는 14세기 후반에서 15세기 초반이라는 것을 밝혔고, 다양한 시각에서 이 작품을 분석하고 있다. 문학적인 면, 연극적인 면, 음악적인 면, 그리고 언어적인 면과 도해적 측면 등이 그것이다. 그럼에도 불구하고 15세기 중반 이후를 진정한 의미에서의 신비극의 출현으로 보는 데는 크게 이견이 없다.

　무대장치를 살펴보면 하늘은 커다란 린넨 천으로 도움형식의 천장을 만들어 하늘을 보여주는 동시에 마리아나 천사들의 승천과 하강 등을 표현하는 데 필요한 무대장치들을 숨기는 기능도 한다. 이는 1530년으로까지 거슬러 올라가는데 오늘날까지도 사용되고 있다.

　린넨 천은 땅과 하늘을 분리시키면서 '하늘로 난 문'이라고 일컬어지는 틈이 있어서 극 중에 세 번 열고 닫히며 공중을 표현한다.

석류나무(The Pomegranate) 장치는 종려나무를 든 천사가 성모 마리아를 옮기려는 시도에 필요한 장치로 천사가 성모 마리아에게 나타나 승천의 길이 '라 마그라나' 혹은 '석류나무'라고 가르쳐준다.

오늘날의 형태는 16세기 후반에 사용되던 것으로 그 무대 장치의 구조는 고리모양(천구)과 구형, 상자형과 같이 스페인에서 일반적으로 사용되던 장비들과 같다. 현재까지 '석류나무'라는 용어는 전통적으로 푸른색이었던 것이 붉은색으로 바뀌면서 등장한 것이다. 오늘날의 관찰자들은 석류나무라는 이름이 16세기에 등장한 것이 아닌가 생각하고 있다. 왜냐하면 석류나무가 면이나 종이, 섬유 등과 같이 덜 견고한 재료를 대체할 필요가 있기 때문이다.

아라첼리(The Araceli)는 두 가지 경우 극에 등장한다. 첫 번째 경우는 천사들이 성모 마리아의 영혼을 하늘로 들어 올리기 위해서 내려와서 그녀의 몸을 땅속에 묻으려는 사도들에게 나타나는 경우이다. 두 번째 경우는, 마지막 장면으로 성모 마리아의 영혼을 갖게 된 천사가 마리아의 형상으로 대체되면서 삼위일체에 의해서 하늘로 승천하는 도중에 대관식을 거행하게 될 때 등장한다.

아르첼리는 신비극에만 나타나는 장면이 아니라 15세기 후반 및 16세기 초반에 이와 비슷한 장면이 조각상에서도 많이 나타난다.

코리도르(el corridor)는 커다란 낭하(복도)로 바실리카 예배당의 정문과 제단(Cadafal)을 연결시키며 건물 전체에 걸처 길게 뻗어 있다. 그 복도가 갖는 중요성은 상징적이라고 할 수 있다. 그 하나는 이것은 교회 전체가 극적인 구조를 갖추는 데 도움을 주며 다른 하나는 복도가 지상의 세계와 천상의 세계 사이의 소통을 허락하는 의미가 있다. 그리고 상징적으로 세상을 살아가는 모든 인류의 영적인 여정을 드러낸다. 성모 마리아 역시 이 길을 여행하게 되고 기독교의 이상인 예수의 고난을 경험하게 되기까지 이른다.

제단(cadafal)은 각종 연극이 상연되는 강단으로 본당의 중앙에 위치하고 있다. 제단은 하늘 문의 손잡이가 달린 분묘와 연결되도록 성가대석까지 뻗어 있고 배우들이 의상을 갈아입도록 오목하게 들어가 있어 대중들로부터 몸을 숨길 수 있게 나무로 덮여 있다.

엘체에서 제단은 퀴란테 산타크루스(Quirante Santacruz)의 말을 빌리면, "성모 마리아의 집과 그녀의 무덤 등 철저하게 배타적인 영역"으로 성모 마리아는 이곳에서 영광과 성화를 경험하고 하늘과 땅의 인물들이 서로 함께 사는 유일한 곳이기도 하다.

콘수에따는 수도원의 식례(式禮)과 서품이 합해진 말로서 예배의식에 관련된 노래원고다. 이 원고는 1625년 무렵으로 거슬러 올라가고 무대장치와 음악 악보, 그리고 무대 지시와 관련된 주석 등이 담겨 있다.

8월 14일은 성모승천 전야제("La Vesprà")로 사도들에게 둘러싸여 죽음을 맞이하는 성모 마리아를 보여준다. 그리고 8

월 15일은 장례식과 승천의 플롯을 갖춘다. 10시에 길에서 신비극("El Misteri")이 행해지고 성모 마리아가 매장되어 있는 기간 동안("El Soterrar")에는 배우들이 함께 '라 페스타'("La Festa") 노래를 부른다.

이에 앞서, 8월의 성모 승천일을 즈음하여 '라 페스타(La Festa)' 기간에 일련의 연극들이 행해진다. 8월 6일에 시청에서 목소리 테스트(La prova de veus)가 행해지고 여기서 신비극에서 노래를 부를 배우를 선정한다. 라 페스타를 금전적으로 지원해주는 것은 교회 당국이 아니라 시 위원회이다.

8월 10일 오후 6시에는 예배당에서 천사 테스트("la prova de l'àngel")가 있어서 어지러움을 잘 견디는 아이들을 뽑아서 신비극 중에 천정에서 땅으로 하강하는 천사역을 뽑는다. 그 밖에도 11, 12, 13일에 예외로 극이 열린다.

성모 마리아가 지상에서의 삶을 끝내고 승천하는 것은 가톨릭교회의 도그마로 볼 수 있다. 매년 8월 15일을 승천일로 정해놓고 기념하고 있는데 이것은 세상 종말에 우리의 몸이 다시 부활하는 것에 대한 예견이라 할 수 있다.

성모 마리아 승천과 관련된 행사는 원래 동쪽지역에서 지켜졌다. 도르미션(Dormition), 즉 "잠에 떨어지다"라는 의미에서 비롯된 이 용어는 성모 마리아의 몸이 "신성한 어머니의 잠"이라는 제목으로, 성모 마리아의 승천을 다룬 자료가 발견된 14세기까지 거슬러 올라간다. 예수가 십자가에 달린 채 그의 제자 요한에게 자신의 어머니를 부탁하는 말이 적혀 있다. 전통에 따르면 성모 마리아는 요한이 살고 있던 예루살렘과 에페수스에서 죽은 것으로 알려졌다. 1950년 11월 1일, 교황 피우스 12세는 순결한 신의 어머니 동정녀 마리아가 이 땅에서의 삶을 마감하고 그의 육체와 영혼이 하늘 영광으로 올라가는 것이 가톨릭교회의 도그마라고 밝혔다. 피우스 교황은 성모 승천 교리로부터 의견을 달리하는 이들은 가톨릭 교리와 믿음으로부터 완전히 분리된 자라고 하였다.

6. 매사냥(Falconry)

매는 전통적으로 그 지역의 자연환경에 적응하여 사냥을 하도록 훈련시켜왔다. 근본적으로 음식을 확보하는 한 방법으로 매사냥은 오늘날 생계를 위해서라기보다는 우정을 돈독히 하는 의미에서 행하여지게 되었다. 매사냥은 세대를 거듭해가면서 문화적 전통으로 계승되어왔다. 매사냥은 주로 남녀노소, 아마추어와 프로 모두에 의해서 행하여졌고 철새의 이동 경로에 따라서 하늘길이나 회랑을 따라 행해져 왔다. 매사냥을 훈련시키는 이들은 그들의 매와 강한 정신적인 결속력을 갖고서 매에게 모이를 주고, 훈련시키고 다룬다. 매사냥이 여러 대를 거치면서 문화적인 전통으로 자리 잡아가고 가족 내에서 배워가거나 매사냥 클럽 속에서 형식을 갖추어가게 되었다. 몽골, 모로코, 카타르, 사우디아라비아와 아랍

에미리트 등에서 매를 훈련시키는 이들은 아이들을 사막으로 데리고 가서 그들이 새를 훈련시키고 새와 일치감과 믿음을 심어나갈 수 있도록 가르친다. 매사냥꾼들은 서로 다른 환경에서 왔지만 공동의 가치를 추구하면서 새들을 보호하고 훈련시킨다. 그리고 조련사와 새 사이에 일치감을 갖게 하는데 필요한 각종 장비들을 역시 어느 곳이나 공통되다. 이처럼 매사냥은 문화유산으로 넓은 범위에 걸쳐 행해지고 있고 그에 따른 전통적인 의상, 음식, 노래와 시, 춤 등은 매사냥을 행하는 커뮤니티나 클럽에 의해서 지원받게 된다. 다음에 소개되고 있는 편지는 무형문화재 등록에 매사냥을 올려주기를 부탁하는 매사냥 협회 회장의 서신이다. 이 서신에서는 매사냥이 스페인뿐 아니라, 중동 국가들에서도 행해졌고 문화적 연계성의 한 방편이 되고 있음을 보여주고 있다.

Falcony(매사냥)과 유네스코 무형문화재

Intangible Cultural Heritage
Oirectorate-General for Fine Arts and Cultural Property
Ministry of Culture, Spain
Plaza del Rey, 1
28004 Spain

안녕하세요?

나는 사모라에 위치해 있는 바호스 클럽의 매사냥 회장으로서 아래와 같은 말씀을 올리고자 합니다.

매사냥은 우리 땅에 수세대를 거치면서 오래전부터 행해져 온 놀이로서 상당한 훈련을 필요로 합니다. 이 놀이는 까스띠야와 레온지역에서 수천 년 동안 행해져 온 것으로 사냥을 목적으로 먹잇감을 찾으려 하는 새와 인간 사이의 강한 연대감을 보여줍니다.

매사냥의 기술은 책을 읽음으로써 얻어지는 기술이 아니고 자연과의 연계성과 장인의 기술이 요구됩니다. 가스띠야-레온 지역에서는 현왕 알폰소 10세의 형제인 필립 왕자와 같은 위대한 매사냥 조련사들을 많이 배출해 내었습니다. 13세기 시르가 팔렌시아의 비얄카사르 교회에 있는 그의 무덤 앞에는 사람의 주먹 위에 독수리가 앉아 있는 그림이 생전의 조련사로서의 필립 왕자를 기념하고 있습니다. 21세기에 접어드는 오늘날에 와서도 가스띠야 지역의 매사냥 조련사들은 스페인 전역에서 치러지는 높이 날기 콘테스트에서 챔피언이 되어 예전의 명성을 이어가고 있습니다.

이 편지의 목적은 스페인 무형문화재 기관에 스페인 전역과 가스띠야-레온 지역의 자치주 무형문화재 목록에 매사냥을 올려줄 것을 요구하기 위해서입니다.

우리의 동료 마드리드 공계대학 매사냥 전문가인 하비에르 세바요스는 우리에게 아랍 에미리트 정부가 유네스코 무형문화재로서 매사냥을 등록시킬 것을 국제안건으로 제안한 것으로 알고 있습니다.

프로젝트의 일부로서 모든 나라 간의 문화적인 연계성을 이루어나가고자 하는 욕망을 가지고, 스페인도 이러한 제안에 함께 동참해야 할 때라고 봅니다.

Respectfully

(signed)
Manuel Faúndez Blanco
President of the Falconry Club of Bajoz Zamora

스페인 중세에서 르네상스로 넘어가는 과도기적인 시기에 쓰인 페르난도 데 로하스의 <라 셀레스띠나(La Celestina)> 1막 1장에서 개종 유대인 귀족 청년

인 깔리스토는 자기 집 마당에서 매사냥을 하다가 구기독교인 가문의 멜리베아라는 여인을 보고 한 눈에 반한다. 매사냥은 스페인 문학사상 스페인적인 특성을 가장 잘 드러낸 독창적인 작품 세 편 중 하나인 <라 셀레스띠나>에 등장하면서부터 이미 문화적 유산으로서의 가치를 충분히 발휘했다고 본다.

참고자료

마르코 카타네오 지음 / 손수미 옮김, 『유네스코 시리즈 세트』 [전3권] (생각의 나무, 2010)

마르코 카타네오 & 자스미나 트리포니 지음 / 김충선 옮김, 『유네스코 세계문화유산』 (우리가 아직 몰랐던 세계의 교양 102) (생각의나무, 2010)

유네스코한국위원회 지음, 『유네스코와 문화다양성』(유네스코한국위원회, 2008)

이형준, 『교과서에 나오는 유네스코 세계 문화유산: 유럽 1』(시공주니어, 2008) http://www.unesco.org/new/es/unesco/ (유네스코 홈페이지))

최자영

1. 지중해 음식

1) 보조 음식들(메제데스, mezedes)

(1) 숫주카키(아) 즈미르네이카(soutzoukakia smyrneika)

고기를 갈아서 밀가루 혹은 물에 적신 빵가루, 소량의 포도주 등을 함께 섞어 냉장고 안에 1~2시간 놔두었다가 꺼낸다. 작은 덩어리를 만들어 밀가루를 입힌 다음 식용유에 튀긴 것이 숫추카키(아)이다. 소스를 만들어 숫주카키아를 넣어 다시 끓인 다음 밥이나 감자튀김, 샐러드 등과 함께 먹는다.

숫주카키아 즈미르네이카

(2) 케프테다키(아)(kephtedakia = 비프테키)

케프테다키아

고기를 갈아서 양파를 채에 간 물과 적신 빵가루 등을 짜서 함께 넣는다. 반죽이 잘 엉기도록 5분 정도 두었다가 냉장고에 1~2시간 넣어둔다. 그 후 소량으로 덩어리를 만들어 기름에 튀기거나 석쇠에 올려 오븐 안에서 굽는다. 그대로 먹거나 소스에 넣어 끓여서 밥이나 감자튀김과 함께 먹는다.

(3) 돌마다키(아) 기알란지(ntomadakia gialantzi)

돌마다키아

포도 잎을 약한 불로 끓는 물에 2~3분 넣었다가 한 장씩 펴놓는다. 양파를 갈아서 나온 물에 쌀과 갖가지 향료 등을 넣어 잘 섞은 것을 포도 잎 위에 놓고 잘 싼다. 그것을 솥 안에 늘어놓고 물과 레몬즙을 넣어 끓여서, 물이 다 흡수되고 쌀이 부드러워질 때까지 둔다. 쌀이 무르면 부피가 늘어나므로 그 량을 감안하여 포도잎으로 쌀을 쌀 때 약간의 공간을 두도록 해야 한다. 돌마다키(아)가 다 되면 그 위에, 즉 솥뚜껑 아래 물을 흡수할 수 있는 깨끗한 수건을 얹어 식을 때까지 내버려둔다.

(4) 티리(치즈) 사가나키(tyri saganaki)

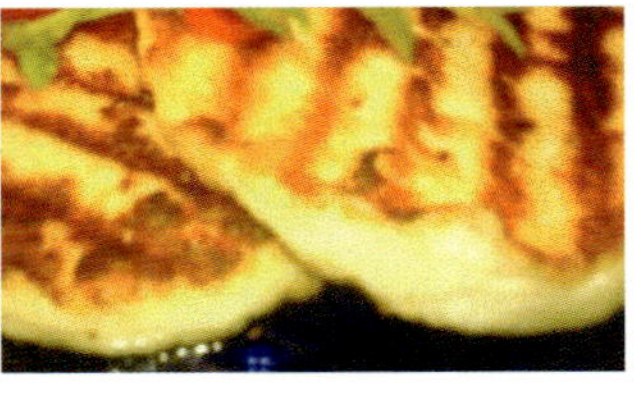

치즈를 새끼손가락 두께 정
도로 자른 다음, 밀가루와 후추
를 섞은 데다 옷을 입혀서 붉은
빛이 날 때까지 양면을 식용유
로 살짝 데친다. 거기다 레몬을
쳐서 주로 술(우조) 안주로 한다.

티리(치즈) 사가나키

(5) 기간데스 플라키(gigantes plaki)

기간데스

길이 **2.5cm** 전후되는 큰 콩류(파솔리
아) 기간데스(크다는 뜻)를 먼저 12시간
정도 물에 담가 무르게 한다. 물에다 넣
고 셀리노, 당근, 후추 등을 함께 넣어
끓인다. 따로 강한 불에 양파와 마늘을
식용유로 가볍게 볶고 거기다 토마토,
고추, 설탕, 소금 등을 넣어 끓여 소스를 만든 다음 마이다노
(=파슬리: 향기로운 풀)를 섞는다. 이 소스를 기간데스와 함
께 놓고 약한 불에 1시간 정도 끓이면 기간데스가 완전히 무
르고 소스도 진하게 소량 남게 된다.

(6) 스펜조파이(spentzophái)

가지를 큼직큼직하게 잘라서 소금을 조금 쳐서 2시간을

스펜조파이

그대로 두었다가 다시 물에 씻은 다음 물기를 짜서 없앤다. 피망(푸른 큰 고추)의 꼭지와 씨앗을 제거하고 적당한 크기로 썬다. 가지와 피망을 함께 식용유에 살짝 데친다. 소시지를 중간 세기 불에 끓여서 기름기를 쫙 빼고 식용유에 살짝 데친 다음 토마토를 넣고 빽빽한 소스가 될 때까지 20분 정도 끓인다. 가지와 피망을 이 소스에 넣고 신선한 피망을 추가해서 함께 끓인 다음 먹는다.

2) 셀러드(살라다, salata)

(7) 살라다 폴리티키(salata politiki)

살라다 폴리티키

온갖 종류의 채소를 다 채 썰어서 올리브기름과 레몬, 소금 등을 쳐서 먹는다.

(8) 상추 샐러드(마룰로살라다, maroulosalata)

상추 샐러드

상추와 양파를 채썰어서 올리브기름과 레몬, 소금 등을 쳐서 먹는다.

(9) 삶은 채소샐러드(호르타 브라스타, chorta brasta)

질긴 채소(아디이아, 추키니 등)를 푹 삶아 올리브기름과 레몬, 소금 등을 쳐서 먹는다.

삶은 채소 샐러드

(10) 시골 샐러드(호리아티키 살라다, choriatiki salata)

흰 치즈(페타), 토마토, 올리브 열매, 오이, 양파 등을 썰어서 섞고 올리브기름과 레몬, 소금 등을 쳐서 먹는다. 흰 치즈의 단백질을 채소와 함께 먹을 수 있어 영양이 골고루 갖추어진 샐러드이다.

시골 샐러드

(11) 토마토 양파 샐러드

토마토, 양파, 식초(혹은 레몬 즙), 올리브유를 넣고 또 리가니(오리간/마요람 marjoram)를 뿌려도 좋다.

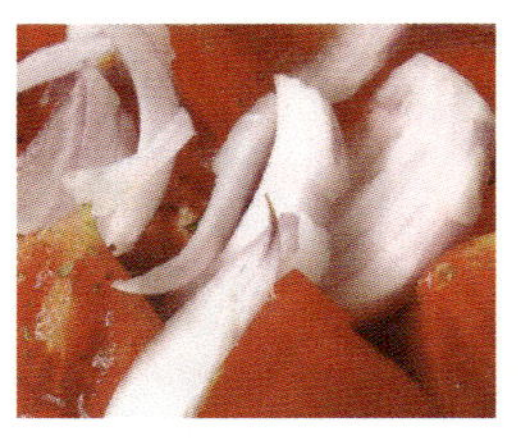

토마토 양파 샐러드

(12) 짜치키

물기 없는 뻑뻑한 요구르트를 구하거나, 아니면 채 위에 흡수성 강한 종이를 깔고 그 위에 요구르트를 붓고 2시간 동안

물기를 뺀다. 오이를 아주 잘게 썰어서 물
기를 뺀다. 아니토(아니스)와 마늘을 원하
는 만큼 잘게 썰어서 준비한 내용물을 올
리브기름과 소금을 함께 다 섞는다.

짜치키

3) 수프(수파, soupa)

(13) 파솔리아(phasolia)　수프
　　＝파솔라다(phasolada)

콩을 하룻밤 물에 담가 무르도록
한다. 콩과 함께 식용유, 양파 등
을 넣어 끓여서 레몬과 후추를 곁
들여 먹는다.

파솔라다

(14) 파케스(phakes)

우리나라의 팥알 같은 색깔이나
그보다 더 적은 크기의 곡류로 끓
인 수프이다. 양파를 갈아서 넣고
후추, 식용유 등을 넣어 함께 끓인다.

파케스

(15) 레비티아(rebithia) 수프

레비티아 수프

사진에 보이는 모양의 레비티
아를 하룻밤 물에 담가 무르도록
한다. 레비티아와 함께 식용유,
양파 등을 넣어 끓여서 레몬과 후
추를 곁들여 먹는다.

(16) 닭고기 · 계란 · 레몬 수프(코토수파 아브고레모노, kotosoupa augolemono)

닭고기 · 계란 · 레몬 수프

닭고기와 버터, 당근, 양파, 소금
을 넣어 끓인 다음 가는 채로 쳐서
건더기를 없앤다. 그 국물을 끓이다
가 쌀을 넣는다. 쌀이 익어 무를 때
까지 끓인 다음 계란을 풀어 넣어서
뻑뻑하게 한다. 레몬 즙을 곁들여 먹는다.

(17) 계란 · 레몬 유발라키(아)(유발라키아 아브고레모노, gioubarlakia augolemono)

고기를 갈아서 양파, 쌀, 향료, 식용유, 소금, 후추를 함께
섞은 다음 조그만 덩어리를 만들어 밀가루를 입힌 것이 유발
라키(아)이다. 육수 혹은 버터를 푼 물에 유발라키를 넣고 약

한 불에 끓여서 익힌다. 계란을 풀고 레몬즙을 넣어 끓고 있는 유발라키에 붓고 섞은 다음 불에서 내린다.

유발라키아

(18) 물고기 수프(읖사로수파, psarosoupa)

여러 가지 채소(양파, 당근, 호박), 감자, 물고기를 함께 넣어 끓인 수프이다.

물고기 수프

(19) 새끼 양 마기리차(마기리차 메 아르나키, mageiritsa me arnaki)

양의 내장을 양파, 후추, 마이다노(파슬리), 아니토(아니스) 등을 함께 넣어 끓인 수프로 40일간의 금식 기간이 끝난 다음의 부활절 일요일에 먹는다.

마기리차

4) 피타

(20) 고기 피타(크레아토피타 메 키마, kreatopita me kima)

고기 피타

밀가루 반죽으로 만든 아주 얇은 피(막)를 아래에 몇 겹으로 깐다. 그 위에 다진 고기와 양파 등을 섞어 살짝 튀긴 것을 놓고 그 위에 다시 치즈를 깐다. 맨 위에 다시 밀가루 반죽으로 만든 얇은 잎을 몇 겹 덮어서 열을 가하면 된다.

(21) 채소 피타(호르토피타, chortopita)

채소 피타

밀가루 반죽으로 된 얇은 피를 아래쪽과 위쪽에 각각 여러 겹으로 놓고, 그 사이에 고기 대신 살짝 데친 채소를 넣는다.

(22) 시금치 피타(스파나코피타, spanakopita)

시금치를 삶아서 잘 볶는다. 식용유, 양파, 아니토(아니스)를 함께 넣고는 식힌다. 오븐에 기름종이를 놓은 다음 그 위에 밀가루 반죽 피를 깔고 다시 그 위에 준비한 시금치를 펴서 놓되, 밀가루 잎 가장자리로 **2cm** 정도의 여유를 둔다. 그 위에 버섯과 마늘을 볶아서 놓기도 한다. 마지막에 (카세리)치즈를 올린다. 계란 노른자로 오븐 가장자리를 두른 다음 위에 밀가루 반죽 피를 올리고는 맨 아래 깐 피와 서로 압착되도록

시금치 피타

위에서 주걱 뒤 끝 자루 부분으로 밀가루 피 가장자리를 서로 붙도록 눌린다. 윗부분에다 칼로 사각형 형태로 골을 내되 아래까지 자르지는 않도록 한다. 준비된 것을 냉장고에 넣어 20분쯤 놓아두었다가 꺼내면 내용물이 더 잘 엉기게 되어 좋다. 오븐 바닥에 노른자를 두르고 열을 가한다.

(23) 호박 치즈 피타(콜로키토티로피타, kolokythotyropita)

밀가루 반죽으로 된 얇은 잎을 아래쪽과 위쪽에 놓고, 그 사이에 호박과 치즈를 넣어 열을 가한 것이다.

호박 치즈 피타

(24) 프라소 치즈 피타(프라소티로피타, prasityropita)

아래와 위쪽 밀가루 피 사이에 삶은 프라소(leek 서양부추 파)와 치즈를 섞은 것을 놓고 오븐에 넣어 열을 가한다.

프라소 치즈 피타

(25) 치즈 피타(티로피타, tyropita)

먼저 베사멜을 만든다. 베사멜은 버터를 녹여 밀가루를 섞고 다시 따뜻한 우유를 넣어 약한 불에 끓인 다음 소금, 향료 등을 넣은 것이다. 베사멜이 식도록 내버려 두었다가 그 안에 양파를 간 것, 계란을 약간 휘저은 것, 치즈를 간 것 등을 함께 넣는다. 오븐에 준비된 밀가루 반죽 피의 반정도의 분량을 여러 겹으로 버터를 쳐가며 놓고 그 위에 앞에서 준비해둔 내용물을 놓는다. 그 위에 다시 남아 있는 밀가루 반죽 피를 덮고 열을 가한다.

티로피타

(26) 마케도니아 치즈 피타(티로피타키아 마케도니아스, tyropitakia mekedonias)

위 치즈 파타(티로피타)와 같은 내용물을 둥근 밀가루 반죽 잎에 싸고 반을 접어서 가장자리를 붙인다. 오븐에 기름종이를 깔고 그 위에 계란 노른자를 두른 다음 열을 가한다.

마케도니아의 티로피타

5) 라데라(식용유로 처리한 요리, ladera)

(27) 가지 이맘(멜리자네스 이맘, melitzanes Imam)

가지를 긴 쪽으로 위에서부터 십
자로 가르되 완전히 아래까지 자르
지 않도록 한다. 안팎으로 소금을
소량 치고 1~2시간 내버려두었다
가 다시 물에 씻고는 손으로 물기
를 짠다. 그것을 고온의 식용유에

가지(멜리자네스) 이맘

붉은빛이 돌도록 살짝 데친다. 다른 한편, 양파, 마늘을 썰고,
토마토, 후추, 소금 등을 함께 넣어 10분을 끓인다. 식용유를
두른 솥에 가지를 깔고 준비한 내용물을 나누어 놓고 그 위에
다시 신선한 피망 조각을 놓은 다음 오븐에 넣어 찐다.

(28) 브리아미(mpriami)

브리아미

가지와 호박을 큼직하게 잘라서
소금을 쳐 놓았다가 씻어서 물기를
없애고 뜨거운 식용유에 살짝 데친
다. 파솔라키아(콩깍지류)를 길이로
썰고, 감자, 당근, 피망 등도 큼직하
게 썰어서 가볍게 튀긴다. 버섯, 토

마토를 썰어서 둔다. 양파와 마늘을 식용유에 볶고 토마토,

버섯, 향료 등을 넣어 볶다가 불에서 내린 다음 다른 준비된 내용물과 함께 뚝배기(유벳치(gkioubetsi)에 담고 오븐에 넣어 찐다. 다 되면 위에 치즈를 갈아서 뿌려 먹는다.

(29) 게미스타(gemista) = 쌀로 채운 토마토와 피망(토
        마토 피페리에스 메 리지, ntomatopiperies
        me ryzi)

게미스타

사진에 보이는 것같이 토마토와 피망의 꼭지 달린 한쪽 면을 잘라낸다. 피망은 속 씨앗을 제거하고 토마토는 속의 내용물을 긁어내어 채로 쳐서 그 액체에 케첩이나 젤리를 섞는다. 양파를 볶아서 앞에서 준비한 토마토 액체와 함께, 소금, 후추 등을 넣어 10분간 끓인다. 거기다 쌀, 마이다노(파슬리), 박하를 넣어서 섞은 다음, 그것을 한 면을 잘라 준비해놓은 토마토와 피망에 채운다. 쌀이 익으면 불어나므로 그것을 감안하여 2/3만 채운 다음 솥이나 오븐에 넣고 식용유를 뿌려 토마토와 피망의 표면이 완전히 적시도록 한다. 약간 갈색으로 변할 때까지 열을 가한다. 바닥이 마르지 않도록 물을 붓고 쌀이 다 익을 때쯤에는 솥 밑바닥에 뻑뻑한 소스같이 액체가 남도록 한다.

(30) 바미에스 스튜 [프리카세](바미에스 이아흐니, Mpamies Giachni)

바미에스 스류(이아흐니)

사진에 보이는 것 같이 생긴 바미에스(일종의 콩[오크라 혹은 검보]깍지류)에서 꼭지만 제거하되 껍질을 상해서 속이 터지지 않도록 한다. 그것을 소금물에 담가서 30분 정도 후에 다시 식초나 레몬 물에 씻는다. 양파를 볶고 토마토, 마이다노(파슬리), 설탕, 후추를 넣고 약한 불에 10분 정도 끓여 소스를 만든다. 여기다 바미에스와 레몬 조각을 넣어 곱게 섞는다. 솥 바닥에 토마토를 잘라서 갈고 그 위에 준비한 바미에스 등을 넣고 열을 가한다. 물은 넣지 않으나, 바미에스가 잘 끓지 않는 경우 그것도 마지막에 조금 넣을 수는 있다.

6) 고기 요리

(31) 아르니(양고기) 클레프티코(일종의 휴대용 양고기)

양고기에 후추와 리가니(향료: 오리간 혹은 마요람)를 뿌리고 식용유와 레몬 즙을 입힌 뒤 1시간 정도 내버려둔다. 완두콩, 당근을 옅은 소금물에 끓여서 채로 쳐둔다. 강한 불에 버터를 녹이고 완두콩과 당근을 볶는다. 또 다른 솥에는 식용유에 양고기를 볶은 다음 마늘을 넣는다. 식용유에다 감자를 반 정도 익도록 튀긴다. 토마토 조각도 식용유에다 각 면을 잘 튀긴다. 고기, 감자, 당근, 완두콩 등을 각각 같은 몫으로 나누어

아르니(양고기) 클레프티코

기름종이에 모든 종류를 함께 담고는 토마토 두 조각, 소금과 후추를 곁들인다. 내용물이 담긴 기름종이를 각각 목면실로 묶은 다음 기름종이가 타지 않도록 식용유에 적셔서 오븐에 넣어 열을 가한다. 상추 샐러드와 레치나(적포도주의 일종)를 곁들여 먹는다.

(32) 아르니 유벳치(뚝배기 양고기)

솥에다 식용유를 붓고 양고기 조각을 두루 잘 볶는다. 토마토, 마늘, 설탕, 소금, 후추를 넣고 약한 불에 끓여 소스를 만든다. 따로, 버터를 녹이고 거기다 크리타라키(곡류를 빻은 가루 반죽으로 다시 곡물 모양을 본떠서 만든 곡물 알갱

무사카스

이)를 볶는다. 양고기, 소스, 크리타라키를 뚝배기에 넣고 크리타라키가 잘 익어 무를 때까지 열을 가한다. 토마토 조각과 치즈 간 것을 위에다 얹어 먹는다.

(33) 무사카스(mousakas)

아르니 유벳치(뚝배기 양고기)

가지를 살짝 튀겨둔다. 강한 불에 양파, 후추, 마늘을 볶는다. 다진 고기를 10분간 볶고 토마토, 소금, 후추, 케첩을 더하여 엉길 때까지 끓인다. 계란 흰자와 마이다노(파슬리)를 넣고 젓는다. 깊은 솥 바닥에 버터를 깔고 그 위에 판 케이크(밀가루 반죽의 판)를 깔고 그 위에 준비한 가지의 반을 놓고 그라비에라(치즈의 일종)도 반, 다진 고기 반을 그 위에 놓는다. 다시 그 위에 남아 있는 가지 반, 그라비에라 치즈 반, 다진 고기 반을 놓으면 무사카스가 된다. 베사멜(앞 25번의 '치즈 피타' 항목 참조)을 준비하고 우유크림, 계란 노른자와 함께 치즈 간 것 반 정도를 섞어서 준비한 무사카스 위에 뿌린다. 그 위에 다시 갈아놓은 치즈 남은 것을 뿌리고 오븐에 넣어 열을 가한다. 기호에 따라서 가지의 반 정도 대신 감자를 얇고 둥글게 썬 것, 호박, 피망 등을 튀겨서 넣을 수도 있다.

(34) 파스티치오(pastitsio)

양파와 다진 고기를 볶고, 거기다 토마토, 젤리, 케첩, 마이다노(파슬리), 소금, 후추 등을 섞고 끓여서 식혀둔다. 거기다 계란 흰자

파스티치오

와 연한 치즈 간 것을 넣어 섞는다. 가운데 구멍이 난 마카로냐(국수)를 소금과 식용유를 넣은 물에 넣어 삶은 후 버터와 반 정도의 연한 치즈 간 것을 넣고 섞는다. 베사멜을 준비하여 우유크림, 계란 노른자와 함께 단단한 치즈 간 것 반, 모스호카리도(육두구 열매 **nutmeg**)을 섞는다. 깊은 솥 안에 먼저 버터를 녹이고 그 위에 밀가루 반죽의 판 케이크를 놓고는 그 위에 마카로냐 반, 다진 고기 반을 놓고 그 위에 다시 마카로냐, 다진 고기를 차례로 올린다. 그 위로 베사멜과 단단한 치즈 가루를 뿌리고 오븐에 넣어 열을 가한다. 이렇게 만들어진 파스티치오를 오븐에 넣어 열을 가한 다음 꺼내어 바둑판 모양으로 조각을 내어 먹는다.

(35) 스파소(굵은 부추파) 돼지고기(choirino prasoselino, 히리노 프라소셀리노)

프라소(**leek** 서양부추파)의 짙은 색깔의 억센 잎을 제거하고 줄기를 도막 내어 잘라서 끓는 물에 10분 정도 두었다가 채에 올려 물기를 뺀다. 셀리노(셀러리) 뿌리를 같은 식으로 잘라 끓여 물기를 뺀다.

프라소(굵은 부추파) 돼지고기

강한 불에다 솥에 식용유를 두르고 돼지고기 조각들을 놓고 두루 잘 볶는다. 돼지고기에 너무 비개가 많으면 볶기 전에 적당하게 제거한다. 양파를 살짝 볶는다.

물에 소금과 후추를 넣고 돼지고기를 넣고는 반쯤 익힌다. 거기다 프라소와 셀리노를 함께 넣고 고기가 완전히 연해지고 남은 물(소스)이 뻑뻑해질 때까지 끓인다. 계란을 풀고 레몬 즙을 만들어 솥 전체에 골고루 가도록 흩는다. 돼지고기 대신 양고기, 소고기를 써도 된다.

(36) 양배추 돌마데스(ntolmades with lachano)

양배추 돌마데스

양배추 뿌리를 깊이로 제거하고 솥에 넣어 너무 연해지지 않도록 적당하게 삶아서 꺼낸 다음 잎을 분리한다. 단단한 부분은 제거하고 너무 큰 잎은 두세 개로 잘라서 쌈을 싸기에 적당한 크기로 만든다. 다진 고기를 양파, 쌀, 마이다노(파슬리), 소금, 후추, 식용유와 섞는다. 이것을 적당량으로 양배추 잎에다 싸서 말아서 돌마데스를 만든다. 넓고 얕은 솥(오븐)에 먼저 양배추 잎 가운데 두꺼운 부분을 깐 다음 그 위에 돌마데스를 늘어놓고 그 위로 따뜻한 물을 쪽대로 흩고 또 버터 조각을 여기저기 올린다. 그 위에 다른 쟁반 하나를 거꾸로 올려서 돌마데스를 고정시킨 다음 솥뚜껑을 닫고 약한 불로 열을 가한다. 물이 부족하면 간간히 물을 보충하면서 충분히 익은 다음에는 기호에 따라 계란-레몬즙 혹은 그냥 레몬 즙을 흩는다. 피망을 그 위에 간간히 곁들여도 된다.

(37) 다진 고기 호박(콜로키티아 메 키마, kolokithia
me kima)

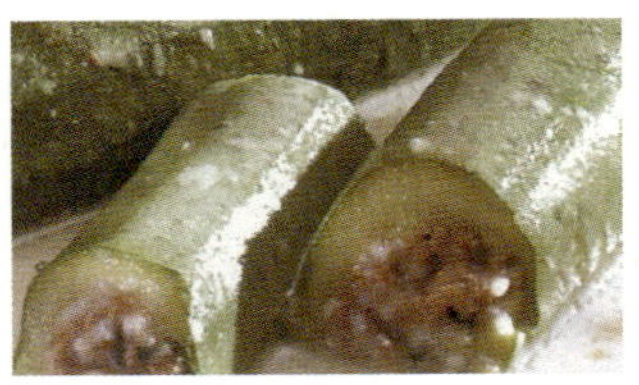

다진 고기 호박
(콜로키타키아 메 키마)

긴 호박의 속을 파내고 중간을 적당하게 자른다. 강한 불에 식용유를 두르고 양파를 볶아서 식힌다. 거기다 다진 고기, 쌀, 마이다노(파슬리), 소금, 후추를 섞어서 호박 속에 채워 넣는다. 살이 익으면 부풀어 오르므로 미리 빈 공간의 여유를 둔다. 넓고 얕은 솥(오븐)에 내용물로 채운 호박을 늘어놓고 물을 깐 다음 열을 가한다. 물 대신 큰 토마토 즙을 넣어도 된다. 다 되면 레몬 즙을 곁들여 먹는다.

(38) 다진 고기 돌마다키아(돌마다키아 메 기마,
ntomadakia me kima)

앞의 3번 <돌마다키아 기알란지>와 같은 방법으로 하되 다진 고기를 넣는다.

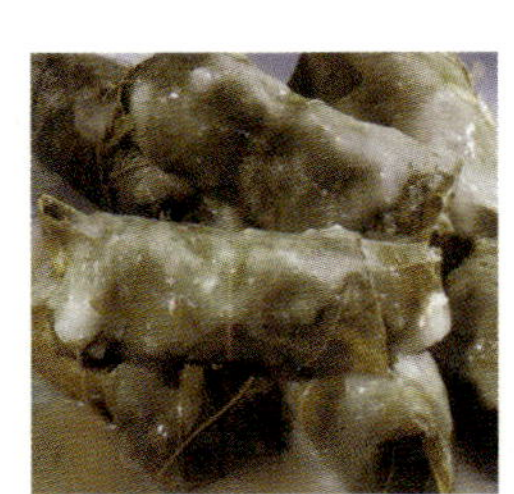

다진 고기 돌마다키아

(39) 토마토소스와 다진 소고기를 곁들인 마카로냐
(Makaronia: Saltsa ntomatas me kima
[mpolonez])

마카로니(스파게티)

강한 불에 버터나 식용유를 두르고 양파와 마늘을 먼저 볶은 다음 다진 소고기를 넣고 잘 볶는다. 토마토, 식초, 소금, 후추를 넣고 잘 끓인 다음 삶은 마카로냐 위에 놓고 마이다노(파슬리)나 단단한 치즈 간 것을 위에 뿌려서 먹는다.

(40) 수블라키(soublaki)

수블라키(봉지에 싼 것)

수블라키(쟁반에 놓은 것)

바비큐같이 구운 고기를 양파, 토마토, 상추 등을 곁들여 먹는다. 휴대용으로 구운 밀가루 반죽 잎에다 싼 것을 간편하게 들고 다니면서 먹기도 하고 쟁반에 늘여놓고 식탁에서 먹기도 한다.

2. 그리스의 카랑기오지스(Karangiozis)와
터키의 카라궤즈(Karagöz)

1) 카랑기오지스의 유래와 사회적 의미

그리스 어의 카랑기오지스는 터키어 카라궤즈에서 유래한다. 이것은 그림자 연극(演劇)을 뜻하는 동시에 그림자 연극의 주인공이기도 하다. 터키어에서 카라궤즈는 원래 '검은 눈'을 뜻한다. 현재 유네스코 무형문화재로 등록되어 있는 주체는 그리스가 아니라 터키이다. 그 뿌리가 터키에 있다고 보기 때문일 것이다.

막 뒤에서 끈으로 인형을
조작하여 그림자가 비추게 한다.

그림자 연극은 갖가지 사물을 판으로 떠서 막 뒤에 세우고 끈으로 동작을 조절하면서 뒤쪽에서 빛을 비우면, 막 앞에

앉은 사람들이 막에 비친 그림자를 보고 사물의 움직임을 인식하는 것이다. 손쉽게 흑백으로 할 수도 있으나 공을 들이면 갖가지 색깔을 구사할 수도 있다.

그림자 연극은 세계 곳곳에서 볼 수 있다. 인도에서도 <라마야나> 등 전통의 서사시가 그림자 연극으로 상연되는데, 이런 것이 터키를 거쳐 그리스로 들어오게 되면서 주제도 달라지고 담기는 민중의 정서도 그리스적인 것으로 바뀌게 된다. 그리스 그림자 연극의 주인공인 카랑기오지스는 흔히 곱사등을 하고, 앞이마가 약간 벗겨지고 메부리코를 하고 있으며, 한쪽 팔이 길어서 남의 물건을 슬쩍 잘 훔칠 수가 있다. 반면, 터키의 카라궤즈는 긴 팔 대신 큰 성기를 달고 있으며, 그리스의 가랑기오지스보다 더 무례하다. 아무튼 두 경우 다 서민들의 애환과 정서를 담아 표현하는 서민들의 '영웅'인 점에서 공통점이 있다. 이 연극의 다수가 빈자와 부자 간 사회적 관계를 풍자하는 짧은 단막극으로 되어 있다.

그리스와 터키의 그림자 연극은, 그 명칭 자체, 즉 '카랑기오지스'와 '카라궤즈'가 유사한 데서 볼 수 있듯이, 다소간 공통된 사회적 배경 속에서 이루어져 왔다. 오스만 터키가 그리스를 점령한 것이 15세기 중엽(1453)이었으니, 그 이후 19세기 초(1821: 독립운동의 시작)~20세기 초까지 약 100여

년에 걸쳐 독립운동이 일단락되기까지, 그리스는 약 400~500 년 동안을 터키의 지배하에 있었다. 더구나 터키 민족이 소 아시아로 들어오기 전 중세시대에는 그리스와 오늘날의 터키 땅 소아시아는 비잔티움 제국으로 통일되어 있었고 지배층은 그리스인이었다. 터키와 그리스가 공통된 문화의 전통을 가 진 것은 이런 역사에서 볼 때 당연한 것이라고 하겠다.

그러나 두 지역 사이에 차이점이 없는 것은 아니다. 먼저 종교적인 면에서 그리스는 정통의 기독교, 즉 정교이지만, 터 키는 이슬람교이다. 이런 종교의 차이는 물론 생물적 인종의 차이와 바로 직결되는 것은 아니고, 또 생물적 인종의 차이 도 양국 사이에 가리기 어려운 경우도 있다. 오랜 세월 함께 살면서 통혼이 이루어왔기 때문이다.

또 그리스와 터키가 갖는 민중의 정서는 닮은 점도 있고 다른 점도 있다. 닮은 점은 아시아 내륙보다는 소아시아 지 중해 연안, 즉 그리스 쪽으로 가까이 올수록 더 증가한다. 반 면, 아시아 내륙, 즉 메소포타미아 쪽으로 가까워질수록 오리

엔트 전통의 습속이 미치는 영향이 더 커지게 되는 것은 당연한 것이라고 하겠다. 적 어도 지중해 연안의 터키는 포도주, 올리브, 기름을 쫙 빼 서 파삭파삭한 하얀 치즈를 먹고 또 여유 있고 낙천적인 모습이 그리스와 별반 다를

것이 없다. 전반적으로 본다면, 아무래도 터키 인의 정서는 그리스 인보다는 덜 자유분방하며, 체제나 권력에 대한 순종의 경향은 다소간 더 강하다고 할 수 있다. 이런 점은 집단적으로 불만을 토로하는 길거리 시위가 아테네에서는 상습화되어 있으나 터키에서는 그렇지 않은 점에서도 나타난다.

지금은 그리스와 터키는 각기 다른 나라로 분리되었고 또 정치체제도 다르므로 차이점을 그런대로 뚜렷하게 볼 수 있다. 그러나 그리스 국토의 상당 부분이 여전히 오스만 터키 술탄의 지배하에 있던 19세기까지만 해도 민중의 감정은 양 지역 간에 유사성이 없지 않았고, 그들의 애환은 그림자 연극의 주인공 카랑키오지스를 통해서 표출되었다. 카랑기오지스는 특히 19세기 말 20세기 초 유일한 민중극장이라고 할 수 있을 정도로 번성했다. 어떤 정치적 희극이나 이탈리아의 오페라 등도 카랑기오지스 만큼 민중 속으로 깊게 파고든 예술 형식은 없었다.

그리스가 터키 제국으로부터 독립하고 또 사회구조가 근대화되면서 카랑기오지스의 주제도 시대의 풍속도에 맞게 변화하게 된다. 급기야 오늘날에는 현대 자본주의, 물질주의가 팽배한 사회에서 새로운 형태의 관료주의에 희생되는 인간의 모습을 풍자하는 카랑기오지스가 상연되고 있다. 또 우주에 대한 관심이 증가되던 1960년대에는 공상과학 소설 및 영화의 주제 같은 <우주비행사 카랑기오지스>(1961), <화성에서의 카랑기오지스>(1965), <달에서의 카랑기오지스>(1966), <달의 정복자 카랑기오지스>(1966) 등도 나왔다.

<달에서의 카랑기오지스>의 카랑기오지스는 <아메리카에서의 카랑기오지스>처럼 달에는 "일자리가 많고 또 돈을 많이 벌 수 있으므로" 달로 간다. 카랑기오지스가 친구 핫지아바티스와 함께 달에 가자, 거기에 한 지하도시가 있었다. 그곳은 미궁(迷宮) 같은 구조에 상점들과 아파트들이 늘어서 있었다. 그들이 처음으로 만난 사람은 그리스 인 음식점 주인이었는데, 이들에게 식당에서 시중 일을 보면 일당 6달러를 지급하겠다고 한다. 카랑기오지스와 핫지아바티스는 돈 벌기를 포기했다. 지하에서 눈먼 쥐같이 바퀴벌레같이 살기 싫었고 또 기후도 마음에 들지 않았기 때문이다. 그들은 야외 식당에서 안락하게 음식을 먹으려고 올라왔으나 '패스트 푸드'밖에 없고 그것도 너무나 비싼 것이었다. 그래서 카랑기오지스의 말.

"아이구, 여기는 아메리카 같네... 핫지아바티스야, 우리 고향으로 돌아가자. 달에는 일거리가 있다 해도 말이야."

이렇게 지구로, 그리스로 돌아온 카랑기오지스의 말.

"여기서는 우리가 가난하지만, 즐기고... 말다툼도 하고 친구들과 어울리며 살 수 있지."

여기서 카랑기오지스는 외국으로 이주해 나가서 돌을 벌기 위해 피곤하게 생활하는 그리스 인을 풍자한 것이다. 한마디로 카랑기오지스의 역사는 시대 풍물의 변화를 한 눈에 보여

알렉산드로스 대왕과 뱀

주는 파노라마 같은 것이다.

동시에 카랑기오지스는 역사적 전통의 주제와 긍지가 연연히 이어져 내려오는 장이기도 하다. 전통의 주제라 함은 우리의 경우 춘향전, 흥부전과 같은 그런 것이며, 이것이 시대에 따라 끊임없이 각색 번안되면서 지금까지도 우리 주변에 머무는 것과 같은 것이다. 그리스의 경우에는 <알렉산드로스 대왕과 뱀>이 그런 예가 된다. 물론 이 작품의 알렉산드로스는 실제 역사에 나오는 것같이 동방 원정을 하는 것은 아니고 사람들을 괴롭히는 저수지의 뱀을 잡는 것이지만, 어

알렉산드로스 대왕과 뱀

쨌든 무용담의 주인공으로서 알렉산드로스 대왕이 등장한다.

한 마을 저수지에 큰 뱀이 살면서 물을 관장하는데, 일 년에 한 번씩 소녀 한 명을 제물로 받고서야 마을로 물을 내려보낸다. 해마다 마을 사람들은 추첨을 해서 소녀를 희생시켰다. 이번에는 터키 인 지배자 파사스(성주)의 딸 베

알렉산드로스 대왕과 뱀

지로풀라가 추첨에 걸려서 희생될 차례가 되었다. 파사스(성주)는 방을 내다 붙이고 뱀을 죽이는 사람에게 그 딸과 200리라를 주고 후에 자신의 왕위까지 물리겠다고 약속한다. 많은 사람들이 달려들었으나 뱀을 죽이지 못했다. 마침내 알렉산드로스 대왕이 카랑기오지스와 함께 뱀을 죽이고 마을을 구하게 된다. 이때 알렉산드로스 대왕은 그리스 정교회의 성자 게오르기오스를 상징한다. 여기서 고전 고대 그리스의 전통과 중세 기독교의 전통이 어우러져 있음을 보게 된다.

카랑기오지스는 전통적인 것은 물론 시사적인 것에 이르기까지 갖가지 주제를 포괄하고 있다. 텔레비전이 보급되기 전만 해도 이 그림자 연극은 각 동네 모퉁이에서 상연자들와 관람객이 서로 모여 소규모로 상연되었다. 그러나 지금은 극장이나 텔레비전에서 관람하거나 CD 등으로 만들어져 팔린다. 인터넷 사이트에서도 그 내용을 읽거나 CD를 살 수 있다(그 예가 http://www.karakiozis.com, www.scribd.com 혹은 http://www.youtube.com 에서 'karagkiozis'를 쳐서 검색하면 된다.).

2) 터키의 카랑기오지스

이슬람교에서는 기본적으로 우상을 금지하고 있다. 다수가 이슬람교도인 나라에서 그림자 연극 자체가 이런 가르침에 위배되는 것으로 간주되기도 한다. 그뿐 아니라 카랑기오지스는 흔히 욕설, 무례, 악행 등을 통해 비도덕성의 전형으로 묘사된다. 품위 있는 집안이나 동네에서는 입에 올리기조차 꺼리는 여자의 행실이나 부부간의 일화를 적나라하게 묘사한다. 예를 들면 다음과 같은 것이다.

얼마 전만 해도 날씬하던 소녀가 배가 불러 아이를 가진 것이 분명한데. 장차 그 남편 될 사람은 그런 사실과 아무 연관이 없는지라. 하릴없는 카랑기오지스는 결혼하는 바로 그날에 아버지가 되니 참으로 기가 막힐 노릇이다. 그러나 마침내 남편으로서 그것을 받아들인다.

카랑기오지스는 흔히 라마단 금식일이나 할례가 이루어지는 종교적 축일에 상연되면서, 종교적, 사회적 가치관의 전도, 풍자, 불법 행위를 지향한다. 문화, 민족, 종교, 언어, 사회적 정체성 등에서 등장인물은 유대인, 알바니아 인, 폴란드 인, 프랑스(갈로스) 인, 이탈리아 인, 페르시아 인, 터키 인, 폰토스(흑해) 인, 아르메니아 인, 쿠르드 인,(백인) 아라비아 인, 에티오피아 인 등의 흑인 아라비아 인 등 각종 민족을 다 포함한다. 각 종족의 등장인물은 모두 이스탄불(콘스탄티노플)의 거주민의 눈에 비치는 각 종족의 결점들을 보여주는 것이고, 제국 전체의 각 소수 민족의 전형이나 사회적 지위를 보여주는 것은 아니다.

서쪽 유럽 사람들은 우스꽝스러운 모습으로 등장한다. <강물의 갈로스(프랑스) 인>에서 이스탄불에 사는 서구인이 그리스어-이탈리아어가 혼합된 우스꽝스러운 언어를 구사한다. 프랑스 인은 남부 프랑스어를 더듬거리며 하는 것으로 나온다.

이스탄불의 도시인과 반대로, 시골 사람은 대책 없이 단순하고 우직한 사람으로 묘사된다. 이슬람교도만 빼고, 아나톨리아(동부)에서 온 사람들, 그 외 다른 지역이나 다른 종교집단의 소속으로 수도 이스탄불에 사는 사람들이 모방(mimesis, apomimesis) 및 풍자의 대상이 된다.

지역이나 종교의 차이뿐 아니라 그 대상에는 직업 집단도 들어간다. 요리사, 목수, 중개인, 고리대업자 등이 그것이다. 한편 오스만 제국하에서 소수 민족이기는 하나 세르비아 인, 크로아티아 인, 불가리아 인, 그리스 인은 그 집단적인 특색으로 인한 풍자의 대상은 되지 않는다. 이들 민족이 어떤 특정의 직업과 연관되지 않기 때문이다.

민중의 한(恨)과 정서를 담보하고, 풍자의 고수, 수도의 사람들과 동등하나 어떤 특정 집단의 이해관계와 얽히지 않고 독자적인 위치를 갖는 카랑기오지스는 한 풍자 서사시의 세련된 주인공이다. 외모나 그 성격의 영악함과 사기성에서 유대인이 카랑기오지스에 유사한 것으로 간주되기도 한다.

서구의 산업화된 유럽문화는 유행의 전형으로 간주되어, 예를 들면, 레반트의 수도의 동네 모습은 유럽 각 지역의 특징이 섞여 있다. 술집은 그리스 풍, 의상은 프랑스식, 외투는 영국식, 맥주는 독일식, 음악은 이탈리아 혹은 이스파니아식, 하역인부와 수위는 터키 인이거나 쿠르드 인이다.

3) 그리스의 카랑기오지스

　그리스에서 상연되는 카랑기오지스는 다수가 빈자와 부자, 하층민과 상층민 사이의 사회적 갈등을 풍자한 것이다. 터키의 지배를 받던 시대의 전통을 이어서 부자는 터키 인 관리로 등장하고, 가난한 카랑기오지스는 그리스 인이다. 그리스의 그림자 연극에 등장하는 인물들의 전형적인 역할은 다음과 같다.

알렉산드로스 대왕과 뱀

상류층 혹은 터키인 지배자
중개인
사기꾼(카랑기오지스)
조수
숙련공(카랑기오지스)
고객
벌하는 사람

　그림자 풍자극은 다음과 많은 경우 다음과 같은 내용으로 이어진다.

① 하자의 발생(상류층 사람이 필요가 있어서 전문가를 부르려 함)
② 중개인이 사기꾼 전문가에게 용건을 전함
③ 사기꾼이 전문가로 행세하여 상류층 사람 앞에 등장

④ 조수(들)가 등장하여 공사를 도움

⑤ 공사를 완성함

⑥ 완성된 공사가 사기행각이었음이 발각되어 사기꾼이
   벌을 받으나 손해에 대한 보상은 이루어지지 않는 경
   우도 있음

그 연극의 장면은 다음의 순서로 이어진다.

(1) 등장
① 노래, 혹은 ② 농담을 곁들임

(2) 인사 혹은 소개
① 호의적, ② 공손함,
③ 도전적, ④ 비아냥거림,
⑤ 기만적, ⑥ 야단을 맞음

(3) 만남
① 키 큰 사람 - 키 작은
   사람

② 부자 - 빈자

③ 강자 - 약자

④ 유식자 - 무식자

⑤ 숙련공 - 비숙련공

⑥ 도시 사람 - 시골 사람

<요리사 카랑기오지스>의 포스터

⑦ 터키 인 - 그리스 인

⑧ 서부 유럽인 - 그리스 인

⑨ 사람 - 동물 혹은 기계

⑩ 사용자 - 피고용인 혹은 노동자

⑪ 피고용인 - 고객

⑫ 남편 - 아내

⑬ 어른 - 아이

⑭ 아저씨 - 조카

⑮ 사기꾼 - 사기당하는 사람

(4) 하자의 발생에 대한 공지(A가 B에게)

① 중개인

② 숙련공

③ 조수

④ 공사의 진행

(5) 하자의 보수공사(B가 A를 위해)

① 정상적 수단

② 편법

(6) 공사의 사기성에 대해 항의함(A가 B에게)

① 체념

② 변상

③ 체면 손상(B 때문에 A가)

④ 별 소용이 없는 징벌(A가 B에게)

(7) 다시 만남.

4) 카랑기오지스의 작품 소개

카랑기오지스의 일화는 내용은 각각 다르나 상투적으로 같은 이름을 쓰는 경우가 적지 않다. 주인공 카랑기오지스 외에 바르바이오르고스, 데르베나가스 벨링게카스, 핫지아바티스, 디오니시스 혹은 디오니소스, 스타브라카스, 오모르포니오스, 파사스(성주) 혹은 베지리스(터키인 관리), 카랑기오지스의 부인인 아글라이차, 카랑기오지스의 아들 콜리티리스 등이다.

다음에는 카랑기오지스가 등장하는 그림자 연극의 실례로 단막극 하나를 소개하도록 한다. 그리스의 고명한 그림자 연극의 제작자, 에브게니오스 스파타리스가 쓴, <의사 카랑기오지스>이다.

〈의사 카랑기오지스〉

등장인물

카랑기오지스

콜리티리스

파사스(성주)

수크리

병사(2명)

핫지아바티스

파트메

셀림

의사 카랑기오지스

(장면은 카랑기오지스와 그 가족들의 춤으로 시작된다.)

카랑기오지스: 에…… 에! 이거 잔치판이로세.

콜리티리스: 얼씨구 절씨구, 안녕하세요. 아빠!

카랑기오지스: 그래, 맨발의 우리 가족! 에, 잔치판이라 춤을 추고 싶네그려! 자, 신사 숙녀 아동 여러분, 이제 의사 카랑기오지스 상연을 시작하겠습니다.

(음악: 카랑기오지스가 막에서 사라지고, 성주와 터키 인 수크리가 나타난다.)

성주: 안녕하시오, 수크리 씨! 좀 알아봤소? (민간요법 혹은 돌팔이) 의사 찾았소? 에. 수크리 씨, 내 아이를 잃게 생겼소. 의사들이 모두 이 아이가 영영 벙어리가 될 것이라고 하오. 다시는 말을 못할 것이라고 ...

수크리: 진정하십시오, 성주님. 병사 두 명을 횃불을 들고 오도록 했소이다.

(성주가 사라지고 병사 두 명이 나타난다.)

수크리: 병사 양반들, 이름이 무엇이오?

병사 A: 나는 구사스……

병사 B: 나는 무술리아스요.

수크리: 이 오두막 뒤로 숨었다가 부르면 나오시오.

병사들: 명령대로 하지요.

(카랑기오지스 집 문 앞에서 수크리가 문을 두드린다.)

수크리: (문을 두드리며) 의사 선생! 의사 선생!

콜리티리스: (집 안에서) 아빠, 누가 문을 두드려요.

수크리: 의사 선생!

콜리티리스: 오두막 무너지겠네, 아빠. 저런! ……

카랑기오지스: 에! 가만, 내 오두막 망가뜨리겠네! 무슨 일이요?

수크리: 의사를 찾고 있어요.

카랑기오지스: 에! 집을 잘못 찾았소. 여기는 의원이 아니라 빈민구호소인데요.

수크리: 밖으로 나올 거요? 아니면 문을 부술까요?

카랑기오지스: 그러면 나는 네 대가리를 부수지, 몽둥이를 가져오너라. 또 두들기기만 해 봐라!

수크리: 나오라고요, 의사 선생, 안 그러면 후회할 거요.

(계속 문을 두드린다.)

카랑기오지스: 아니, 내 오두막 무너져 내리겠네! 이것 봐! (수크리를 때린다.)

<의사 카랑기오지스>의 포스터

수크리: 아이고! 맙소사, 몽둥이 때문에 내 이빨 부러졌네. 오두막을 쓸어버릴까 보다.

카랑기오지스: 그러면 나는 당신 자전거를 부숴버리지!

수크리: 아이구 내 팔자야! 밖으로 나와. 이 꼽추야!

카랑기오지스: 그래, 꼽추 나왔다. (오두막 바깥으로 나온다.)

수크리: 왜 이러시오? 멍충이 같이!

카랑기오지스: 이 원수 덩어리 양반아!

수크리: 성주님의 딸을 고쳐야 하니 당장 따라오시오. 안 그러면 목숨을 부지하지 힘들 것이오.

카랑기오지스: 나는 의사도 아닌데요.

수크리: 맞잖소.

카랑기오지스: 나으리 도대체 정신이 있소 없소?

수크리: 내 정신 말짱한데요.

카랑기오지스: 미친 것이 분명하오. 몰매 맞기 전에 빨리 여기서 사라지시오.

수크리: 그래요? 병정 두 명이 손에 몽둥이 들고 있는 것 보이지요. 당신 보고 있는 거요.

카랑기오지스: 총까지 들고 있네. 나는 의사가 아니요, 재수 없이 걸렸네! 당신 죽은 가족의 죄가 용서받는 한편, 당신의 살아 있는 가족 수가 줄어들기를! 나를 가난 속에 가만히 내버려두지를 않는구려. 하나님이

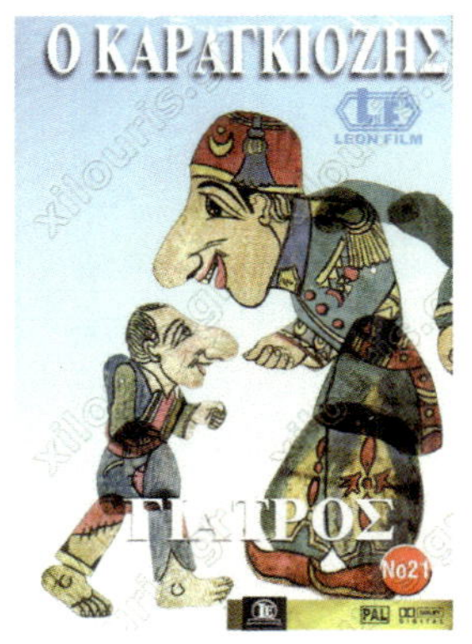

<의사 카랑기오지스>의
포스터

당신을 당신 집에서 쫓아낼 거요.

수크리: 당신 의사지요. 기요? 아니요?

카랑기오지스: 아닌데요.

수크리: 제군들, 손 좀 보시오. (병사들이 카랑기오지스를 패기 시작한다.)

카랑기오지스: 그만, 그만, 내가 의사요.

수크리: 제군들, 그만 멈추시오. 당신이 의사가 맞지요? 에?

카랑기오지스: 아니, 나으리, 소인이 의사가 아닙니다요.

수크리: 아니라고? 제군들, 다시…!

카랑기오지스: 아니 그만, 내가 의사가 맞소! 의사가 아니라고 누가 그런답니까? 그것도 '박사(닥터)'요. 모든 의사들이 면허증을 가지고 있는데, 나는 두 개요. 최근, 새것으로. 액자 안에 넣어서 오래 두고 볼 것이라요.

수크리: 당신이 의사라고 핫지아바티스가 제대로 일어주었다오. 자, 의사선생, 당신을 성에서 기다리겠소.

카랑기오지스: 그러지요. 정리 좀 하고 기기들을 준비해서…… 그런데 약제사도 좀 데려다 주시구려. 그도 나와 같걸랑요.

수크리: 민간요법 의사, 약제사 말이요?

카랑기오지스: 예. 그가 약제사가 아니라고 하면 나으리가 어떻게 하는지 아시지요. 그도 면허증 가졌다고 할 때까지 패는 거요.

수크리: 그게 누구요?

카랑기오지스: 재주꾼 핫지아바티스이지요.

수크리: 알겠소. 의사선생, 내 갈 테니, 잘 있으시오.

카랑기오지스: 야, 두 눈알 다 빼기 전에! 콜리티리스야아 아아……. 가방 안에 도끼, 톱, 족집게, 드라이버, 집도, 수평계, 한 뭉치 모래종이, 높은 모자를 챙겨 넣거라.

콜리티리스: 모자는 강아지가 가져가서 축구장에서 골키퍼하고 있는데요.

(성 안)

수크리: 성주님, 의사와 핫지아바티스가 옵니다. 핫지아바티스도 몽둥이를 맞더니 약제사라고 실토를 했습니다요.

카랑기오지스: 음……. 그러니까 지금부터는! 의사 선생!…… 높은 모자에다가 맨발로!…… 오, 저기, 핫자자리스(핫지아바티스)! 몽둥이를 맞아 다리를 저네. 이보게, 약제사…… 하하하……

핫지아바티스: 웃네, 에? 자네 모르나, 성주님의 딸이 안 나으면 자네는 매일 몽둥이 뜸질 받고 내가 웃을 걸세.

카랑기오지스: 잘 모르는 말을 하네그려!

핫지아바티스: 뭐가?

카랑기오지스: 내가 왜 성주님에게 '약을 만든 것이 약제사가 아니고 나요'라고 말하겠나? 자네가 몽둥이를 맞고 나는 웃을 거네.

핫지아바티스: 그럼 이제 어떻게 해야 하나? 카랑기오자끼스(카랑기오지스의 애칭)야.

카랑기오지스: 성주님께 딸을 데리고 오라고 하게나.

핫지아바티스: 알겠네, 박사님.

(성안으로 들어간다.)

카랑기오지스: (독백으로) 성주의 딸이 무슨 탈이 났담. 저기 오는구나.

(성주, 그 딸, 핫지아바티스가 다가온다.)

성주: 의사선생, 내 아이가 말을 못하고 소리도 못 내요.

<의사 카랑기오지스>에 등장하는 터키 인

카랑기오지스: 아가씨, 어찐 일이라요? 몸을 좀 숙여 봐요, 귀로 좀 들어 보게요.

파트메: 아, 아!

카랑기오지스: 기침을 해보구려.

파트메: 크, 크!

카랑기오지스: 기침을 하고 숨을 쉬고. 깊이 숨 쉬면서 기침을 같이!

성주: 원인이 뭐요, 의사선생.

카랑기오지스: 쉿! 천치 같으니! 성주님은 소리가 안 들기는 거요? 보시는 바와 같이, 내가 귀를 대고 손가락으로 치며 아픈 데를 찾는데, 성주님이 말을 하는 바람에 놓쳐버렸어요. 어쨌거나, 아가씨는 오른쪽 늑골 중간 부분에 병이 있고, 뇌의 오른쪽 밑에 치매기가 있어요.

성주: 그래 내 딸아이에게 어떻게 하면 좋겠소?

파트메: 아, 아!

카랑기오지스: 약제사! 얼른 623-A 약을 조제하게나.

핫지아바티스: 그런 약은 못 들어봤는데.

카랑기오지스: 자네 알고 있잖나, 정확하게 만들게나.

성주: 약제사, 꾸물거리면 내가 자네를 목메달 거요!

카랑기오지스: 들었지? 그러니, 바로 아교를 녹여서 석회와 시멘트에다 넣고, 죽같이 되면 아가씨에게 먹이도록.

성주: 시멘트가 왜 들어가는 거요, 의사 선생?

카랑기오지스: 그거요, 정신이 달라붙어서 카로스(저승사자: 카론)가 데려가지 못하도록 하는 거라오. (핫지아바티스에게) 매운 소다수에다 분말을 준비하게나.

파트메: 아, 아!

카랑기오지스: 아가씨, 주먹 한 대 맞고 아얏소리를 치시오! 그리고는 내가 이 12개 뺄 준비를 하는 동안 아가씨를 안으로 데리고 들어가시오.

성주: 들어가자, 애야.

파트메: 아, 아!

핫지아바티스: 이제 어떻게 하나?

카랑기오지스: 아가씨는 병이 없네. 다른 이유가 있는 것 같으이. 그러니 내가 자네에게 조각의 역사를 말해주겠네. 자네는 목수, 나는 조각가를 지지하기로 함세. 저기 아가씨가 오네. 당장에 약물 한 숟가락을 주도록 하게.

파트메: 아, 아!

핫지아바티스: 왜 말을 못하지요, 아가씨?

카랑기오지스: 그만두게, 아가씨가 우리하고 같이 있도록. 아가씨도 우리 마을 이야기를 듣도록 말이네.

핫지아바티스: 그래서 해보게!

카랑기오지스: 조각가가 내 친구였는데, 플라타너스 나무로 어여쁜 아가씨를 조각했다네.

핫지아바티스: 아! 목수에게서 산 나무 말이네.

<의사 카랑기오지스>의 포스터

카랑기오지스: 그렇지. 그래서 그것을 마을에 선사를 했다네. 너무 아름다워서 한 사람이 그 조각에게 말을 걸었지.

핫지아바티스: 그래 그 나무 조각도 말을 했는가?

카랑기오지스: 그렇지. 그래서 그녀를 바로 아내로 맞았지.

핫지아바티스: 그런데 목수가 그녀를 아내로 맞아야 할 것 같은데.

카랑기오지스: 아니지, 자네는 미리 매를 맞아두어야 하겠네. 그건 조각가에게 속하는 것이지.(핫지아바티스를 두들긴다.)

핫지아바티스: 그런 게 아닌데 …

카랑기오지스: 또 다른 문제들도, 나나나나나…

(말다툼이 계속된다.)

파트메: 그만! 당신들 둘 다 멍청하네요. 그 소녀는 처음 말을 건 사람의 것이지요.

카랑기오지스: 아이고, 핫자자리스(=핫지아바티스)야, 그 아버지를 부르게나.

파트메: 카랑기오지스! 내 남편으로 맞고 싶은 사람과 결혼할까요? 아니면 다시 벙어리가 될까요?

카랑기오지스: 아!…… 그렇다면 내가 그대 아버지와 말을 해볼 테니 가만있어 보시오.

(성주가 다가온다.) 성주님, 딸 아가씨가 말을 했어요!

성주: 아가야!

파트메: 아빠!

카랑기오지스: 성주님, 보십시오, 이 마지막 알약을 아가씨에게 드릴 것입니다. 그런데 이 길에 아무도 나타나지 않도록 하십시오. 만일 누군가 남자가 나타난다면, 그것이 누구라도, 말하자면 꼬리를 가진 당나귀라도 그를 성주님의 사위로 삼으셔야 합니다.

성주: 당장 아무도 못 오도록 하지. (나간다.)

파트메: 의사선생님, 이 사람이 셀림이에요. 여기저기 보초를 배치하는 장교지요.

카랑기오지스: 이 보세요……. 셀림 씨.

셀림: 말씀하시지요, 의사선생.

카라익오지스: 이제야 사정을 좀 알겠구려. 그대가 아가씨를 사랑한다 이거지요. 그러면 지금 몰래 숨어 있다가 내가 하나에서 열까지 헤아리면 나오도록 하시오.

파트메: 의사선생님 시키는 대로 하세요.

셀림: 알겠소. (나간다.)

성주: (돌아온다) 의사선생, 준비가 다 되었다오.

카랑기오지스: 자, 알약을 받으시오. 하나, 둘, 셋, 다섯, 아홉, 열.

셀림: (갑자기 나타나며) 무슨 일이 있나요, 성주님?

카랑기오지스: 아, 도대체 뭐하는 거요! 누가 당신더러 지금 여기 오라고 했소!

성주: 셀림, 그대 목을 메달 것이요,

카랑기오지스: 그러면 아니 되오! 성주님, 얼른 축원을 하고 혼인을 맺도록 하시오. 그렇지 않으면 아가씨가 죽습니다!

성주: 그러면 얼른 그대에게 내 축원을 하리니, 그대들의 머리를 숙이도록 하시오.

셀림: 알겠습니다, 성주님. 원하신다니…….

카랑기오지스: 고개를 숙이시오. 나도 짧은 축원을 드리리다.

성주: 아이야, 만수무강하거라.

카랑기오지스: 검게 마를 때까지 사시오.

성주: 비둘기 같은 나날들을 보내거라.

카랑기오지스: 매같이 잘 먹으시오.

성주: 땅을 만지면, 그것이 금으로 변하기를.

카랑기오지스: 흙을 만지면, 디미차나(펠로폰니소스 반도)의 무기[32]로 변하기를.

카랑기오지스: 이제 결혼식이 시작되겠습니다. 지휘자님, 춤곡을 연주해주세요. 나도 신랑과 신부와 함께 춤을 추겠습니다.

(모두 함께 소리 지르며)

신사 숙녀 아동 여러분, <의사 카랑기오지스>가 끝났습니다. 안녕히, 안녕히!

---

[32] 여기서 카랑기오지스는 터키의 성주와는 반대가 되는 뜻의 기도를 한다. 즉 디미차나(펠로폰니소스)는 1821년 터키에 항거하여 그리스의 독립운동이 시작된 것으로 이곳에서 그리스 인들이 무기를 제조했다.

참고자료

Alexadou, Bepha, *Ta best tis Ellinikis Kouzinas* (Athina, 2004).

Alexiadou, Bepha & Alexia, *I Nea Kouzina : Nostimi, Ygieini Oikonomiki* (Athina, 2010).

http://www/greecefoods.com

Damianakos, S., & Hemmet, Ch. ed. / Spanakos, G. & Michael, A. trans., *Theatro Skion: Paradosi kai Neoterikotita* (Athina, 1993/2011). [Théâtres d'ombres, tradition et modernité (Paris, 1986)]

Kiourtsakis, G., *Prophoriki Paradosi kai Omadiki Dimiourgia: To Paradeigma tou Karagkiozi*[3rd. ed.](Athina, 1983).

Meraklis, M.G., *Elliniki Laographia : Koinoniki Sygkrotisi , Ithi kai Ethima, Laiki Techni* (Athina, 2004).

http://www.karakiozis.com

우덕찬

1. 메블라나

1) 터키의 명상 춤 '메블라나 (Mevlana)'

명상 춤 '메블라나'는 일명 세마 (Sema)라고도 부르는데 터키의 대표 무형문화재 중의 하나이다. 이 명상 춤은 터키의 위대한 이슬람 신비주의(Sufism)[33] 사상가 메블라

---

33) 이슬람신비주의(Sufism)는 이슬람교도들이 신과의 체험을 통해 신의 사랑을 직접 찾으려는 믿음과 관행의 한 측면이다. 수피(Sufi)라는 용어는 아랍어로 양털이라는 뜻의 'suf'에서 유래된 말로 초기 이슬람 수도자들이 양털로 된 옷을 입고 다닌 데서 나왔다. 이 수도자들은 아랍어로 파키르(faqir), 페르시아어로 데르비시(dervish)로 알려졌는데 그 뜻은 가난한 사람이다. 이슬람 신비주의는 발전과정에 따라 몇 가지 단계로 나뉘는데 첫째, 초기 금욕주의 단계, 둘째, 신과의 사랑을 찬미하는 고전적 단계, 셋째, 수피들의 형제적 우호관계를 다짐하는 종단의 단계로 나뉜다. 하

나 잘랄레틴 루미(Mevlana Jalaleddin Rumi: 1207~1273)의 사상을 추종하는 종교의식에 비롯되었다. 지난 2007년 유네스코는 터키가 배출한 중세 사상가를 올해의 인물로 선정했다. 그가 바로 탄생 800주년을 맞는 용서와 낮춤의 가르침으로 세상을 깨우친 인류의 대 스승 메블라나 잘랄레딘 루미이다. 그가 활동하던 13세기 중엽 중동지역은 십자군 전쟁과 몽골 침략이라는 역사적 격변으로 민중들은 좌절하고, 삶의 기반은 초토화되었다. 그때 루미는 진정한 영적 지도자로서 갈 길을 잃은 백성들을 품어 안고 적게 먹고, 적게 마시며 아무렇게나 옷을 걸치고 기존의 권위와 형식에 맞섰다. 암울한 시대를 헤쳐나가려는 추종자들과 제자들이 그의 주변에 모여들었고 명상과 기도를 통해 다양한 방식으로 이슬람 본질에 다가가려 했다.

주지하는 바와 같이, 아랍어로 기술된 알라의 말씀인 꾸란은 비 아랍권인 터키와 이란을 거치면서 민중들에게는 너무나 어려운 경전이 되어 버렸다. 더욱이 오해와 왜곡을 막기 위해 다른 외국어로 꾸란 번역을 금지하자 이슬람은 아랍 중심의 지배자와 엘리트 계층만을 위한 신앙적 도구로 전락해 가고 있었다. 이에 메블라나 루미는 꾸란에 대한 깊은 이해 없이도 누구나 일정한 영적 수련을 통해 신의 영역에 들 수 있는 새로운 길을 열어주었다. 세마라는 독특한 회전 춤을 통해 누구든지 신의 의지를 경험하고 궁극적으로는 신과 일

지만 이러한 구분과 관계없이 이슬람 신비주의의 역사는 신비주의자 개인의 신비적 체험에 크게 의존한다. 이슬람 문학에 끼친 수피 사상의 가장 큰 공헌은 아랍어 · 페르시아어 · 터키어로 지어진 매력적인 서정시이다.

체감을 이루면서 이슬람의 오묘한 진리를 체득할 수 있다는 믿음이었다. 그의 사상은 민중들에게 대단한 반향을 불러일으켰으며 지구촌 전역에 커다란 영적 영향력을 끼쳤다. 무엇보다 토착 종교와 관습들을 존중한 그의 사상은 공존과 상생에 기초하고 있었다. 그리스 철학과 과학적 방식들이 도입되고, 다양한 신앙과 토착 관습들이 존중되었다. 그는 관용과 상생이라는 두 축으로 이슬람을 재해석하여 그의 넓디넓은 이슬람 신비주의의 자락 속으로 인류를 품어 안았다. 심지어 비 무슬림 이교도들이나 무신론자들에게까지 구원의 손길을 펼쳐 인류 공동체가 상호존중과 화해를 통해 함께 사는 진정한 지혜를 제시하였는데 특히 용서와 관용을 강조했다.

메블라나의 철학 사상에서 가장 기본적인 사고는 신이란 우주 안에 들어갈 수 없을 정도로 커다란 존재이지만 사람의 마음에는 들어갈 수 있다는 것이다. 머리보다 마음을 더 중요하게 여기며 "오라! 네가 누구이든지. 무신론자든지. 불을 숭배하는 자든 백번이나 너의 맹세를 깨었어도 어느 누구든지 오라!"라고 외쳤다. 메블라나는 "학자들은 빵을 한 바구니 들고 있는 자와 같다. 그러나 한 사람이 빵을 최대한 얼마나 먹을 수 있겠는가?"라고 하면서, 학자들의 지식을 높게 사지 않았다. 메블라나는 당시 콧대 높은 학자들과는 달리 평민들에게 많은 관심과 애정을 가지고 있었고 당대의 학자들이 추종할 수 없는 깊은 사상 철학체계로 후대에 영향을 끼친 터키인의 자랑스러운 인물로 평가된다.

"오라, 오라! 믿는 자도, 믿지 않는 자도 불을 섬기는 자도,

뱀을 섬기는 자도 다 내게 오라. 내가 너희를 품어 안으리라. 용서하라, 용서하라, 100번이고 용서하라. 인간은 용서할 수밖에 없나니, 용서하지 않을 권한은 다만 신의 영역이거늘….""지구 상에 얼마나 많은 사람들이 있느냐. 그들이 알라에게 다가가는 길도 그만큼 많을 수밖에…."

그의 이러한 종교관은 독선과 종교적 도그마를 뛰어넘는 놀라운 포용력이고 종교적 관용이다. 루미의 상생의 리더십과 포용의 이슬람 정신은 아랍의 경계를 넘어 세계로 퍼져갔고, 다른 종교와 서로 섞이고 공생하면서 오늘날 비아랍 세계에 단단한 뿌리를 내렸다. 그의 가르침은 종교를 뛰어넘는 사랑이었고, 인류 모두에게 존경을 받았다. 1273년 루미가 서거하자 무슬림뿐만 아니라 기독교, 유대교, 힌두교, 불교, 조로아스터교 신자들이 40일간이나 되는 장례에 모두 하나같이 애도하고 참여했다는 일화는 진정한 지도자의 덕목을 잘 보여준다. 그의 사상과 낮은 곳으로 향한 사랑은 유럽 지성세계에도 큰 영향을 끼쳤는데 16세기 르네상스 인문주의자 데시데리우스, 종교개혁가 마르틴 루터, 17세기 화가 렘브란트, 18세기 작곡가 베토벤, 19세기 대문호 괴테 등도 직·간접으로 루미 사상에 영향을 받은 유럽 지성들이었다. 그는 자기와 다른 생각, 다른 모습을 가진 사람들을 이해하고 끌어안음으로써 세상을 바꾸었으며 그로 인해 중앙아시아는 물론 동남아시아, 인도, 북아프리카 등지에 이슬람이 대중적 종교로 뿌리를 내리는 계기가 되었다.

세마 공연 모습

　바로 이러한 메블라나의 사상을 추종하는 종교의식에는 세마(Sema)라고 불리는 명상 춤이 있다. 이것은 이슬람의 신비주의자들이 전통적으로 행하는 의식으로서 우주의 신과 융합하는 의식이다. 영적으로 간절히 사모하는 마음으로 명상 춤을 추면서 무아지경에 빠지게 된다. 춤을 추는 사람들을 세마젠(Semazen)이라고 부르는데 이들은 흰색의 긴 치마를 입고 위에는 수의를 뜻하는 흰색 저고리를 입고 그 위에 무덤을 상징하는 검은 망토를 입는다. 세마젠들이 머리에 쓰는 갈색이나 흰색인 뾰족한 모자는 묘비를 의미한다. 셰이히(Şeyh)는 메블라나의 사상을 지상에서 추종하는 사람으로 머리에 터번을 쓴다. 명상 춤의 시작은 함께 기도한 후 네이(터키 피리)를 불기 시작하면서 시작된다. 이 춤은 피리와 북소리에 맞춰 터키어로 된 수피 노래인 일라히(İlahi)라는 찬송을 부르며 디크르(Dikhr)34)를 준비하며, 디크르가 시작됨과 동시에 두터운 긴치마를 입은 세마젠들이 1시간에 가깝게 쉬지 않고 거의 제자리에서 회전 춤을 춘다. 그 절정의 순간에 정신적 스승인 셰이히가 춤추는 사람들 사이에 모습을 드러내어 갈대로 만든 피리 네이를 부는 것으로 끝이 난다. 네이 소리는 신에 대한 그리움을 나타낸다고 한다. 세마젠들은 먼저 셰이히의 손에 입맞춤한다. 그 후 우주를 향하는 여행객처럼 천천히 몸을 움직이기 시작한다. 우주를 향하는 춤 여행은, 먼저 무덤에서 나와서 우주의 신에 대해 의식이 준비되었음을 알리기 위해 망토를 벗는다. 명상 춤은 한 손을 위로 향하고, 또 한 손은 아래로 향하는데 이것은 신으로부터 받은 축복을 세상 사람들에게 널리 전함을 표현하는 것이다. 명상 춤은 처음에는 천천히 돌기 시작한다. 그러다가 차츰차츰 더 빨리 돌기 시작한다.35) 빠른 물살이 깊은 웅덩이를 만들 듯이 빠른 회전을 통하여 우주의 신에게 더 가까이 다가갈 수 있다고는 사상의 표현이다. 메블라나의 사상은 분명히 정통적인 이슬람 사상과는 사뭇 다르다. 그럼에도 불구하고 오늘날 터키인들은 메블라나의 사상에 깊은 매력을 가지고 있다. 매년 12월이면 콘야에서 메블라나 축제가 열린다. 이때, 우주의 신과 깊은 만남을 열망하는 메블라나 추종자들의 숙련된 춤을 관람할 수 있다.

---

34) 수피의 대표적인 예배양식이 바로 명상기도라는 의미를 지닌 디크르로 끊임없이 연속적으로 알라를 염원하며 암송하는 기도법을 말한다. 마치 불교에서 면벽수행을 통해 도를 얻는 것에 비유할 수 있다. 이 디크르 방법에 따라 여러 수피계의 여러 종단들로 나누어진다.

35) 이를 위해 통상 세마젠들은 오른발 엄지발가락과 검지 발가락 사이의 못을 축으로 해서 매일 수 시간에 걸쳐 회전훈련을 한다고 전한다.

세마 공연모습

황의갑

1. 자마 알프나 광장

모로코는 북아프리카의 대서양 연안과 지중해를 맞대고 있는 국가로 '해가 지는 곳'이란 명칭의 아랍어에서 유래하였다. 우리에게 아주 익숙한 이름이 아닌 모로코에는 페스, 카사블랑카, 라바트, 마라케시, 아가디르 등 중세 도시와 현대 도시의 정취가 물씬 나는 도시들이 있다. 특히 이 중에서 카사블랑카市는 50년대 유명한 배우 험프리 보가트와 잉글리드 버그만이 주연했던 영화인 '카사블랑카'를 떠올리게 한다. 카사블랑카는 포루투갈인에 의해 만들어진 도시로 하얀 집이라는 뜻을 가지고 있다. 아랍어로는 앗다르 알 바이다(al-Dar al-baidha)로 불리며 아프리카 최대의 항구도시이자 모로코의 제1의 경제 도시이기도 하다. 현대식 건물들이 존재하며 자동차와 말이 끄는 달구지가 같이 다니는 등 현대와 중세의 풍경이 같이 존재하기도 한다.

그와는 다르게 아랍인과 베르베르인들의 향취가 물씬 풍기면서 모로코의 과거 역사의 발자취가 고스란히 남아 있는 도시가 바로 북쪽에 위치한 페스와 남쪽에 위치한 마라케시이다.

이 유명한 중세도시 중 자마 알프나 광장이 있는 도시가 바로 마라케시이다. 마라케시는 남쪽의 아틀란스 산맥 가까이에 자리하며, 아프리카의 거대한 사막인 사하라 바깥쪽의 오아시스 기능을 하는 도시로 온통 붉은색의 건물들이 들어차 있어 사람들은 일명 붉은 도시라고 칭한다. 이러한 색으로 인해 도시는 사막이 주는 황량함과 건조함을 그대로 우리에게 전해준다. 여름에는 사하라 사막에서 부는 뜨거운 열풍과 강렬하게 내리쬐는 태양으로 인해 숨이 막힐 정도로 무척이나 덥다. 그러나 사막 기후의 특성상 습하지 않고 응달에 들어가면 시원함을 느낄 수 있고, 겨울에는 밤에 약간 쌀쌀하지만 뜨거운 낮의 태양 덕분에 온화함을 느끼게 해준다. 그리고 오염되지 않은 좋은 공기 덕택에 많은 사람들이 휴양과 관광을 목적으로 이 도시를 찾아온다.

마라케시는 아랍인들이 진출하기 전 그곳에 살았던 북아프리카 원주민인 베르베르인들이 왕조를 건설하면서 세웠던 도읍지이다. 오랜 세월에도 불구하고 현재까지도 그들의 역사적 흔적들과 중세 이슬람 도시의 형태가 많이 보전되어 있는 곳이기도 하다. 마라케시를 구성하고 있는 것들 중에 옛 시가지인 메디나가 있다. 이 메디나에는 왕궁과 모스크, 마드라사(종교학교), 수크(시장)와 집들이 조화를 이루며 들어서 있다.

자마 알프나 광장의 낮의 전경

원래 이 도시는 베르베르인들이 아랍인들의 진출 이후에 이곳을 거점으로 하여 처음으로 왕조를 개설하였었다. 이들이 세운 왕조는 알 무라비툰조였지만 이 도시를 발달시킨 것은 이 왕조를 이어받은 알 무와히둔 왕조이다.

마라케시에 들어서면 우선 가장 먼저 찾게 되는 장소가 자마 알프나 광장이다. 이 광장은 일명 '축제광장'으로 불리기도 하는데, 옛날에는 죄인들을 이곳에서 처형하여 그들의 목을 걸어 놓았다 해서 '사자(죽은 자)의 광장'이라는 이름을 가졌었고, 2001년 유네스코의 세계무형유산으로 등재되었다. 이 광장은 아침부터 늦은 밤까지 온종일 사람들로 북적인다. 광장의 크기는 일반 축구장의 2배 크기로 온갖 인간의 삶이 이곳에서 어우러진다고 해도 과언은 아닐 것이다. 정오까지는 지역의 특산물을 파는 장이 서고, 오후가 되면서 각종 진귀한 묘기들이 이곳에서 펼쳐진다. 피리를 불어 코브라가 춤을 추게 하는 장면이나 떨어질 듯한 모양새로 외줄을 타는 곡예사의 모습, 목줄에 묶여 사육사의 명령에 따라 행동하는 원숭이, 1인 광대의 모습으로 악기를 구슬프게 연주하는 악사, 전통악기에 노래하는 무명가수, 우리네 옛 전통시장에서나 볼 수 있었던 불쇼, 많은 사람들을 홀리게 하여 돈을 빼앗는 야바위꾼의 주사위 놀음 등 많은 장면들이 우리 앞에 펼쳐진다. 이곳의 장면들을 신기하고 재미있다 하여 사진이나 캠코더로 촬영이라 할라치면 어디선가 다가와 돈을 요구한다. 현지인들에 대한 이런 모습에 황당함과 짜증이 한껏 묻어나지만 아마도 세상에는 공짜가 없다는 것을 실감시키는 것 같다.

사람들은 이러한 모습에 취하기도 하지만 해가 지면서 펼쳐지는 모습은 정말 자마 알프나 광장의 진면목을 느끼게 해준다. 광장에 불이 밝혀지면서 수많은 포장마차 군단이 등장한다. 백열등 불빛이 작열하는 여기저기의 포장마차에서 피어오르는 숯불의 연기와 함께 풍기는 가지가지 음식이 호객꾼들의 큰 목소리로 손님을 기다린다. 이러한 밤 시간대에의 풍경은 낮 시간대와는 사뭇 다른 분위기를 만들어 낸다.

자마 알프나 광장의 야경

이 광장과 맞붙어 있는 곳은 모로코의 서민들이 정취가 깃든 전통상품들을 파는 시장이다. 골동품, 향신료, 가죽으로 만든 모로코 전통 신발, '시샤'라고 하는 아랍식 전통 물담배, '질레바'라고 하는 전통 의상, 베르베르인들이 짠 전통 카펫트 등 가지가지 물품들이 이방인들의 이목을 집중시킨다.

마라케시 전통시장의 모습: 아쉽게도 낮의 취침시간에 문을 닫는다.

온통 붉은 색 칠을 한 마라케시 뒷골목의 모습

　자마 알프나 광장 주위를 돌아보면 가까운 곳에 중세 이슬람의 향기를 느낄 수 있는 모스크를 발견한다. 일명 '쿠투비야 모스크'라고 하는데, 12세기 베르베르인들에 의해 세워진 이후 오늘날까지 약 900년이란 세월의 역사를 지켜왔고, 이 모스크의 미나렛은 시내 어디서든 보이기 때문에 마라케시의 상징처럼 여겨졌다. 특히 모로코 지역의 모스크들은 다른 이슬람 세계와 다르게 모스크에 돔의 형식이 보이지 않고 기와를 지붕의 형태로 사용하였고 미나렛도 사각형의 형태로 제작된 것이 특징이다. 미나렛의 높이와 폭은 5:1의 비율로 만들어져 안정감을 더해주고 있으며, 미나렛 외벽은 아치 문양이 있는 아름다운 창틀로 장식되어 있어 밤에 비추는 조명이 더해져 더할 나위 없는 아름다움을 뽐내고 있다.

거대한 위용을 자랑하고 있는 쿠투비야 모스크 전경

또 근대에 이르러 건축된 바히아 궁전은 모로코의 건축의 별미로 꼽히는 곳으로 안쪽에 위치한 정원이 전혀 다른 느낌으로 아름다움을 표해주고 있다. 벽을 타일로 장식하고 넓은 공간의 중앙에는 분수가 자리 잡은 기하학적인 모습이 있는가 하면, 재스민이나 부겐빌리아 등 푸른 식물들이 무성하게 자란 뜰도 있어 이슬람의 천국을 상징하는 듯한 장면을 느낄 수 있는 곳이기도 하다.

이러한 여러 장소들을 현대식 이동 수단인 자동차를 이용하지 않고 말이 끄는 수레를 타고 이동할 수 있다. 중세와 현대가 어우러진 도시 마라케시, 혼합, 혼미 등의 단어들이 떠오르지만 어떤 단어로도 마라케시를 제대로 설명할 수 없는 현대와 중세, 구세대와 신세대가 같이 공존하는 곳, 마라케시를 찾아가면 그 향기를 느낄 수 있다.

2부
지중해 정신문화

그리스 문화와 기독교

최자영

1. 그리스 문화

1) 그리스 문화의 특징

요즈음은 전에 없이 그리스 신화에 대한 관심이 더해지고 있다. 신화는 철학이나 과학 같은 것보다 더 비중 있는 그리스적인 문화의 상징이다. 여기서는 그리스 문화의 특징을 다른 문화, 즉 기독교, 서양 중세의 봉건사회, 동양의 봉건적 유교문화, 서양 근현대의 자본주의 등과 갖는 차이점을 중심으로 간략하게 살펴보도록 하자.

(1) 그리스 문화와 기독교

그리스 문화는 기독교 로마제국의 문화와 다르다. 같은 로마라고 하더라도 기독교를 박해할 때와 받아들였을 때의 체제는 다르다. 기독교를 박해했던 이교[기독교 측에서 보았을 때 기독교 아닌 다른 종교라는 뜻] 로마에서는 그리스-로마 신화에 나오는 신들이 중심이 되었다. 이들은 인간과 마찬가지로 먹고 마시고 미워하고 사랑했다. 주신 제우스가 태풍신에게 붙들려 감금당하기도 한다.

그러나 기독교의 신은 남녀의 구분이 없고 먹거나 사랑하는 일도 물론 없다. 전지전능한 기독교의 야훼[하나님]는 세상 만물을 만들어낸 창조주이자 자연세계의 지배를 받지 않는 초자연적인 신이다.

이 같은 종교의 차이는 사회제도의 차이를 나타내준다. 자유분방한 신은 자유로운 그리스-로마의 시민사회로, 전능의 하나님은 기독교 제국의 전제적인 황제권력으로 연결된다.

서로마제국이 멸망한 뒤에도 유일신 하나님과 전제적인 로마황제의 이데올로기는 그대로 남아 영향을 미쳤다. 농민들은 만물의 주인인 하나님께 감사의 제물을 바쳤고 실제로 그것은 지배층의 성직자나 기사 등 봉건귀족의 주머니로 들어갔다.

중세에 토지 등 중요한 생산수단의 소유자는 사람이 아니라 그것을 창조한 신이었다. 사람은 주어진 소임을 다할 뿐이었는데, 농민이 밭에서 일하면서 생산물을 바치면, 외적을 방어하는 군인과 하나님과 속세를 중개하는 성직자는 그것을 받아먹었다. 이 같은 사회는 이성을 중시하고 권리와 소유의 주체를 인간으로 하는 근대 자본주의와는 다르다.

(2) 그리스 문화와 우리의 봉건적 유교

그리스-로마 문화는 조선의 봉건제도와도 다르다. 봉건적 유교에서는 조상을 모시는 것과 천륜을 중시한다. 이는 자연 세계보다는 인간의 사회적 관계를 중시하는 것으로 사회신분 간의 지배－예속을 동반한다. 즉 자식이 어버이에 대해, 신하가 임금에 대해, 상놈이 양반에 대해 가지는 것으로 사람들 사이에 제도적으로 규정된 일정한 의무를 말한다.

그러나 그리스 신들의 이야기는 사회관계보다는 힘과 사랑 등 자연적인 본능이 중심이 된다. 거기에는 봉건적 유교의 천륜 같은 것이 없다. 신들의 세계에서는 권력을 가지기 위해서 아버지와 자식, 삼촌과 조카들이 서로 싸운다. 이들은 위계질서에 따라 행동하는 것이 아니라 각기 서로 다른 기능을 가지고 공존한다. 천둥과 번개의 신 제우스, 대지의 여신 데메테르, 태양의 신 아폴론 등 이들은 완전한 개체이자 서로 다른 기능을 가진 독립된 개체로 존재할 뿐이다.

그들의 가치관이 가장 잘 드러나는 곳은 그들이 이상으로 하는 신화의 세계이다. 한 가지 예를 들어보자.

태초에 혼돈의 세계가 저절로 나누어져 하늘과 땅이 생기고, 또 땅은 육지와 바다로 갈라졌다. 그러니까 그리스 신화에서는 기독교와 달리 초자연의 신이 없다. 혼돈의 세계[카오스]가 질서 있는 세계[코스모스]가 된 것이다. 그런데 원래 섞여 있던 '하늘[우라노스]'과 '땅[가이아]'이 갈라지니 서로에게 연모의 정이 생겼다. 그래서 둘은 동침을 하고 '땅'이

아이들을 낳았다.

하늘은 자식 가운데 누군가가 자신의 권세를 빼앗아 갈까 하여 노심초사하여 땅이 낳은 아이를 모조리 지하세계에 가두어버렸다. 화가 난 땅이 하늘 몰래 아이 하나를 키웠는데 그가 크로노스[라틴어로 사투르누스, 즉 토성에 주어진 명칭]였다. 땅은 크로노스를 키워서 그에게 낫을 주고는 하늘이 내려올 때 하늘의 남근을 잘라버리도록 하였다. 크로노스는 어머니의 말대로 하였다.

이제 크로노스가 아버지를 없애버리고 세상의 지배자가 되었으나 그도 제 자식 가운데 누군가가 자신이 그랬던 것처럼 자기 자리를 빼앗을까 하여 걱정이 되었다. 그래서 그는 그의 누이이며 아내인 레아가 아이를 낳을 때마다 삼켜버렸다. 화가 난 레아가 어머니—시어머니인 땅과 모의하여 크로노스 몰래 아이를 하나 키웠는데 그가 제우스이다.

디오니소스 밀교숭배 폼페이의 저택

제우스가 성인이 되었을 때 아버지인 크로노스와 아들인 제우스를 중심으로 일가가 편을 나누어 싸웠다. 이 싸움에서 제우스가 아버지 크로노스를 제거하고 승리하여 세상의 지배자가 되었다. 아버지나 어머니가 자식을 죽이는 일도 다반사였던 셈이다. 그것은 뒤에 언급할 탄탈로스나 메데이아의 이야기에서 나온다.

이 같은 신화는 그냥 허구가 아니라 고대 그리스인들의 가치관을 반영하고 있다. 동양의 인위적인 예를 기반으로 하는 사회적 윤리와는 큰 차이가 있다.

(3) 그리스 문화와 근대 자본주의 · 합리주의 진보관

그리스-로마 문화는 오늘날 자본주의와도 다르다. 자본주의에서는 합리 · 효율 · 생산성을 중시한다. 좀 더 많은 돈을 모으고, 미래의 행복을 확실하게 보장받기 위해서 현재의 행복한 삶을 희생하기도 한다. 이것은 자연적인 인간의 감정이나 정욕의 억압을 통해 이루어진다. 자본의 축적과 미래의 행복을 위하여 현재의 삶을 희생하지만, 미래란 영원히 현존하지 않는 신기루에 불과한 것이다. 미래의 행복을 위해 이루어지는 자본의 축적은 함께 사는 이웃의 노동력을 착취하고 현재 자신의 행복을 빼앗는다. 이는 인간보다 물질을 더 중시하는 물신주의와 인간소외를 가져온다.

오늘날 탈현대의 흐름은 합리성 대신에 감정을, 효율과 생산성 대신에 자연의 인간성을, 미래 대신에 현재의 삶을 중시한다. 이는 바로 그리스-로마 문화에서 볼 수 있는 것으로 모든 가치는 미래나 내세보다 주어진 현실 속에 있다. 자연적 삶을 사는 고대인에게 내일을 위한 축적이 필요 없었다. 그들이 믿고 사는 것은 축적된 돈이 아니라 자연의 신이다. 해마다 대지의 여신 데메테르는 곡식을, 술의 신 디오니소스는 포도주를 어김없이 인간에게 가져다주기 때문이다. 자연의 신을 믿고 사는 이들은 언제나 노동할 준비가 되어 있다. 이들에게 자본을 모아서 이자를 받아먹고 살겠다는 생각은 없다. 직접 노동하지 않고 사회적으로 생기는 이윤이라는 개념은 고대인들에게는 낯선 것이었다.

낙관적 진보의 개념을 가지고 있는 근대와 달리 고대인들은 반복의 개념 및 현재를 중시하였다. 미래를 위한 지나친 자본축적은 현재 인간의 삶을 갉아먹는 적이다. 따라서 자연과 인간을 분리하지 않았던 고대 그리스 문화에 대한 이해는 인간보다 물질이 더 중시되는 근대자본주의·물신(物神)주의의 인간성 소외를 극복하는 데 도움이 된다.

(4) 신과 자연과 인간

고대에는 신과 자연과 인간이 서로 연관되어 있으며 변신의 세계이다. 기원전 1세기 오비디우스의 그리스-로마 신화집 『변신』은 자연의 세계가 분별없는 하나임을 뜻한다. 고대 그리스의 인간중심주의는 중세 초자연의 신중심에 반대되는 말로 자연의 인간을 뜻한다.

중세는 자연과 인간의 순서가 달라진다. 즉 신-자연-인간의 순서가 신-인간-자연으로 자연이 인간 뒤로 밀리며 인간이 신에 더 가까이 있다. 또 이 셋은 서로 연관성이 없어지게 되었으니, 아날로그에서 디지털로 변한 셈이다. 신은 초자연적인 것으로 이해된다. 초자연적인 신의 창조물로서 인간과 자연이 있으며, 인간은 천사와 동물의 중간적인 존재로 자연을 지배할 수 있도록 한다. 중세 이후 기독교에서 자주 언급되는 인간의 영생도 자연의 이치와는 관련이 없다.

근대는 신을 없앴으나 여전히 자연과 인간을 분리하여 생각하였다. 인간은 자연을 정복과 지배의 대상으로 파악한다. 근대의 인간중심주의는 자연에 대조되는 말이며 자연의 생태계 속에 인간을 자리매김하지 않는다. 이는 중세 기독교적 관념을 잇는 것이다.

(5) 일부일처제

그리스 사회는 일부일처의 개념이 근대보다 약하다. 혼인도 족내혼이 일반화되었다. 동모형제 혹은 동부형제 사이에 결혼이 많았으며 삼촌과 조카 사이의 혼인도 많았다. 혼인은 재산권의 귀속과 밀접한 관련을 가진다.

그리스에서는 결혼한 순서에 따라 정부인이 정해지는 것이 아니다. 공식적으로 결혼이라는 의미의 용어는 없고 동거(synoikein)의 개념만 있다. 정부인의 자격을 주장하는 데 중요한 기준은 지참금을 가져왔는가 하는 것이다. 부인이 가져

디오니소스와 사티로스

온 지참금은 원칙상 남편이 손을 댈 수가 없고 부인이 낳는 아이의 몫으로 넘어간다. 아이없이 이혼하는 경우에는 부인의 지참금이 친정으로 반환된다. 이복자녀가 있는 경우 아버지의 재산은 이들에게 분배되는데, 이때는 사람 숫자가 아니라 동복형제를 단위로 하여 균일 분배된다. 따라서 그리스에서는 제도적으로 일부일처의 개념이 약하였다.

배타적 혼인제도 및 일부일처의 개념은 권력과 소유의 불평등 및 사회적 억압의 진전과 더불어 강화된다. 헬레니즘시대－로마시대를 거쳐 로마제국 말기 기독교 제국과 중세시대로 들어오면서 일부일처제가 완전히 정착된다. 사회적 제도로써 일부일처제의 강요는 사회적 억압의 강화와 궤를 같이한다.

현대의 성해방담론은 자연적 인간성 해방을 가늠하는 척도가 될 수 있다. 더 나아가서 성해방담론 자체가 자본주의의 변태적 산물이라는 견해도 있다. 한편에는 갖지 못한 자들의 성의 억압이 있으며 다른 한편에 가진 자들의 변태적 성욕의 발산이 병존하는 것이다. 성해방담론 자체가 바로 성의 억압이 존재하는 기형적 사회현상을 반영한다. 진정으로 성해방이 이루어진 사회라면 그런 담론 자체가 존재하지 않을 것이기 때문이다.

2) 신화와 비극의 세계

20세기 초반 니체(Nietzche)는 참다운 인간성을 그리스의 비극의 세계에서 찾았다. 그의 저서 『비극의 탄생』에서는 소크라테스적 이성이 인간을 왜곡하기 이전, 디오니소스적 감성과 아폴론적 자연의 이성이 어우러진 비극의 세계를 이상적인 인간성의 구현으로 간주하였다. 이는 물질의 노예동물적 욕망에 안주하는 근대의 합리적 인간을 비판하는 것이다. 그에 따르면 디오니소스와 아폴론은 각각 아래의 표에 보이는 특성을 상징한다.

이 같은 디오니소스와 아폴론 사이의 균형은 비극에서 다루어지는 자연의 인간성이다. 근대적 인간은 이 같은 인간성의 조화를 상실하고 소크라테스적 이성과 도덕에 억눌리게 된다. 이성의 발달은 다른 편에 격동·광란, 그리고 노골적 폭력과 성적 변태를 동반한다. 근대적 합리화는 비합리적 폭주를 동반하며 자연의 생과 예술의 바람직한 상태에서 이탈하게 된다.

디오니소스	아폴론
술의 신	태양·남성의 신
격동과 정념의 원리	광명의 원리
분별과 무한한 혼돈의 세계	법도와 질서
난폭한 도취	은밀한 꿈
음악	조형예술
밤	낮
끝없는 산출의 생식	삼라만상, 개체화
생명의 심오한 깊이	명쾌한 이지의 영역

그리스 신화는 여러 가지로 번안된다. 호메로스의 『일리아스』는 비극도 희극도 아니다. 인간의 감정 자체가 중심이 아니기 때문이다. 트로이 전쟁은 황금 사과를 서로 차지하려던 세 여신의 싸움에서 비롯되었고 인간은 신들이 정해 놓은 운명의 희생양이다. 『일리아스』에서 인간은 아직 단순하고 소박하다. 그만큼 자연의 일정에 불평하지 않고 순종한다.

그러나 인간이 중심이 되어 철학[필로소피아]과 역사[히스토리아]가 발달되기 시작한 6세기 후반 이후 신화는 비극과 희극으로 각색되었다. 비극은 흔히 미모의 소년으로 표현되는 술의 신 디오니소스, 그리고 희극은 그와 짝을 이루는 원시적 성욕의 상징, 못생겨서 희극적인 사티로스를 위한 것이다. 사티로스는 작달막한 키에 머리에는 뿔이 돋고 꼬리까지 달린 추남이다.

그리스의 신화와 비극에서는 인간도 신과 같은 자연의 일부로서 살아간다. 그것은 가해자나 피해자나 마찬가지다. 아무리 못된 짓을 해도 사형에 처해지는 일이 없다. 복수를 하려고 어떤 사람이 다른 사람을 죽이는 일은 있지만, 그것은

델포이 신전 입구에 있는 아테나 여신전 멀리 아폴론 신전 유적 터가 보인다.

감정적인 것이지 사회적 규범에 의한 처단의 형식이 아니다. 나쁜 짓을 한 사람들은 지거나 벌을 받고 선한 사람들은 이기거나 상을 받는 그런 일도 흔히 일어나지 않는다.

그리스 신화에서도 벌을 받은 인간들이 있는데, 그 벌은 인간에 의한 것이 아니라 신에 의한 것이다. 또 그 벌은 사회적 도덕이나 선악 판단에 따른 재판이라기보다 자연의 섭리를 거역하려 할 때에 내려진다.

(1) 욕망의 화신들

■ 오이디푸스

'퉁퉁 부은 발'이라는 뜻의 오이디푸스는 테베의 왕 라이오스와 왕비 이오카스테 사이에서 태어났는데, [태어날 아이가 아버지를 죽이고 어머니를 범한다는] 불길한 신탁을 들은 아버지에 의해 버림받게 된다. 그러나 아이를 죽이는 임무를 맡은 양치기가 차마 아이를 죽이지 못하고 코린토스의 양치기에게 넘겨 살려준다. 이 아이는 코린토스의 왕인 폴리보스의 양자로 키워진다.

이렇게 살아난 오이디푸스는 어른이 되어 불길한 신탁을 듣는다. 자신이 아버지를 죽이고 어머니를 범한다는 것이다. 그는 이 같은 운명을 피하기 위해 코린토스를 떠나게 된다. 오이디푸스는 정처 없이 돌아다니던 도중에 어느 십자로에서 시비 끝에 자신의 친아버지인 줄도 모르고 라이오스 왕을 죽이게 된다.

당시 테베는 지나는 사람들에게 수수께끼를 내어 맞추지 못하면 잡아먹는 스핑크스 때문에 큰 피해를 입고 있었다. 테베에 도착한 오이디푸스는 수수께끼를 풀어 스핑크스를 퇴치하고 왕위에 오르고 미망인이 된 라이오스의 아내, 즉 자신의 생모를 아내로 맞이하여 두 아들과 두 딸을 낳게 된다.

오이디푸스가 왕위에 오른 지 15년 뒤, 테베에 지독한 전염병이 돌기 시작한다. 이 난국을 타개하기 위해 오이디푸스는 크레온에게 델포이 신전에 가서 신탁을 받아오게 한다. 신탁의 내용은 선대왕 라이오스를 죽인 자를 죽이든가, 테베에서 추방해야 한다는 것이었다. 오이디푸스는 범인을 찾아내기 위해 눈먼 예언자 테이레시아스에게 물어보지만 그는 알면서도 가르쳐 주지 않는다. 화가 난 오이디푸스는 그와 다투게 되고 테이레시아스는 결국 라이오스 왕을 죽인 범인이

델포이의 아폴론 신전터 멀리 아테나 여신전 유적터가 보인다.

다름 아닌 오이디푸스 자신이라고 말한다.

흥분한 오이디푸스는 크레온과 테이레시아스가 서로 짜고 자신을 모함하고 있다고 생각하게 된다. 하지만 아내이면서 어머니인 이오카스테에게서 선대왕이 자신의 아들에 의해 죽게 될 것이라는 신탁을 듣고 그의 아들의 발목에 쇠못을 박아 산속에 버렸다는 얘기, 그리고 라이오스가 죽은 장소와 당시의 상황을 들으면서 혹시 자신이 언젠가 시비 끝에 죽였던 사람이 라이오스가 아닌가 하는 생각을 가져보기도 한다. 그래도 오이디프스 생각에 라이오스는 자신의 아버지가 아니고, 또한 라이오스는 강도들에 의해 살해되었다고들 하지 않았나? 그러나 마침내 라이오스 왕 살해 당시 살아남은 한 목

고대 그리스의 뒷간 좌식변기에 앉아 담소하는 사람들의
목소리가 들리는 듯하다

자의 얘기를 듣게 되면서 자신이 라이오스 왕을 죽였다는 사실이 드러나게 된다.

이때 코린토스 왕의 부음 소식을 가지고 온 사자가 오이디푸스가 코린토스 왕의 친아들이 아님을 밝히고, 갓난 아이였던 그를 살려주었던 테베의 하인을 대면한 오이디푸스는 마침내 자신이 라이오스와 이오카스테의 아들임을 깨닫게 된다.

언젠가 들었던 아버지를 죽이고 어머니와 결혼하게 될 것이라는 신탁이 사실이 되었던 것이다. 오이디푸스의 신분이 밝혀지자 예언이 실현되었음을 알게 된 왕비 이오카스테는 자살하고, 그 시신을 안고 오열하던 오이디푸스는 이오카스테의 장식핀으로 스스로의 눈을 찔러 실명하게 된다.

■ 콜로노스의 오이디푸스

콜로노스의 오이디푸스는

크레타 크노소스궁전의 하수구(B.C 16c경)

테베가 아닌 아테네 근교콜로노스라는 곳에서 시작된다. 오이디푸스가 자신의 운명에 괴로워하며, 눈을 찌르고 테베에서 쫓겨난 다음의 이야기이다. 오이디푸스의 딸인 안티고네는 눈먼 아버지를 부축하여 콜로노스까지 오게 된다. 오이디푸스는 콜로노스의 주민들과 그 왕인 테세우스에게 사례를 할 터이니 자신을 받아줄 것을 부탁한다. 테세우스는 오이디푸스를 받아들인다.

그러던 어느 날 오이디푸스 앞에 그의 아들 폴리네이케스가 나타난다. 그는 아우인 에테오클레스가 자기를 밀어내고 왕위를 차지한 뒤 테베에서 자신을 추방하자, 아르고스에 가서 그곳 왕인 아드라스토스의 딸과 혼인하였다. 그는 펠로폰네소스의 이름난 전사들과 함께 테베를 포위하는 중이라고 하면서, 오이디푸스에게 도와달라고 부탁한다. 그러나 오이디푸스는 이를 완강하게 거절하고, 폴리네이케스와 에테오클레스 두 사람 모두에게 죽음의 저주를 내린다.

안티고네는 폴리네이케스에게 군대를 거두라고 청하지만, 폴리네이케스는 죽음을 각오하고 안티고네의 청을 거절한다. 천둥소리와 함께 오이디푸스는 자신의 죽음을 예견하고, 테세우스를 불러 언젠가 사례를 하겠다고 한 약속을 지키겠다고 말하고는 무덤을 향해 걸어간다. 오이디푸스는 딸들과 슬픔을 나눈 뒤 테세우스만 남고 모두 떠나도록 한다. 그래서 오이디푸스가 어떻게 세상을 떠났는지는 테세우스만 알고 다른 사람들은 모른다. 그 후 안티고네는 테세우스에게 자신과 이스메네를 테베로 보내달라고 부탁한다.

■ 안티고네

　오이디푸스가 죽고, 그의 두 아들 에테오클레스와 폴리네이케스도 왕권을 놓고 다툼을 벌이다 둘 다 죽은 뒤 크레온이 테베의 왕이 된다. 그는 에테오클레스는 후하게 장사지내고 폴리네이케스는 새떼의 먹이가 되도록 매장을 금지하는 명령을 내린다.

　안티고네가 크레온의 명을 무시하고 폴리네이케스의 장사를 치르려 하자 동생인 이스메네는 겁을 먹고 반대한다. 안티고네는 이스메네를 남겨두고 혼자서 그 일에 착수한다. 그러나 파수꾼 하나가 누군가 폴리네이케스의 시체를 묻어주었음을 크레온에게 알린다.

　결국 안티고네는 다시 시체를 안전하게 묻으러 오다가 그만 파수꾼에게 잡히게 된다. 크레온은 국법인 왕명을 어긴 데 대해 추궁하고 안티고네는 국법보다 더 높은 신의 법에 따라 시신을 묻었노라고 응수한다. 크레온은 안티고네를 괘씸하게 생각하여 죽이라고 명한다.

　크레온의 외아들 하이몬은 안티고네의 약혼자였다. 하이몬은 안티고네를 살려줄 것을 크레온에게 간청하지만 소용이 없었다. 그때 눈먼 예언자 테이레시아스가 또다시 무서운 운명이 다가왔음을 말하고, 크레온의 아들인 하이몬이 시체를 갚는 시체가 될 것이라고 예언한다.

　그러나 크레온 왕은 완고하였다. 하이몬은 결국 자살하고 그 사실을 전해 들은 그 어머니 에우리디케도 크레온을 저주하며 자결한다. 아내와 아들을 잃은 크레온은 자신의 운명을 크게 괴로워한다. 그리고 마지막으로 비극의 무창단[코로스]들은 지혜야말로 으뜸가는 행복이라는 것과 신을 공격하는 무모함과 왕의 교만을 경계함으로써 이야기는 끝난다.

현대의 프로이트는 남자아이가 어머니에 대해 무의식적인 성적 애착을 가지는 것을 오이디푸스 콤플렉스, 그리고 여자아이가 아버지에 대해 갖는 것은 엘렉트라 콤플렉스라고 이름 하였다. 오이디푸스는 바로 이 고대 그리스의 비극의 주인공 이름에서 나온 것이다. 엘렉트라는 다음의 미케네 왕가에 얽힌 비극의 한 주인공이다.

■ 탄탈로스

탄탈로스는 제우스신의 아들로 소아시아 지방의 왕이었다. 그는 올림포스 신들과 친하여 그들의 연회에 초대를 받기도 하고 그들을 초대하기도 하였다. 그러나 이 같은 호사는 지나친 자만을 가져오게 되었다. 그는 올림포스에서 알게 된 신들의 비밀을 다른 사람들에게 말하기 시작하였다. 그뿐만 아니라 그는 신들의 음식인 암브로시아를 가지고 와서 친구들과 함께 나눠 먹기도 하였다.

한번은 신들을 시험하려고 자신의 집으로 초대하고는 자신의 아들인 펠롭스를 죽여 그 살과 뼈로 음식을 만들어 대접하였다. 다른 신들은 모두 탄탈로스의 가공할 만한 짓을 깨달았지만, 대지와 곡식의 여신인 데메테르는 딸 페르세포네

미케네의 아크로폴리스와 그 입구의 사자문과 돌 성벽

를 잃은 슬픔으로 무심코 음식을 먹고 말았는데, 그것이 펠롭스의 한쪽 어깨였다.

제우스는 다시 펠롭스를 살려준다. 뼈와 살을 붙이고 모자라는 한쪽 어깨뼈는 상아로 박아넣는다. 이렇게 해서 펠롭스는 다시 생명을 얻게 되었으나 탄탈로스에게는 신을 기만한 죄로 무서운 형벌이 내려진다. 영원한 지옥인 타르타로스에서 영원히 배고픔과 갈증에 시달리는 벌이었다. 음식으로 신들을 조롱하였기 때문에 음식으로 고통을 받게 된 것이다.

그의 머리 앞에 있는 과일나무에는 과일이 풍성하게 열려 있고 그의 목 아래로는 물이 가득 차 있지만 그가 물을 먹으려고 고개를 숙이면 물은 아래로 내려가고 그가 다시 고개를 들면 물이 다시 목 아래까지 차올랐다.

그리고 그가 과일을 따 먹으려고 고개를 들면 바람이 나뭇가지를 들어 올려 그가 과일을 먹을 수 없게 하였다. 그가 단념하고 고개를 내리면 나뭇가지는 다시 아래로 내려와 그를 조롱하였다. 결국 그는 음식을 보면서도 영원토록 배고픔과 목마름에 시달려야 하는 것이다.

■ 오레스테스와 엘렉트라

미케네 왕가의 저주는 펠롭스로부터 시작된다. 펠롭스는 탄탈로스의 아들로 제우스에 의해 다시 살아난 뒤 소아시아를 떠나 그리스 펠로폰네소스 반도의 서북쪽[뒷날의 엘리스]으로 온다. 마침 그곳 왕에게는 딸이 하나 있었는데, 사위가 자신을 죽인다고 하는 예언에 따라 딸의 결혼을 방해한다.

구혼자들은 왕과 전차경주를 해야 했고 지면 죽고 이기면 공주를 얻을 수 있었으나 아직까지 아무도 성공하지 못하였다. 펠롭스는 공주와 결혼하기 위해 왕의 마부를 매수한다. 경기 도중에 왕의 마차를 고의로 엎어버리면 자신이 이길 터인즉, 공주와 결혼하여 뒷날 왕위를 이으면 그때 나라의 반을 주겠노라는 조건이었다. 마부는 이 조건을 받아들여 경기 중에 왕의 마차를 전복시킨다. 그때 왕은 떨어지면서 즉사했고 펠롭스는 당장에 왕위에 오른다.

마부가 나라의 절반을 받기 위해 왕궁으로 왔을 때 펠롭스는 마부를 위해 잔치를 벌이면서 마부가 먹을 음식에 독약을 넣어 마부를 살해한다. 마부는 죽으면서 펠롭스 집안을 대대로 저주한다.

펠롭스에게 두 쌍둥이 아들이 있었는데, 아트레우스와 티에스테스였다. 이들은 서로 엄청나게 싸웠다. 태어나기도 전에 이미 자궁에서 서로 먼저 나오려고 다투었다. 아버지와도 사이가 나빠서 이들은 엘리스를 떠나 펠로폰네소스 반도 동쪽 아르고스 땅 미케네로 온다. 미케네에는 왕가의 자손이 끊어졌는데, 예언에 따라 소아시아 핏줄로 왕위를 잇고자 하였다. 그래서 아트레우스와 티에스테스 가운데 한 사람이 미케네의 왕이 되어줄 것을 청한다.

원래 아트레우스는 황금의 양털 보물을 가지고 있었는데, 티에스테스가 형수인 아트레우스의 아내와 정을 통하고 그것을 훔쳐내어 자신이 간직하고 있었다. 자주 확인하지 않은 탓에 아트레우스는 이 사실을 눈치채지 못하고 있었다. 그런데 티에스테스가 아트레우스에게 황금의 양털보물을 가진 사람이 왕이 되자고 제안한다. 아트레우스는 기꺼이 그렇게 하자고 동의한 다음 집으로 돌아왔는데, 이때에야 양털이 없어진 사실을 알게 된다. 양털이 숨겨진 장소는 자신과 아내밖에 모르는 곳이었다. 아트레우스는 아내의 부정을 눈치챘으나 한동안 침묵을 지킨다. 티에스테스가 왕이 될 판이니 어쩔 도리가 없었다.

이때 제우스가 이 모든 것을 눈여겨보고 있다가 아트레우스의 편을 들어준다. 아트레우스로 하여금 해가 서쪽에서 떠오르면 자신이 왕이 되어도 되느냐고 티에스테스에게 묻도록 한다. 티에스테스가 이에 동의하자 제우스는 딱 하루 동안 해를 서쪽에서 떠오르게 한다. 이렇게 해서 아트레우스가 미케네의 왕이 된다. 아트레우스는 자신을 배신하고 간통한 동생 티에스테스와 자신의 아내에 대한 복수심으로 조카들을 죽여 자신의 동생에게 먹도록 한다.

자신이 자식들을 먹었다는 사실을 뒤늦게 안 티에스테스는 아트레우스에 대한 저주를 내뱉으며 복수를 위해 신탁을 받으러 간다. 신탁은 자신의 딸을 범하여 사내아이가 태어나면 형을 죽여줄 것이었다. 그는 그 길로 집으로 돌아와 복면을 하고는 딸을 범한다. 그의 딸은 자신을 범한 사내가 누구인지를 알 수 없었으나 사내의 허리에서 단도를 빼내 표식으로 삼고 집을 떠난다. 방황 끝에 그녀는 아트레우스의 눈에 띄어 그의 부인이 된다. 그리고 거기서 한 아들을 낳았는데, 이 아이, 즉 친아버지의 아들 아이기스토스는 아트레우스의 아들로 자란다.

세월이 흘러 방황하던 티에스테스를 발견한 아트레우스가 그를 죽이도록 아이기스토스에게 명한다. 아이기스토스는 어머니에게서 물려받은 단도로 티에스테스를 찔러 죽이려 하였는데, 그 단도가 자신의 것임을 알아챈 티에스테스는 아이기스토스가 자신의 아들이라는 사실과 그간의 사실을 말해 준다. 아이기스토스는 그 길로 성으로 돌아와 아트레우스를 살해하고 티에스테스의 딸은 자살한다.

크레타 섬 페스토스 궁전의 작업장
(기원전 16세기경)

마부의 저주는 아트레우스의 자손들에게까지 뻗친다. 아트레우스의 아들 아가멤논이 미케네의 왕이 되었을 때 트로이 전쟁이 시작된다. 그리스 연합군의 총사령관이기도 한 아가멤논의 동생 메넬라오스의 아내 헬레네가 트로이의 왕자 파리스와 트로이로 도망감으로써 트로이와 그리스의 10년여에 걸친 전쟁이 시작된다.

처음에는 아르테미스 여신의 분노로 바람이 불지 않아 연합군은 출항조차 할 수가 없었다. 그래서 6개월 동안이나 떠나지도 못하고 전염병과 더위 등 여러 악재로 고생이 작심하였다. 신의 분노를 풀 방법을 찾던 연합군은 총사령관 아가멤논의 딸인 이피게네이아를 제물로 바쳐야만 바람을 내려준다는 아르테미스 여신의 신탁을 받게 된다. 아가멤논은 이피게네이아를 신의 제물로 바친다.

이 때문에 아가멤논의 아내 클리타이메스트 혹은 클리타임네스트라는 복수의 칼날을 갈게 된다. 시간은 흘러 트로이 전쟁은 그리스군의 승리로 끝나고 아가멤논은 영광 속에서 그가 받은 전리품인 미모의 포로 카산드라와 함께 미케네로 돌아온다. 클리타이메스트라는 목욕탕에서 정부(情夫) 아이기스토스의 힘을 빌려 아가멤논을 살해한다. 아이기스토스는 저 아트레우스의 동생 티에스테스가 자신의 딸을 범해 낳은

아테나 여신와 알키오네우스

알키오네우스는 아르고스와 코린토스 지역의 영웅이다. 그는 자기 고향을 떠나지 않는 한 불사의 운명이었으나, 헤라클레스가 아테나 여신의 도움으로 그를 바깥으로 꾀어내어 죽인다. 위 그림에서는 아테나 여신이 날개 달린 알키오네우스의 머리를 끌고 있다. 베를린 페르가몬박물관.

아들이었다. 저주가 대를 이어 내려온 것이다.

클리타이메스트라와 아이기스토스는 뒷날의 화근이 될지도 모르는 아가멤논의 아들 오레스테스까지 해치려 하나, 아가멤논의 딸인 엘렉트라가 사람을 시켜 그를 북쪽 포키스로 보내버린다. 엘렉트라는 사랑하던 아버지의 죽음을 슬퍼하고 복수를 꿈꾸며 암울한 날들을 보내게 된다. 그녀의 유일한 희망은 바로 남동생 오레스테스였다. 언젠가 오레스테스가 장성하여 돌아와 자신과 함께 아버지의 복수를 할 것이라는 소망을 가진다.

그러던 어느 날 엘렉트라는 오레스테스가 마차경기 도중 사망했다는 소식을 듣게 된다. 포키스에서 오레스테스의 유

전사의 모습을 담은 미케네 도기(기원전 13세기경)

골을 들고 온 사람을 만난 것이다. 그러나 오레스테스의 유골을 들고 온 그 사람이야말로 바로 오레스테스일 줄이야. 오레스테스가 죽었다고 한 것은 클리타이메스트라와 아이기스토스를 방심하게 만들어 복수를 수월하게 하려는 오레스테스의 계략이었다.

결국 오레스테스와 엘렉트라는 감격적인 재회를 하게 되고, 엘렉트라의 치밀한 계획하에 복수가 이루어진다. 오레스테스는 궁궐로 들어와 자신의 어머니인 클리타이메스트라를 칼로 찔러 죽이려 한다. 그때 그녀는 아들에게 맞선다. 자신은 남편을 죽일 수 있지만, 아들인 오레스테스는 어머니인 자신을 죽이면 안 된다는 것이다. 부부는 남남이지만, 자식은 어머니 핏줄을 받아 태어났기 때문이라는 것이다. 이 말에 망설이는 오레스테스의 팔에 힘을 실어 칼을 내리치도록 한 것은 남성의 신 아폴론이었다. 연이어 시골에서 돌아온 아이기스토스마저 죽임으로써 엘렉트라와 오레스테스의 복수는 끝을 맺게 된다.

결국 아버지 아가멤논의 한은 풀어주었지만 동시에 그들은 모친살해라는 전대미문의 죄악을 범하게 된다. 또 그 때문에 오레스테스는 복수의 여신들에게 쫓기게 된다. 그러나 남성의 신 아폴론의 보호로 마침내 재판으로 사건을 해결하게 된다. 지혜의 여신 아테네가 재판관이 되어 벌어진 아테네 시민들의 재판정에서 오레스테스 유죄 여부의 재판은 가부동수가 된다.

마침내 재판장 아테나 여신의 결정투표로 오레스테스는 무죄가 되고 복수의 여신들도 이를 받아들여 자비의 여신으로 바뀐다. 저주의 고리는 피의 복수가 아니라 중의를 모음으로써 끝나게 된다.

■ 메데이아

이아손은 테살리아의 도시 이올코스의 왕이었던 아이손의 아들이다. 그러나 이아손이 아직 어렸을 때 아이손의 이부형제 펠리아스가 왕위를 차지한다. 그 후 이아손은 펠리아스의 마수를 피하여 테살리아를 떠나 반인반마[켄타우로스족]의 현자 케이론에게로 가서 교육을 받는다.

아테네 아크로폴리스 아래 헤로데스
아티쿠스 극장

한편 왕이 된 펠리아스는 델포이의 신탁에서 한쪽 발에만 샌들을 신은 아이손 가문의 남자를 조심하라는 주의를 받는다. 성인이 된 이아손은 아버지의 왕국을 되찾기 위해 이올코스로 돌아오던 도중에 노파로 변신한 헤라를 만나게 된다. 노파의 부탁을 받고 물이 불어난 아나우로스 강을 건네주던 도중에 물살이 빨라 이아손의 한쪽 샌들이 떠내려간다. 이아손은 한쪽 샌들만 신은 채 그대로 펠리아스 앞에 나타난다.

한쪽 샌들만 신고 나타난 이아손을 보고 펠리아스는 신탁을 떠올리며 이아손을 경계한다. 그렇다고 자신의 조카를 아무 죄도 없이 처형할 수도 없었던 그는 이아손에게 동방의 황무지 흑해연안의 콜키스로 가서 '황금 양피'를 가져오면 왕권을 돌려주겠다고 제안한다. 사실 그는 이아손이 그것을 손에 넣기 전에 죽기를 바랐던 것이다.

용감하고 모험심이 강한 이아손은 숙부의 제안을 흔쾌히 받아들였고 50명을 태울 수 있는 큰 배를 만들게 한다. 배가 완성되자 그 배를 '아르고 선(船)'이라 이름을 붙인다. 이아손은 함께 모험 떠날 젊은이들을 모집했고 그 속에는 뒤에 그리스의 영웅으로 이름을 떨친 헤라클레스·테세우스·오르페우스·네스토르 같은 이들도 있었다.

항해 길에는 숱한 어려움이 있었으며 콜키스 왕국에서 괴물용이 지키는 황금 양피를 빼내오는 일도 굉장히 어려웠다. 그러나 그곳 공주 메데이아의 도움으로 그것을 손에 넣고는 일행은 메데이아와 함께 달아난다. 메데이아는 아버지의 군대가 추격해 오자 데리고 나온 동생을 갈기갈기 찢어 흩어놓는다. 시신을 거두느라, 추격을 지연시키려는 의도였다.

고생 끝에 황금 양피를 찾아 고향으로 다시 돌아왔지만 펠리아스가 이미 아버지 아이손을 죽인 뒤였다. 펠리아스가 왕위를 넘겨줄 의사가 없음을 안 이아손은 메데이아의 도움으로 펠리아스에게 복수한다. 메데이아는 펠리아스의 딸들에게 아버지를 젊어지게 만드는 비법을 알고 있다고 구슬리기 시작한다.

메데이아가 늙은 양을 토막 내 끓는 물에 넣었다 꺼내니 어린 양이 되어 나오는 것을 보고, 펠리아스의 딸들은 아버지를 잘게 난도질해서 끓는 물에 삶는다. 펠리아스를 잔혹하게 죽인 죄로 이아손과 메데이아는 이올코스에서 쫓겨나 코린토스의 왕 크레온이 있는 곳으로 간다. 이아손은 코린토스에서 10년 동안 메데이아와 함께 산다.

10년이 지났을 때 이아손과 크레온 왕의 딸 글라우케 사이에 혼담이 오가기 시작하였다. 글라우케와 결혼하면 코린토스에서 기반을 굳힐 수 있다고 생각한 이아손은 메데이아와 이혼하고, 크레온은 메데이아를 코린토스에서 추방한다.

분노와 슬픔을 견디지 못한 메데이아는 자기를 버린 이아손에게 복수하리라 결심한다. 메데이아는 면밀한 계획으로 크레온과 글라우케를 죽인다. 순종과 우정을 위장하여 새 신부에게 독이 든 옷을 선물하고 그녀의 계략을 눈치채지 못한 이아손은 독이 든 선물을 새 아내인 글라우케[혹은 크레우사]에게 준다. 이를 받은 글라우케와 그녀의 아버지 크레온은 함께 불에 타 죽는다.

이것으로도 분이 풀리지 않은 메데이아는 그녀와 이아손과의 사이에서 난 두 아들까지 죽인 뒤 날개가 달린 뱀이 끄는 수레를 타고 아테네로 도망친다. 이아손은 인생의 파멸을 맞게 된다. 거지가 되어 방황하던 끝에 어느 날 해변에 닿은 이아손은 썩어빠진 아르고스 호를 발견하게 된다. 그 밑에 앉아 생각에 골똘해 있던 그의 머리 위로 썩은 뱃머리가 떨어져 이아손은 죽는다.

■ 필로멜라

테레우스는 트라키아 한 도시의 왕이었는데, 아테네왕 판디온을 도와준 공으로 그의 딸 프로크네와 결혼하여 이티스를 낳는다. 결혼 5년째 되던 해 프로크네는 여동생 필로멜라가 보고 싶어 남편에게 그녀를 데려와 달라고 부탁한다. 부인의 부탁에 따라 아테네로 가서 필로멜라를 보는 순간 미모에 반한 테레우스는 흑심을 품게 된다. 판디온의 허락을 받아 그녀를 데리고 돌아오는 길에 그는 필로멜라를 산속 외딴 곳으로 끌고 가 범해 버린다.

필로멜라는 악에 받쳐 언니에게 사실을 폭로하겠다고 테레

우스를 협박하였고 테레우스는 겁이 나서 처제가 사실을 말
하지 못하도록 혀를 자르고 유폐시켜 버린다. 그리고 부인
프로크네에게는 오는 도중에 처제가 죽었다고 전하고 슬퍼하
는 척한다.

유폐 당한 필로멜라는 내내 베를 짰는데, 그로부터 1년이
지난 뒤 베 위에다가 그간의 사연을 적어서는 새 [혹은 몸
종]에게 부탁하여 언니에게 전할 수 있게 된다. 천을 받아보
고 모든 사실을 알게 된 프로크네는 분에 치를 떨고는 복수
할 방법을 생각해 낸다. 마침 디오니소스 축제가 열릴 때여
서 프로크네는 덩굴관과 가죽옷을 걸치고 거리로 나와 산속
으로 들어가 필로멜라를 데리고 몰래 왕궁으로 들어온다.

프로크네는 자신과 테레우스 사이에서 난 아들 이티스를
죽여서 그 살점으로 요리하여 테레우스 식탁 위에 내놓고 먹
도록 한다. 그런 다음 아들을 찾는 테레우스 앞에 필로멜라
는 이티스의 잘린 머리를 가지고 나타난다. 너무 화가 난 테
레우스는 칼을 빼들어 두 여인을 찔러죽였는데, 그 순간 모
두가 새가 된다. 테레우스는 사나운 모습의 후투리, 필로멜라
는 밤꾀꼬리[나이팅게일], 프로크네는 제비, 이티스는 삐삐도
요새로 변신한다.

(2) 자연의 섭리를 거스른 인간들

■ 시시포스

시시포스는 바람의 신인 아이올로스와 그리스 사람들의 시조인 헬렌 사이에서 태어났다. 시시포스는 엿듣기 좋아하고, 입이 싸고 교활하며, 특히 신들을 우습게 여긴다는 점에서 신들에게 낙인이 찍힌 존재였다.

어느 날 태어난 지 얼마 안 되는 전령의 신 헤르메스가 이복형 아폴론의 소를 훔친다. 그는 떡갈나무 껍질로 소의 발을 감싸고, 소의 꼬리에 싸리 빗자루를 매달아 땅바닥에 끌리게 해서 소의 발자국을 감쪽같이 지운다. 그리곤 시치미를 뚝 떼고 자신이 태어난 동굴 속의 강보로 돌아가 아무것도 모르는 갓난아기 행세를 한다.

헤르메스의 이 완전범죄를 망쳐놓은 인간이 있었으니 바로 시시포스였다. 시시포스는 범인이 헤르메스임을 아폴론에게 일러바쳤고, 아폴론은 헤르메스의 도둑질을 제우스에게 고발한다. 시시포스는 이 일로 제우스의 눈총까지 받게 된다. 신들의 일에 끼어든 괘씸한 인간이었기 때문이다.

또 하루는 제우스가 독수리로 둔갑하여 강의 요정 아이기나를 납치해 가는 현장을 시시포스가 목격하게 된다. 잠시 궁리한 끝에 그는 아이기나의 아버지인 강의 신 아소포스를 찾아간다. 딸 걱정에 안절부절못하던 아소포스에게 시시포스는 자신의 부탁을 하나 들어준다면 딸이 있는 곳을 가르쳐

주겠노라 한다.

　시시포스는 자신이 다스리는 코린토스 산에다 마르지 않는 샘을 하나 만들어 달라고 청한다. 딸을 찾는 게 급했던 터라 아소포스는 시시포스의 청을 들어주기로 한다. 시시포스는 제우스가 아이기나를 납치해 간 섬의 위치를 가르쳐주었고 아소포스는 딸을 제우스의 손아귀에서 구해낸다. 자신의 비행을 엿보고 그것을 일러바친 자가 시시포스임을 알아낸 제우스는 저승사자에게 당장 그놈을 잡아오라고 명령한다.

　그러나 제우스가 자신에게 보복하리라는 걸 미리 짐작한 시시포스는 저승사자가 당도하자 쇠사슬로 꽁꽁 묶어 돌로 만든 감옥에다 가두어 버린다. 저승의 대왕 하데스는 이 일을 제우스에게 고했고 제우스는 전쟁의 신 아레스를 보내 저승사자를 구출하게 한다. 호전적이고 잔인한 아레스와 싸움을 벌이다가는 코린토스가 피바다가 될 것임을 알고 시시포스는 순순히 항복한다.

　그런데 저승사자에게 끌려가면서 시시포스는 아내 멜로페에게 자신의 시신을 광장에 내다 버릴 것이며 장례식도 치르지 말라고 은밀히 이른다. 당시 그리스인들은 사람이 죽으면 시신은 꼭 땅에 묻어야 안식을 얻을 수 있다고 굳게 믿고 있었다. 그렇지 않으면 살아 있는 사람에게까지 화가 미친다고 생각하였다. 그렇기 때문에 전쟁을 해서 사망자가 늘어나면, 중간에 휴전을 하고는 시체를 땅에 묻고 나서 다시 전쟁을 하였던 것이다.

　저승에 당도한 시시포스는 하데스를 알현하는 자리에서 이렇게 말한다.

"아내가 저의 시신을 광장에 내다 버리고 장례식도 치르지 않은 것은 죽은 자를 수습하여 저승에 이르게 하는 관습을 조롱한 것입니다. 이는 지하세계의 지배자이신 대왕에 대한 능멸이니 제가 다시 이승으로 가 아내의 죄를 단단히 물은 뒤 다시 오겠습니다. 그러니 저에게 사흘 동안의 시간을 주소서."

시시포스의 꾀에 넘어간 하데스는 그를 다시 이승으로 보내준다. 그러나 시시포스는 당연히 약속을 지키지 않는다. 하데스가 저승사자를 보내 을러대고 경고했지만 시시포스는 갖은 말재주와 임기응변으로 위기를 피한다.

그렇게 한세상을 살고 난 다음 시시포스는 늙어서 어쩔 수 없이 다시 저승으로 끌려오게 된다. 하데스는 시시포스에게 영원히 큰 돌을 뾰족 바위산으로 끌어올려야 하는 벌을 내린다. 돌을 뾰족한 산꼭대기로 올려놓으면 돌은 다시 굴러떨어지고, 다시 밀어 올려놓으면 다시 굴러떨어지고…. 끝없이 돌을 밀어 올려야만 하는 무서운 형벌, 신이 죽음의 섭리를 거역한 시시포스에게 내린 벌이었다.

■ 다나오스의 딸들

제우스와 관계한 죄로 헤라의 미움을 산 아르고스의 이오는 암소로 변하게 되었다. 아르고스는 그리스 펠로폰네소스 반도의 동쪽에 있다. 헤라가 보내는 쇠파리의 추격으로 괴로움을 당하면서 이오는 그녀의 이름을 따 이오니아 바다라 불리는 곳을 지나 이집트로 건너간다. 거기서 그녀는 제우스의 아들 에파포스['접촉'이라는 뜻]를 낳게 된다. 에파포스의 아들이 리비아, 리비아의 아들이 벨로스였다.

벨로스에게 쌍둥이 아들이 있었는데, 형이 다나오스, 동생이 아이깁토스[이집트]였다. 다나오스에게는 딸이 50명 있었고 아이깁토스는 아들을 50명이나 두었다. 아이깁토스가 이집트의 왕이 되자 화가 난 다나오스는 50명의 딸을 데리고 이집트를 떠나 아르고스로 들어온다. 아이깁토스는 아들들에게 50명의 딸들을 데리고 들어오기 전에는 이집트로 돌아오지 못하도록 엄명을 내린다.

50명의 아들들이 아르고스로 들어와서 다나오스의 딸들과 혼인할 것을 청하자 아르고스 사람들은 난감해한다. 다나오스가 절대로 그러지 않겠노라고 고집을 피웠기 때문이다. 마침내 아르고스에서 민회가 열리고 거기에서 서로 결혼을 시켜주도록 결정을 내리게 된다. 도리상 구혼을 거절할 수가 없다고 판단했기 때문이다.

드디어 결혼식 날이 되자 다나오스는 첫날밤 신방으로 들어가는 딸들에게 단도를 하나씩 주면서 신랑을 찔러 죽여버리도록 명한다. 딸들은 정말 제 신랑들을 죽였는데, 그 가운데 딱 한 명 히페르메스트라만은 신랑 아바스에게 반하여 그를 살려주었다. 거기서 태어난 후손들은 뒤에 아르고스의 왕가를 이룬다. 그러나 신랑을 죽인 딸들은 지하 하데스의 나라에서 아직도 밑 빠진 독에 물을 붓는 벌을 받고 있다고 한다.

아버지 말이라고 다 들으면 안 된다는 말이다. 자연의 섭리를 따른 히페르메스트라는 번성한 반면, 그것을 그르치고 아버지 말에 순종한 딸들은 지독한 형벌을 받게 되었다.

델로스 섬 아폴론 신전의 남성
성기 조각

아테네 아크로폴리스 파르테논 신전 박공의
아프로디테(비너스)

밀로스섬의 아프로디테[비너스]

■ 히폴리토스

히폴리토스는 아테네의 테세우스와 트로이젠[그리스 펠로
폰네소스 반도 동쪽]의 안티오페 사이에서 태어났는데, 트로
이젠에서 사는 증조부의 품 안에서 자랐다. 테세우스는 안티
오페가 죽은 뒤 파이드라와 재혼하였다.

히폴리토스는 사춘기가 되어서도 여자에게 관심을 보이지
않았다. 날이면 날마다 사냥에 미쳐서 숲 속을 헤매고 다닐
뿐이었다.

이는 사냥과 순결의 여신인 아르테미스를 따르고 사랑의
여신 아프로디테를 무시하는 것이었다. 화가 난 아프로디테
는 아들 에로스에게 명하여 화살을 쏘도록 했다.

아프로디테의 탄생(15세기 보티첼리 작)

에로스는 두 종류의 화살을 가지고 있었는데, 하나는 황금의 화살, 또 하나는 납의 화살이었다. 황금의 화살을 맞으면 사랑이 불타고 납의 화살을 맞으면 가슴이 납덩이가 되어 도무지 사랑을 느끼지 못하였다. 따라서 이 둘을 동시에 쏘게 되면 사랑의 비극적 술래잡기가 시작되었다. 사랑의 화살을 맞은 사람은 다른 누군가가 아니라 납의 화살을 맞은 사람을 죽도록 사랑하게 되고, 납의 화살을 맞은 사람은 사랑의 화살을 맞은 바로 그 사람을 죽어라 싫어하게 되는 것이다. 에로스는 사랑의 화살을 파이드라의 가슴에, 납의 화살을 히폴리토스의 가슴에다 쏘았다.

테세우스가 한동안 집을 비운 사이에 히폴리토스가 아버지를 만나기 위해 아테네를 방문한다. 파이드라는 히폴리토스를 보고 사랑에 빠지게 된다. 파이드라는 히폴리토스에게 적극적으로 구애를 하지만 히폴리토스는 파이드라에게 조금의 관심도 보이지 않는다.

마침내 파이드라는 상사병으로 인해 자살하게 되는데, 그녀의 사랑을 받아주지 않는 히폴리토스에 대한 앙심에서 거짓말이 적힌 유서를 남겨두었다. 그 속에는 히폴리토스가 자신을 범하려 했다는 내용이 적혀 있었다. 아테네로 돌아온 테세우스는 이 유서를 읽고 아들을 내쫓고 바다의 신 포세이돈에게 아들을 없애줄 것을 부탁하였다. 결국 히폴리토스는 파도에 휩쓸려 죽었다. 뒤늦게 아르테미스에게 자초지종을 들은 테세우스는 이미 죽어버린 아들의 시신을 붙잡고 절규하였다.

■ 디오니소스의 여신도들

펜타이오스는 아시아에서 건너온 카드모스의 자손으로 그가 건설한 그리스 중부 테베의 왕이 되었다. 펜타이오스는 모든 것을 합리적으로 재단하기를 좋아했다. 무질서한 것은 딱 질색이었다. 그런데 어느 날 술의 신 디오니소스가 나타나 그의 나라를 혼돈과 무질서로 몰아넣었다.

디오니소스는 제우스와 카드모스의 딸 세멜레 사이에서 태어난 신이다. 제우스의 사랑을 받은 세멜레는 자매들 혹은 헤라의 질투로 죽음을 당하게 된다. 그녀의 자매들은 제우스에게 본 모습을 보여주겠다는 약속을 받으라고 세멜레를 유혹했다. 세멜레에게 무슨 약속이든 들어주겠다고 약속한 제우스는 하는 수 없이 자신의 본모습으로 돌아가 번개를 쳤는데, 아주 작은 크기로 번개를 쳤는데도 세멜레는 타죽고 말았다.

제우스는 세멜레의 자궁 속에 있던 디오니소스는 꺼내 자신의 넓적다리에 넣어서 열 달을 채웠다. 그러나 세멜레의 자매들은 디오니소스가 제우스의 아들임을 끝내 부정하였고 세멜레가 신이 아닌 인간과 간통하여 아이를 가졌다고 거짓말을 퍼뜨리고 다녔다. 디오니소스는 자신이 신의 아들임을 증명해 보이기 위해 테베로 오게 되었다.

모든 카드모스의 딸들과 테베의 여인들은 술의 신 디오니소스에게 미쳐서 제정신을 잃고 산야를 헤매고 다녔다. 이 광란의 여인들은 자식이고 가정이고 다 팽개치고 산속에서 광란의 춤과 술에 도취되었다. 펜타이오스는 질서를 잡을 수가 없게 되자 화가 났다. 그래서 인간의 모습으로 변한 디오니소스를 잡아 묶어서 감옥에 가두었으나 신인 디오니소스는 달아나 버렸다.

취한 여인들 가운데는 펜타이오스의 어머니 아가우에도 들어 있었다. 펜타이오스는 광란하는 여인들을 직접 눈으로 보길 원하였다. 디오니소스는 펜타이오스에게 벌을 받을 것이라 경고했지만, 펜타이오스는 산속으로 들어갔다.

마침내 그는 취한 여인들의 눈에 띄었고 정신없이 취해서 그를 산짐승쯤으로 생각한 여인들은 그의 사지를 갈기갈기 찢어버렸다. 특히 펜타이오스의 어머니 아가우에가 앞장을 섰다. 아가우에는 혼자 힘으로 사냥을 했다고 믿으며 기념품으로 펜타이오스의 머리를 들고 자랑스럽게 집으로 돌아왔다.

카드모스는 그녀가 들고 있는 것이 그녀 아들의 머리이며 그녀가 아들을 죽였음을 알게 된다. 카드모스는 이것이 모두 디오니소스의 저주이며 펜타이오스뿐 아니라 자신도 역시 디오니소스를 알아보지 못했음을 한탄한다. 디오니소스는 카드모스와 아가우에에게 테베를 떠날 것을 명한다.

디오니소스는 술로 상징되는 감성을 뜻하는 반면 펜타이오스는 이성을 상징한다. 그 어느 것도 우리에게 없어서는 안 된다. 인간은 유식하든, 무식하든 자기 완결적인 존재이며 얼마만큼을 알아야 된다는 절대적 기준은 없다. 아는 것이 전혀 없어도 인간의 생명은 의미를 갖는데, 잴 수 없는 인간의 존재조건은 비합리의 디오니소스의 영역에 속한다.

2. 기독교

1) 기독교의 현실적 의미

기독교의 가장 중요한 원리로 사랑과 용서를 들 수 있다. 성경은 이런 점을 갖가지 비유나 상징을 통해 우리에게 전달하고 있는 것이다. 즉 성경의 복음은 말 뒤에 숨어 있는 깊은 의미를 전달하는 한 매개가 된다.

한 예로 사도신경에는 '몸이 다시 사는 것과 영원히 사는 것'에 대한 믿음을 적고 있다. 이런 말을 개인이 어떻게 받아들이든 그것은 종교와 믿음의 영역이므로 논의의 대상으로 삼을 수는 없을 것 같다. 그런데 그 믿음이 살아 있을 동안 하나님의 뜻을 이 땅에 실현하는 것보다, 자칫 죽고 난 다음에 있을 육체의 부활에 더 비중이 주어진다면 초점이 빗나갈 수도 있다. 만일 '몸이 다시 사는 것과 영원히 사는 것'을 사후 부활로 간주하고 또 사후의 세계에 더 큰 비중을 두는 이가 있다면, 이것은 고대 이집트 인이 부활을 기대하며 미라를 만드는 마음과 다소간에 공통점이 없다고 말하기가 어렵다. 더구나 사후의 육체의 향방에 대한 관심 때문에 현실적으로 다가오는 문제에 대해 당연히 가져야 하는 관심의 초점이 흐려지는 것은 바람직하지 않은 것이라고 하겠다.

여기서 기독교회가 현실적으로 어떤 의미를 갖는가 하는 점을 돌아볼 필요가 있다. 가장 단순한 예로, 현실세계에서 사랑에 기반을 둔 기독교회의 조직은 병기와 군인들에 의지하는 군대조직과 다소간에 대조적인 관계에 있다는 사실을 지적할 수 있다. 군대는 무기와 군인으로 구성되지만, 교회는 사랑과 용서의 가르침과 선의의 봉사를 위해 존재하는 것이므로 그 구성 원리와 목적 면에서 사뭇 대조가 되기 때문이다. 사랑과 용서는 물론 개인적으로 실천해야 하는 것이나, 그것만 가지고는 충분하지 않은 점이 있다. 개인의 도덕성에 못지않게 사회구조적으로 군비확장과 군사력의 증강 자체가 호전성과 적대관계를 부채질하고 있지나 않은지 하는 점에 대한 반성이 필요하다.

인간의 죄에 대한 개념도 같은 맥락에서 되돌아볼 수가 있다. 개인적으로 재물에 대한 탐욕이나 타인을 억압하려는 권력욕 같은 것을 삼가고 자신의 마음을 다듬어가는 것이 필요하다. 그러나 그런 개인적인 것만 가지고는 충분하지 못한 것이 있는데, 그것은 사회구조적인 불평등 구조에서 빚어지는 인간소외이다. 죄의 행위는 개인적인 동기에서 비롯될 수도 있고, 의식적이든 무의식적이든 사회구조적인 틈바구니에서 조장될 수도 있는 것이다. 그래서 생물적인 본성의 관점에서만 불완전한 인간성을 반성하다가 보면 다른 면에 있는 것을 놓칠 수가 있다. 그래서 개인의 본성에 대한 반성과 병행하여 거시적인 사회적 문제 속에서 불평등과 억압을 조장하는 요소를 점검해보려는 적극적 자세도 필요하다고 하겠다.

개인은 여럿이 함께하는 사회 속에서 살아가게 마련이므로, 개인 본성의 수련과 함께 자신을 둘러싼 환경에 대해서도 반성할 필요가 있다. 이런 점에서 기독교의 교리가 갖는 사회적 의미를 살펴보도록 하자.

2) 기독교의 발생

(1) 예수 이전의 유대교

■ 보수파: 사두가이파와 바리사이파

초기 기독교의 문제점은 그것이 모태로 하고 있는 유대교와의 관계에 있다. 예수는, 새로운 종교의 창시자가 아니라, 유대교도의 한 사람으로서 진정한 유대교의 정신을 살리려 하였다.

예수 생존 당시 유대교의 유력한 두 개 종파는 사두가이파와 바리사이파였다. 둘 다 기원전 3~2세기경에 형성되었으나 서로 적대적이었다.

사두가이파는 예루살렘을 중심으로 한 귀족적 사제집단이었다. 사두가이라는 이름은 솔로몬시대의 제사장 사독에게서 따온 것이다.

▶ 신약성서 시대 유대교의 종파들은 아래에 언급되는 사두가이파·바리사이파·에세네파 이외에도 이른바 '열심당(zealot)'으로 총칭되는 집단이 있었다. 이들은 무장투쟁을 전개하였으며 에세네파와도 약간 연관이 있다. 그 가운데 특히

시카리파는 로마인이나 친로마의 유대관료들에 대해 테러암살을 감행하였다.

반면 바리사이라고 하는 명칭은 이교로부터 '구분된다'라는 의미가 있는데, 이는 특히 기원전 3세기 헬레니즘이 유입되어 유다이즘이 위기에 처하게 되었을 때 유대교를 옹호하면서 나온 것이다. 이들은 철저한 율법주의자들로 주로 설교를 직업으로 하였다. 이들도 뒷날에는 율법의 내용보다 제의적 형식과 정통의 명분에 얽매여 허식·오만·허영에 빠지게 된다.

하지만 초기 한동안은 희생제의 물질적 이득을 구하는 대사제직의 사두가이파에 반대하여 물질보다 영적인 것을 중시하였고, 또 사두가이파보다 더 대중적이고도 민주적이었다. 사두가이파는 뒷날 로마인들에게 저항하였고 로마인에 의해 예루살렘 성전이 파괴된 기원후 70년경 이후 사라졌다.

반면 60년대에 유대인이 로마에 항거하였을 때 바리사이파는 로마에 협조하였으며, 성전파괴 이후에도 예루살렘에서 야브네로 거주지를 옮겨 정통파 유대교로 발전하게 되었다.

사두가이파는 모세 5경만을 경전으로 인정하고 그밖에 구비전승을 거부하였다. 예를 들어 모세 5경에 나와 있지 않은 죽은 자의 부활 같은 것은 믿지 않았다. 죽은 자의 부활개념은 기원전 2세기경에 형성된 것으로 전에 없던 것이었다.

또 천사나 내세, 영혼불멸이나 영적 세계 등을 부인하였으니, 이는 오늘날 여호와의 증인과 비슷하다. 당시의 유대교는

묵시록의 네 기사. **15c** 뒤러의 목판화(메트로폴리탄박물관)
흰 말은 거짓 평화와 번영, 붉은 말은 분노와 붕괴의 전쟁시대, 검은 말은
황폐와 기근, 청황색 말은 공포와 전염병을 상징하는 것으로 모두 세상이 종
말로 치닫는 과정에서 나타난다.

이들 특권제사장 계층이 중심이 되어 의식을 중시하는 형식
적 종교로 변하였다. 사두가이파는 성전을 지키고 종교전통
및 의례를 엄하게 준수한다.

　사두가이파보다 대중적이었던 바리사이파는 회당에서 율
법을 해석하고 가르쳤다. 이들은 당시 식민지 현실 속에서

이교적 습속으로부터 전통유대교의 율법을 분리해내려 했을 뿐 아니라, 구전되어 내려온 율법들도 받아들였다. 즉 기록된 율법뿐 아니라 구비전승도 중시하였다. 그래서 영혼불멸, 내세와 부활, 천사와 마귀, 하나님의 절대 주권 같은 새로운 개념을 유대교에 추가하였다. 또 율법해석은 상황에 따라 변할 수 있다고 생각하는 융통성을 가지고 있었다.

다른 한편 하나님의 말씀만큼 인간의 이성도 중시하여 인간의 자유의지를 부인하지 않았다. 인간에게는 덕과 악을 행할 수 있는 여지가 있다는 것이다. 그래서 지상의 삶에 따라 부활하여 다시 생명을 얻는 상을 받거나 영원한 감옥에 갇히는 형벌을 받게 된다고 믿었다.

(2) 개혁적 유대교

■ 쿰란과 에세네파

기득권자에 반대하여 유대교를 개혁하고자 하는 움직임은 예수 이전에도 있었다. 서로 공동체 생활을 한다든지, 물질로 제사를 드리지 않고 기도와 세례[목욕재계]로 한다든지, 아니면 세례도 여러 번 하지 않고 정화의 상징으로 한 번만 하는 것 등이다. 예를 들면 사해 부근의 쿰란 등 광야에서 분리된 공동체 생활을 했던 에세네파, 광야에서 설교한 세례 요한 등이 있다.

에세네파는 기원전 2세기를 전후하여 그리스인의 셀레우

처형당하는 예수
17c 레니의 그림(볼로냐 미술박물관)

최후의 만찬
15C말 다빈치 작

코스 왕조에 항거한 마카베오 가문의 독립전쟁 시기에 활약한 카시딤[경건한 무리: 그 뿌리는 에즈라시대까지 올라감]에게서 기원한다. 그 뒤 유대인이 형식적으로 독립하여 친그리스적 하스모니아 왕조(B.C 166~163년경)시대 여기에 협조한 사람들은 바리사이파가 되고 이들과 결별하고 떠난 사람들이 에세네파가 되었다.

에세네파 가운데는 노동자와 농민 등 하층계급 사람들이 많았던 것으로 추정된다. 에세네라는 말은 필로가 처음 '거룩(hosios)'이란 말을 사용하였고 그 뒤에 요세푸스가 'Essi', 'Esseni' 등으로 표현한 데서 유래한다.

이들은 모세와 그 율법을 존중하였으나 다른 유대인들, 특히 사두가이인들이 장악한 대사제직의 권위주의에 매우 적대적이었다. 에세네파는 로마에 항쟁하던 기원후 70년대에 벌어졌던 '최후의 마사다 결전' 이후로 자취를 감추었다. 쿰란의 동굴들에서 고대 성경필사본인 이른바 사해사본이 발견됨으로써 에세네파에 대한 것이 구체적으로 밝혀지게 되었다. 이 사본은 기원전 250년경부터 기원후 70년 사이에 쓰인 것으로 추정된다.

사해사본에 나타나는 사상은 일관성이 없지만, 그 다양성에도 불구하고 공통점을 추출해 볼 수 있다. 쿰란인들은 스스로를 유대인과 구분되는 새로운 공동체로 생각하였다. 이들은 예루살렘 성전의 희생제를 거부하였으며, 스스로도 제단을 만들거나 동물·곡식·기름·포도주 등을 바치는 희생제를 드리지 않았다. 피의 희생 대신 그들은 자주 몸을 씻고 [세례] 경건한 마음을 하나님께 바치는 것을 가장 좋은 제사로 여겨 기도를 중시하였다.

공동체가 함께 드리는 기도는 물질을 대신하는 향기로운 제물이었다. 이들은 자급자족에다 노예를 갖지 않았으며, 전쟁무기는 절대로 생산하지 않았던 평화주의자들이었다. 인내심·경건함·형제애로 유명한 종파였다. 이 같은 점에서 에세네파는 뒷날의 예수파와 공통점이 많으나 율법주의 정통성을 지켰던 점에서 다르다. 또 광인·소경·바보·문둥병자 등도 받아들이지 않았다.

에세네파는 신비주의와 금욕을 지향하고 많은 사람들이 결혼을 하지 않았다. 결혼을 나쁜 것으로 여기지는 않았으나 여성을 믿지 않았으며 화평을 지향했기 때문이다. 이들은 외부에서 아이들과 '인생의 거친 바다와의 싸움에서 지친' 사람들을 받아들였다. 세속재물은 공동관리하고 채식과 금주를 실천하였다.

에세네파는 육체의 부활은 믿지 않았으나 영혼의 전생(前生)을 믿고 마술·신비주의를 숭배했다. 육체의 감옥에 갇힌 영혼이 육체의 사슬을 벗어나면 자유와 영생을 얻는다는 것이다. 이들은 선과 악이라는 두 영(靈)의 이원론적 세계관을 가지고 있었다. 선과 악이 싸우다가 마침내 빛이 암흑을 완전히 이긴다는 것인데, 이것은 조로아스터교의 영향을 받은 것이다.

■ 세례 요한

세례 요한은 예수와 같이 에세네파의 영향을 많이 받았다. 하나님에 대한 의로움·나눔과 정직함과 타인의 존종·사랑·용서에 의한 죄의 구원이나 세례 등이 그것이다. 예수는 갈릴리로 나오기 전에 세례 요한을 스승, 선구자로 여겼으며, 뒷날에도 "일찍이 여자의 몸에서 태어난 사람 중에 세례 요한보다 더 큰 사람은 없다. 그러나 하늘나라에서는 가장 작은 이라도 그 사람보다는 크다"[마태복음 11:11]라고 말했다.

세례 요한은 죄의 정화를 위해 요르단 강물에서 세례를 주었다. 예수도 그에게서 세례를 받았다. 세례 요한은 헤롯왕이 동생 필립포스의 아내 헤로디아를 취한 것을 책망하다가 투옥되었는데, 헤로디아의 딸 살로메 때문에 참수되었다. 살로메는 헤롯의 생일축하연에서 춤을 추었는데 여기에 반한 헤롯이 "네가 바라는 것이 무엇이냐? 무엇이든지 주겠다"라고 하자, 어미의 사주를 받아 세례 요한의 목을 달라고 했기 때문이다.

세례 요한에게 세례는 한 번으로 족하였다. 침례 세례는 새로운 것이 아니고 그전에는 신에게 제사할 때마다 되풀이하였으나 요한은 한 번만, 그것도 한꺼번에 여럿을 단체로 주었다. 또 침례세례는 원래 이방인과 접촉하거나 시체를 만지거나 하여 부정해진 사람을 정결하게 하는 의례인 데 반해, 요한은 마음의 회계를 중시하며, 제사를 지내지 않고도 용서받을 수 있다고 하였다.

(3) 예수

■ 예수의 유대교 개혁

예수는 에세네파와 요한 등과 공통점이 많다. 희생제보다는 마음의 기도를, 율법보다는 사랑과 용서를 중시한 점이 그러하다. 적어도 예수는 당시 유대인들이 행하던 것과는 다른 방식으로 희생제와 율법을 해석하려 했던 것으로 보인다.

당시에는 매년 7천2백 명의 유대사제들이 24그룹으로 나뉘어 매년 1주일 동안 두 차례씩 성전에서 속죄제물을 바쳤다. 대축제, 즉 과월절·오순절·초막절에는 모든 사람이 참가하였으며, 특히 9천6백 명의 레위족이 음악과 노래를 담당하였다. 앞에서 서술했듯이 예수 이전에도 이 같은 형식적 의례에 반대한 사람들이 있었으며, 이미 기원전 8세기경에 쓰인 아모스에도 '정의를 강물처럼, 서로 위하는 마음을 개울처럼'이라고 씌어 있다. 또 예수는 '이 성전을 헐라, 내가

최후의 만찬 16c 틴토레토의 유화(이탈리아 조르조 맛조레성당)

사흘 안에 다시 세우겠다'라고 하였는데, 이는 사람들이 모여 마음으로 예배하는 곳을 뜻한다고 하겠다. 성경에는 이것이 성전이 된 예수 자신의 육체를 가리킨 것이라고 되어 있다. 이때 예수의 육신은 그 가르침으로 환원할 수 있다. 태초에 말씀이 있었으며 그 말씀은 곧 하나님이기도 하였다.

병의 치료와 관련하여 복음서에는 몇 가지 기적이 언급되지만, 이는 고대 다른 종교의 기적과 비교해 볼 때 놀랄 정도로 소박하다. 여기서도 기적 자체보다 믿음을 통한 기적의 가능성에 대한 의미를 강조하는 것처럼 보인다.

예수는 제식뿐 아니라 율법의 형식주의도 반대하는 것이었다. 안식일 문제와 관련하여 예수는 "안식일에 병을 고쳐주는 일이 법에 어긋나느냐, 그렇지 않느냐?"[누가복음 14:3], "안식일이 사람을 위해 있는 것이지, 사람이 안식일을 위해 있는 것이 아니다"[마가복음 9:27~28]라고 하였다.

그러나 예수에게는 그전의 유대교 개혁자들과는 다른 점이 있었다. 예수는 평등을 주장하였는데 이것은, 유대인들의 배타적 선민사상은 물론, 분리된 공동체를 형성하고 이방인이나 부정한 사람을 받아들이지 않는 에세네파와도 다르다. 하나님에 대해 올바르게 사는 사람이면 어느 나라 사람이든 다 받아주신다.[사도행전 10:35] 여자, 심지어 창녀까지도, 그리고 병자도 차별하지 않으며, 어른보다는 어린아이들에게서 하나님의 모습을 볼 수 있다고 생각하였다.

예수를 이전의 개혁적 유대인과 구분하는 가장 큰 차이점은 바로 선악이원론에 관련된 문제다. 에세네파는 죄인을 멀리하여 받아들이지 않았고 세례 요한은 죄를 정화하는 세례를 거친 뒤 사람들을 받아들였다. 이것은 모두 선과 악을 구분하는 데서 나온다. 그러나 예수는 뭇 죄인들과 바로 접촉하였다. 예수에게는 정화의식이나 선악의 구분 자체가 중요한 것이 아니었다. 절대적인 것은 사랑으로서 의인과 죄인, 정결과 부정, 유대인과 이방인 등의 구분이 아니라고 하겠다.

3) 기독교의 사상

■ 반(反) 군국주의(軍國主義)

예수가 태어나기 전 약 400년 동안은 구약에 보이는 선지자들이 활동하지 않았던 시기이다. B.C. 425경의 느헤미야서를 마지막으로 천 년을 이어오던 선지자들의 전통이 끊긴 것이다. 그런데 바로 이 시기에 동부 지중해에는 페르시아 제국과 그리스 간의 패권 경쟁이 본격화되었고, 마침내 군사적 침략에 의한 거대 국가가 출현하게 된다. 기원전 449년에는 페르시아와 그리스 인 사이에 상호불가침의 이른바 '왕의 평화' 조약이 맺어졌다. 그로부터 약 100여 년 후인 기원전 334년 알렉산드로스 대왕은 그리스의 마케도니아에서 출발하여 오리엔트의 페르시아 제국을 멸망(B.C. 331)시켰고, 그리스, 소아시아, 시리아, 메소포타미아, 이집트, 또 그 너머 인더스 강에 이르기까지 거대한 제국을 형성했다. 알렉산드로스는 단명(B.C. 323 사망)했으나 그 후계자들이 여러 곳에 그리스(헬레네스) 인이 지배층이 되는 나라를 건설하면서 이른바 헬레니즘 시대가 되었다. 그리스와 소아시아의 안티고노스 왕조, 시리아의 셀레우코스 왕조, 이집트의 프톨레마이오스 왕조, 그 너머 동쪽으로 박트리아, 파르티아 등이 그것이다.

다시 약 300년이 흐르고 예수가 태어나서 활동하던 즈음에는 헬레네스 인의 시대가 끝나고 동서 지중해 전역에 로마 제국이 들어서게 되었다. 이탈리아의 로마에서 출발한 로마 제국은 군사력에 의지하여 지중해 전체를 정복하여 세금을 거두어들였다. 로마인이 이집트를 장악한 것은 기원전 31년의 일이었다. 예루살렘의 유대인도 예외가 아니어서 로마인 총독의 지배를 받게 되었다.

로마인 병사들 사이에 널리 퍼져 있던 종교는 메소포타미아의 조로아스터교의 영향을 받은 미트라 교였다. 조로아스터교는 불을 숭배하는 배화교(拜火敎)로서 암흑을 악신으로 간주했다. 미트라교도 그와 같아서 선악 이원론에 바탕을 두고 있었다. 선악 이원론의 흑백 논리는 침략과 정복을 일삼는 로마 군인들에게 용기와 배타적 신념을 불어넣는 데 일조했다.

예수가 이런 군사적 침략주의에 찬성하지 않았던 것은 원수까지도 사랑으로 감싸고자 했던 가르침에서 알 수 있다. 원수를 사랑하고, 왼뺨을 치면 오른뺨까지 내놓으라고 하는 가르침은 침략적 군국주의 자체에 대한 반대임은 물론이고, 더 나아가 그에 대한 대책의 방법도 그와 같은 폭력으로 해서는 안 된다는 것을 일러준다.

예수는 로마의 군사적 침략주의를 지양하고 그 권력이 하나님의 뜻에 합당하게 쓰여야 한다는 자신의 소신을 피력했다. 그런데 신약성경에는 예수가 로마의 권력을 부정하지 않고 인정한 것으로 보이는 다음과 같은 대목들이 있다.

> (율법학자와 제사장들이 가로되) "우리가 황제에게 세금을 바치는 것이 옳습니까, 옳지 않습니까?" 예수께서는 그들의 속셈을 알아채시고서 그들에게 말씀하셨다. "데나리온 한 닢을 나에게 보여다오. 이 돈에 누구의 얼굴상과 글자가 새겨져 있느냐?" 그들이 대답하였다. "황제의 것입니다." 예수께서 그들에게 말씀하셨다. "그러면 황제의 것은 황제에게 돌려주고, 하나님의 것은 하나님께 돌려드려라." 그들은 백성 앞에서 예수의 말씀을 책잡지 못하고, 그의 답변에 놀라서 입을 다물었다.(누가복음 20:22~26)

그래서 빌라도가 예수께 말하였다. "나에게 말을 하지 않을 작정이오? 나에게는 당신을 놓아줄 권한도 있고, 십자가에 처형할 권한도 있다는 것을 모르시오?" 예수께서 대답하셨다. "위에서 주지 않으셨더라면, 당신(로마총독 빌라도)에게는 나(예수)를 어찌할 아무런 권한도 없을 것이요."(요한복음 19:10~11)

권세를 행사하는 사람은 여러분 각 사람에게 유익을 주려고 일하는 하나님의 일꾼입니다. 그러나 그대가 나쁜 일을 저지를 때에는 두려워해야 합니다.(즉, 권세를 행하는 사람) 그는 공연히 칼을 차고 있는 것이 아닙니다. 그는 하나님의 일꾼으로서, 나쁜 일을 하는 자에게 하나님의 진노를 집행하는 사람입니다. 그러므로 진노를 두려워해서만이 아니라, 양심을 생각해서도 복종해야 합니다. (로마서 13:4~5)

그런데 위 내용을 잘 살펴보면 예수는 로마의 권력도 그 자체로서가 아니라 하나님에게서 부여받고 그 뜻을 실천하는 수단으로 이해하려고 했음을 볼 수 있다. 즉 권세가는 세속적 욕망을 추구할 것이 아니라 하나님의 일꾼이 되어야 한다는 것, 로마 총독 빌라도의 권세도 '위로부터' 주어진 것이라는 것이다. 특히 예수가 '황제의 것은 황제에게 돌려주고, 하나님의 것은 하나님께 돌려 드리라'고 말한 것은 로마 제국의 침략주의를 긍정한 것이 아니라 그 황제라 해도 자기 몫만 가질 것이지 절대로 하나님의 것을 전유할 수 없음을 뜻한 것이라고 하겠다. 예수의 이 말은 유대 율법학자들과 제사장들이 예수를 시험하기 위해 떠본 말에 대한 대답일 뿐이었다. 자신을 함정에 빠뜨리려는 그들의 속셈을 알아차린 예수는 황제의 부당한 권력에 정면으로 도전하지 않으면서도 하나님의 뜻에 대한 자신의 신념을 굽히지 않았음을 볼 수 있다.

■ 대속(代贖)

대속은 죄 진 사람 자신이 아니라 다른 사람이 대신하여 그 죄에 대한 벌을 받아 속죄양이 되는 것이다. 예수가 우리의 죄를 용서하시고 대신 십자가에 못 박혀 돌아가신 것이 그런 것으로, 우리는 예수의 희생으로 인해 죄 사함을 받는 것이다(요한복음 1:29; 히브리서 9:12~15, 10:4,10~18).

예수는 아버지 하나님의 독생자이면서 그 하나님과 본질적으로 하나인 것으로 간주된다. 예수가 부활승천 하고 난 다음 50일(오순)만에 이 땅에 내려온 성령(사도행전 2:1-11)도 그와 같아서 성부(하나님), 성자(예수), 성신(성령)은 본질이 동일한 것(homoousios)으로서, 이른바 '삼위일체(三位一體 Trinity)'이다. 예수는 성부(聖父), 즉 성스러운 아버지와 같은 사랑으로 우리를 대신하여 속죄한 것이다.

벌은 당연히 지은 사람이 받아야 하는 것이 도리라고 생각할 수도 있겠으나, 반드시 그런 것만은 아니다. 그 이유를 두 가지로 말할 수 있는데, 그 하나는 사랑하는 사람이라면 얼마든지 그가 지은 죄를 대신하여 벌을 받아줄 수도 있기 때문이다. 이런 것은 논리적으로는 이해할 수 없는 인간적인 면이다. 20살 난 손자가 그 할아버지를 태운 차를 몰고 가다가 인적 드문 길에서 사고를 내어 불행히도 사람을 치어서 죽었다고 가정하자. 그러면 할아버지는 앞날 창창한 그 손자를 위해 그 실수를 가리고 자신이 잘못한 것이라 하고 기꺼이 대신 벌 받기를 원할 수도 있지 않을까! 사랑 앞에는 잘못(죄)도 논리도 그 뜻이 퇴색될 수도 있으니, 사람에게 사랑보다 더 큰 의미를 갖는 것은 없다고 하겠다.

또 다른 이유는 인간이 다른 인간을 벌하는 것 자체가 모순된 행위라는 것이다. 아래 <사랑하고 용서하라, 판단하지 마라> 항목에서 설명하듯이, 문제는 도덕적인 것이 아니라 힘에 관련된 것으로, 힘이 있는 사람은 나쁜 짓을 해도 벌을 받지 않고 오히려 선량하나 힘이 없는 사람이 그 처벌의 희생양이 되곤 하기 때문이다. 그래서 현실적으로 처벌은 반드시 죄지은 자에게 내리는 것이 아닌 것이 된다.

■ 부활 · 성령 · 십자가의 의미

예수는 내세적 천국보다는 살아 있을 때 마음속에 있는 천국에 대해 가르쳤다. 기독교는 지금 이 땅의 현실을 중시하는 종교이다. 예수의 부활과 승천 이후 이 땅에 남아서 아직도 작용하는 성령은 바로 다른 곳이 아닌 이 땅 위에 하나님의 뜻을 이루려는 것이다.

구원의 기독교는 십자가로부터 비롯된다. 십자가는 구원의 상징이며, 그 구원의 힘은 예수가 당한 고통과 굴욕으로부터 나온다. 예수는 우리의 죄를 사하기 위해 우리 대신 십자가에 희생당하였다. 십자가는 우리 면죄의 상징이다.

예수가 고난과 굴욕의 십자가에 처형되지 않았더라면 아마

구세(救世)의 능력을 갖추지 못했을 것이다. 만일 그가 선지자 다니엘이 예언했고 유대인들이 아직도 기다리는 현세적 권력과 영광의 메시아였다면 우리는 그 영광이 탐이 나서 시기심에 늘 마음이 편치 못했을 것이다. 남의 권력과 영광을 시기하지 않는 사람은 아마 신에 가깝거나 신 그 자체일 것이다.

예수에게 있어 고통의 십자가는 보기만 해도 가슴이 아프다. 그런 것을 보고도 마음이 시리지 않은 사람은 아마 악마에 가깝거나 악마 그 자체일 것이다. 십자가를 보고도 마음이 순화되지 않으면 그렇다는 말이다. 마음의 순화는 바로 죄 사함 받음의 상태에 있음을 뜻한다.

다시 말하면 죄 사함을 받는 절차를 따로 거칠 필요도 없이 시기와 심술이 사라지고 마음이 깨끗해지게 된다. 아무리 세상살이에 지쳐도 십자가 앞에 서면 그 참담한 고통이 오히려 우리 마음에 위로와 평안을 준다. 이것이 예수가 가진 구원의 능력이라고 하겠다.

■ 의인(義人)은 없다

더 중요한 것은 예수가 율법이 갖는 도덕적 형식성에 반대한 점이다. 한번은 유대인들이 간음한 여자를 잡아서 돌로 쳐죽이려 하였다. 유대인들이 마침 그 자리에 있던 예수에게 어떻게 했으면 좋겠냐고 물었다. 이것은 물론 순수하게 조언을 구한 것이라기보다 시험을 해본 것이리라.

예수는 여자를 용서하라고 말하지 않고 분명히 돌로 치라고 하였다. 다만 '너희 중에 죄 없는 자가.' 그랬더니 유대인들이 돌로 여자를 치지 않고 슬금슬금 다 사라져 버렸다. 이때 '너희 중에 죄 없는 자'라는 예수의 말은 바깥으로 드러나는 행동이 아니라 마음을 두고 하는 말이다. 그리고 이미 저지른 행위뿐 아니라 앞으로의 가능성까지 다 포함하는 것이다. 이렇게 예수는 형식이나 겉보다 마음과 내용을 중시하였다.

'의인(義人)은 없다'라는 말은 우리 모두가 죄인이니 인간 자체를 부정적인 존재로 보라는 뜻은 아니다. 반대로 타인의 잘못을 용서하고 서로 화합하라는 긍정적인 의미를 가지는 것이라고 하겠다. 그러니 자신을 죄악의 존재로 자책하고 살 필요는 없는 것이다.

우리의 봉건적 유교도 유대교만큼 형식적인 데가 있다. 필자는, 만일 유대인 대신 유교 선비들이 그 자리에 있었다면, 예수의 말을 듣자마자 조금이라도 늦을세라 막 돌을 던졌을 가능성도 있다고 생각한다. 탈선이 용납되지 않는다는 점에서 유교가 유대교보다 더 형식성이 강할지도 모른다. 분명히 예수가 '너희 중에 죄 없는 사람'이라고 그랬으니, 만일 그 말을 듣고도 돌을 던지지 않는다면 도리어 죄를 자인하는 꼴이 되는 것이다. 그러니 돌을 던질 수밖에.

■ 사랑하고 용서하라 · 판단하지 마라

예수는 유대교의 신과 인간 사이의 조건부 계약 대신 무조건적인 사랑과 용서의 원리를 제시하였다. 내 아들이나 형제가 살인을 하고 들어왔다. 그런데 아버지나 형이 바로 달려가 고발을 하여 살인자를 잡아가도록 한다면 그것은 인간이 아니다. 아파하고 용서하고 싶고 남에게 숨기고 싶은 것이 바로 아버지고 형된 사람의 마음이다.

그런데 이웃집 녀석이 내 물건을 훔쳐가면 흉물스럽게 보이고 바늘도둑이 소도둑 될 것 같아 상종을 말아야겠다는 생각이 든다. 이것은 인간의 편견과 애착에서 나온다. 사실 그런 편견은 죽는 순간에나 없어질 일이다. 중요한 것은 죄의 경중이 아니라 내 핏줄에 대한 사랑, 애착이 남다르다는 것이다. 편애의 불합리성을 없애려면 이웃을 내 몸같이 사랑해야 한다.

일단 죄를 범한 사람에게는 무한한 용서가 있을 뿐이다. 한번은 제자가 예수에게 물었다. 한없는 용서에 대해 수긍이 가지 않았기 때문이다. "선생님, 몇 번을 용서해 주어야 합니까? 일곱 번을 해야 합니까?" 예수는 "일곱 번씩 일흔 번이라도 용서하라"라고 하였다.

이웃을 내 몸같이 사랑하는 것은 성인이나 할 수 있는 어려운 일이다. 끝없는 용서도 그러하다. 그에 비해 죄인을 벌하는 것은 훨씬 쉽고 현실적이다. 그런데 왜 예수는 그 편리한 방법을 마다했을까? 이유는 아주 간단하다. 동서고금 어떤 사회라도 힘없고 도덕적인 사람이 힘 있고 비도덕적인 자를 벌하는 경우가 없기 때문이다.

벌은 언제나 힘이 있어야 내릴 수 있는 것이다. 도덕은 벌을 내리는 필요조건, 즉 명분은 될지 몰라도 충분조건은 되지 못한다. 비도덕적인 자가 도덕적인 자를 벌하는 경우는 드물지 않게 볼 수 있어도 어떤 이유에서건 힘없는 자가 힘 있는 자를 벌하는 경우는 거의 없다.

따라서 도덕을 명분으로 하여 인간이 인간을 벌하도록 허용하는 사회는 힘 있는 자에게 명분을 제공함으로써 불평등을 더욱 가중시키는 결과를 가져오게 된다. 문제는 인간은 그 누구도 죄로부터 자유롭지 못하다는 점이다. 털면 먼지 안 나는 사람은 없다. 그래서 누구든 마음만 먹으면 아무리 상대적으로 선한 사람이라도 흠집을 잡아낼 수 있다.

인간이 내리는 벌이 이 같은 모순을 품고 있으므로, 모순을 없애는 방법은 어떤 경우에도 인간이 인간을 벌하지 않도록 하는 방법밖에는 없다. 그렇지 않다면 힘 있는 자가 힘없는 자를 벌하는 경우가 더 많을 것이기 때문이다.

■ 죄의 삯은 사망이라

자신을 해친 자에게 대적하거나 복수하지 않는 것은 하나님에게 순종하는 것이다. 두 남자 A · B가 한 여자를 두고 다투었다. 그 가운데 A가 B에게 억울한 살인죄를 뒤집어씌워서 감옥으로 보내고 여자와 결혼하여 살았다. B는 감방에서 30년 세월을 보내고 출옥하였다. 그 숱한 세월 그가 버틸

수 있었던 것은 A에 대한 복수심 때문이었다.

출옥한 B는 복수를 하려고 A를 찾아냈고 마침내 어느 해
변 오두막에 살고 있는 A를 찾아냈다. 창문 아래에서 B는 A
의 동정을 살피고 있었는데, A는 몹쓸 병에 걸린 듯 고통으
로 신음하고 있었다. 들어가서 찔러 죽이면 되는 것인데, B
는 그것을 포기하고 돌아섰다. 그때 A를 찔러 죽였다면 A는
자신의 고통에서 해방되게 하는 것이니, 그것은 복수가 아니
라 오히려 그를 도와주는 것임을 깨달았기 때문이다. 세상에
서 일어나는 온갖 가해·피해, 그리고 손익계산은 죽음으로
써 원점을 돌아간다.

하늘에 계신 하나님 아버지가 말씀하시기를 '원수 갚는 권
세가 내게 있으니 내게 맡기라. 너희는 그저 용서하고 사랑
하라' 하였다.

■ 시험에 빠지지 말게 하라

사랑과 용서가 좋은 것인 줄 알지만, 그것만 가지고 현실
적으로 사회질서가 유지될 수 있을까? 용서를 해주었는데도
자꾸만 같은 짓을 되풀이하면 어떻게 감당을 하나? 용서받는
것을 보고 다른 이도 못된 짓을 따라서 하면 어떻게 되나?
여기서 두 가지 점을 고려할 수 있는데, 하나는 예방사상이
고 다른 하나는 사람은 누구나 대동소이하다는 점이다.

한마디로 예수는 죄에 대한 징벌이 아니라 죄짓기 전에 예
방을 함으로써 사회질서를 유지하려 했다. 예방은 사전교육

이나 보호나 관심을 기울임으로써 가능하다. 누군가가 잘못을 저지르면 저지른 사람의 죄라기보다 그 옆에서 미리 막아주지 못했던 사람들의 잘못이 더 크다. 그래서 내 주변 사람들의 죄는 모두 '내 탓'이 될 수가 있는 것이다.

그러면 죄지은 사람이 몇 번을 같은 짓을 하는가 하고 그 횟수를 계산할 필요가 없다. 죄를 지으면 지을수록 그 주변 사람들이 더욱 노력하여 죄지은 사람이 다시 그런 죄를 짓지 못하도록 해야 할 뿐이다.

이것은 사람이 죄를 짓는 것은 환경 탓이 적지 않다는 뜻이다. 물론 남의 탓만 해서는 안 되고 스스로 삼가야 하겠다. 그러나 도둑이나 살인자의 씨앗이 따로 있는 것이 아니라 많은 사람들이 상황에 따라 그만 '시험에 빠지게 되는' 것이라 하겠다. 사람은 신같이 완벽한 존재가 아니라서 누구나 결점을 가지고 있게 마련이다. 털어서 먼지 안 나는 사람도 없지만, 반대로 악하기만 하여 일부러 못된 짓만 하고 다니는 악마 같은 이도 없다. 그런 점에서 사람은 대동소이하다. 중요한 것은 시험에 빠지는 환경이 조성되지 않도록 주변에서 도와주는 것이라 하겠다.

■ 밥술이야기

예수가 말한 사랑의 원리는 여러 가지로 각색되어 우리 삶을 조명한다. 그 가운데 밥술이야기가 있다. 어떤 사람이 하루는 지옥구경을 갔다. 문을 열기도 전에 그곳은 아비규환의 소름 끼치는 소리가 들려왔다. 문을 열고 보니 모두 눈은 휑하니 패이고 배가 고파 난리였다. 음식상을 앞에다 놓고도 먹을 수가 없는 것이다. 모두 팔이 구부러지지를 않아서 손으로 음식을 떠도 입으로 가져갈 수가 없었다. 그래서 더욱 아우성이었다.

다음으로 천당으로 올라갔다. 그곳은 바깥에서 들어보아도 조용하고 평화롭게 느껴졌다. 형편이 어떤가 하여 문을 열어 보니 모두 통통하니 적당히 살이 찌고 연신 싱글벙글하였다. 이곳은 팔이 구부러지나 하고 보았더니 구부러지지 않기는 마찬가지였다. 그런데 이들은 음식을 떠서는 자기 입에 가져 가지 않고 상대편의 입에다 넣어주었다. 그러니 팔이 뻣뻣해도 아무런 불편이 없었다. 내가 퍼서 상대의 입에다 넣어주고 상대가 퍼서는 내 입에다가…. 이렇게 서로의 결점을 보완하니 모두 배가 불렀다.

올리브 나무

■ 드라큘라 이야기

기독교의 원리는 여러 가지 통속적인 형태로 번안되어 우리에게 다가오는데, 그 한 예가 드라큘라 이야기다. 예수는 인간이었으나 신으로 분류되었고 드라큘라도 인간이었으나 악마로 분류되었다. 그런데 이것은 신과 악마의 이야기가 아니고 바로 우리 인간들의 일면을 반영한다. 만일 이들이 우리 인간과 무관하다면 그 이야기는 우리에게 아무런 의미를 갖지 않았을 것이다. 우리는 시시각각 예수 쪽에 가까워지기도 하고 드라큘라 쪽으로 기울기도 한다.

드라큘라가 제일 싫어하는 것이 십자가다. 드라큘라가 이해할 수 없는 인간상이 있는데, 그것이 바로 예수 같은 인간이었다. 왜 남을 위해서 자기 피를 흘리나? 드라큘라는 그런 것은 딱 질색이었다. 그래서 십자가만 보면 덜덜 떨고 옆에도 가기 싫은 것이다. 드라큘라는 저 루마니아인가 어디의 백작이었다. 살아서도 그랬겠지만 죽어서도 그는 다른 사람의 피 같은 노동의 대가, 아니면 피 그 자체를 빨아먹어야만 했다. 자신의 목숨과 청춘을 지키기 위한 것이었다.

그런데 이 드라큘라는 절대로 없어지지 않는다. 이것은 예수가 죽은 뒤에 부활한 것과 같은 현상이다. 예수는 부활했고 지금도 해마다 부활절이 되면 부활한다. 또 승천하고 난 뒤에도 성령을 이 땅에 남겨서 이 땅을 하늘같이 만들기 위해 기획했다. 이들이 없어지지 않는 이유는 바로 인간의 마음속에 있는 이기심과 이타적 사랑의 상징과 각각 연관되기 때문이다.

여름밤에는 납량 특선, 즉 무서운 것을 보고 오싹하여 더위를 식히라고 방영하는 그런 영화를 내보낸다. 거기 드라큘라도 가끔 낀다. 원흉 드라큘라가 사람의 목을 물어 피를 빨아 가면, 그 희생자들은 빼앗긴 피를 보충하기 위해 또 다른 사람의 피를 빨러 다닌다. 그래서 긴장을 하다가 마침내 대단원의 막이 내리면 영화는 열에 열 다 드라큘라가 다시 어딘가에 꼼짝 못하고 갇히는 것으로 끝난다. 다시 관으로 들어가든가, 아니면 나오지 못하도록 장치된 가운데 물속에 가라앉아 버리든가 한다. 그러면 시청자는 안심하고 두 다리 뻗고 잠을 청한다.

그런데 문제는 그다음이다. 아침에 일어나 일터로 가면 그곳에는 드라큘라도 있고 또 불쌍하게 피를 빨리는 인간도 있다. 알고도 하고 모르고도 한다. 그러니까 피를 빨고 빨리는 가운데서 그런 관계를 알고 있는 사람도 있고 모르는 사람도 있다는 말이다. 두 쪽 다 인간 이하다. 한쪽은 못된 놈이고 다른 쪽은 머저리다. 머저리가 있으니까 못된 놈도 마음 놓고 못된 짓을 하게 된다. 좀 과하게 말한다면, 머저리들이 못된 놈을 양산하는 것이니, 더 큰 문제는 머저리들이다. 피를 빨리면서도 그런 줄도 모르는 머저리.

여기에 합당한 예인지는 모르겠으나, 수도와 지방이 불균형한 문제에서도 지방사람들 탓이 크다고 할 수 있겠다. 제 밥그릇을 챙길 줄을 모르니 그렇다는 말이다. 행정수도를 이전한다고 하니 반대하는 사람이 더러 보인다. 수도에 살면 다른 곳에 사는 것보다 득을 보는 일이 있는가 보다. 바꾸어 말하면, 수도 아닌 다른 곳에 사는 사람은 상대적으로 불이익을 당하고 있는지도 모르는 것이다. 그런 관점에서 보면 어느 곳에 살더라도 불이익을 당하는 일이 없는 나라가 좋은 나라이겠다.

국방이나 안보를 빌미로 하여 중앙전력의 비대함이나 지역의 불평등을 정당화할 수는 없다. 인맥이나 학맥 등으로 인한 소수의 폐쇄적 집단이 권력이나 돈줄을 잡고 있어서도 안 된다. 어느 정도로 권력이나 돈줄이 한 지역에 편중되어 있는가 하는 것에 대한 의식조차 많은 지역민들에게는 없는 듯하다.

어느 정도로 권력의 분산이 이루어져야 될까? 그 대답은 수도를 서로 유치하려고 하지 않을 때까지. 이런 기회의 균등은 절로 이루어지는 것이 아니라 지역민 스스로가 노력해야 한다. 스스로 챙기지 않으면 앞에다 떡 가져다주는 사람은 아무도 없기 때문에.

4) 구약에 보이는 기독교의 전통

(1) 조화의 유일신 하나님

■ 하나님의 낮과 밤

창세기에 따르면, 하나님이 태초에 빛을 만들고 그 빛을 거두니 어둠이 되었다. 빛을 낮이라 이름 하고 어둠을 밤이

라 하였다. 이렇게 밤이 되고 아침이 되면서 첫째 날이 지나
갔다. 하나님이 빛과 어둠을 만들었다는 사실에서 '하나님'에
무게를 두는 것과 '빛과 어둠의 차별성'에 무게를 두는 것은
때때로 큰 차이를 낳는다. 이것은 같은 성경의 의미가 관점
에 따라 얼마나 다른 해석을 낳을 수 있는가를 보여준다.

예를 들어 '낮과 밤의 차별성'에 무게를 두고 만일 다음과
같이 해석한다면 페르시아의 조로아스터교적인 이원론에 가
깝게 된다. 그 한 예는 다음과 같다.

하나님께서 빛과 어둠을 나누시어 서로 섞이지 못하게 했다. 빛도
아니고 어둠도 아닌 어중간한 상태는 하나님이 보시기에 좋은 것이
아니었다. 이스라엘 백성들이 있는 곳에는 빛이 있었다. 그러나 이
집트 사람들이 있는 곳은 완전한 어둠이었다. 그리고 그 중간에는
하나님 심판의 불바다가 있어서 왔다갔다할 수 없었다. 이스라엘
백성이 있는 곳에는 기쁨과 소망과 승리가 있었다. 그러나 이집트
인들은 분노와 혈기로 물을 향하여 달려들다가 모두 물에 빠져 죽
는 것을 보았다. 사람들은 빛과 어둠이 나뉘는 것보다 중간을 좋아
한다. 어느 한 쪽에 들어가면 책임을 져야 하고 공격을 받게 되기
때문이다. 오늘 마귀는 할 수 있는 한 우리의 소속을 불명확하게
만들어서 우리가 하나님의 백성인지 세속에 물든 사람인지 구분이
안 되게 한다. 하나님의 자녀와 세속의 자녀는 분명히 구분된다. 선
을 그어놓은 것처럼 분명히 구분되고 절대로 모호하지 않다.

이와 같은 해석은 빛과 어둠의 구분을 집단 사이의 대립과
갈등으로 연결시켰으므로 조로아스터교적인 선신과 악신 사
이의 갈등을 연상시킨다. 그러나 만일 '하나님이 빛과 어둠
을 만들었다'에서 '하나님'에 무게를 둔다면 이 같은 해석은

하나님의 의도와 전혀 다른 것이 될 수도 있다.

조로아스터교에서는 밤은 악신이 만들었으나 성경의 어둠은 빛과 마찬가지로 하나님이 만들었으므로 어둠은 악이 아니다. 낮과 밤뿐만 아니라 유대인과 이방인, 율법을 지키는 사람과 지키지 않는 사람을 구분하고 적대하는 것은 하나님이 원하는 것이 아니다. 위의 예문내용은 두 가지 오류를 범하고 있다.

첫째로 죄를 미워하되 사람을 미워하는 것은 도리가 아니다. 더구나 이스라엘 사람과 이집트 사람을 한 단위로 묶어서 획일적으로 선과 악을 가르는 것은 논리적으로도 모순이다. 모든 이스라엘인이 하나님의 축복을 받고, 모든 이집트인들이 저주를 받아야 하는 그런 일은 어느 모로 보나 말이 안된다.

둘째로 이른바 '선인'이 '악인'을 벌하도록 허용된 사회에서는 앞에서도 언급했듯이 결국 힘 있는 사람이 힘없는 사람을 벌하는 결과가 된다. 무조건의 사랑과 용서는 이 같은 모순을 없앨 수 있다.

흑백이원론은 명료한 것 같아 보이지만 인간사회의 모든 모순을 생산하는 씨앗이 된다. 이것은 그다음 에덴동산의 선악과 이야기에서 더 분명하게 드러난다.

■ 선악과

에덴동산의 선악과는 기독교 밑바닥에 흐르는 가장 핵심적인 부분이다. 신이 금지한 선악과를 따먹고 난 뒤 선과 악을 가르기 시작하면서 인간은 미망의 길로 접어들게 되었다. 아담과 이브는 처음에 벌거벗었으나 부끄러운 줄도 몰랐다. 그런데 그다음 구약성서 창세기 3장에 나오는 이야기는 다음과 같다.

야훼 하나님이 만든 들짐승 가운데 뱀이 가장 간교하였다. 뱀이 이브에게 묻기를 "하나님이 참으로 너희에게 동산 모든 나무의 실과를 먹지 말라 하시더냐?" 이브가 뱀에게 대답하였다. "동산 나무의 실과를 우리가 먹을 수 있으나 그 중앙에 있는 나무의 실과는, 하나님께서 말씀하시기를 '너희는 먹지도 말고 만지지도 마라. 너희가 죽을까 하노라'라고 하셨다." 뱀이 이브에게 말하였다. "너희는 결코 죽지 않을 것이다. 너희가 그것을 먹으면 너희 눈이 밝아져서 하나님같이 되어 선악을 알게 되는 줄을 하나님도 알고 계신다[참고: 그래서 하나님 자신 같이 유능해질까 보아서 따먹지 못하게 했다는 말이다]." 이브가 그 실과를 본즉 먹음직스러운 게 보기도 좋고 지혜롭게 할 만큼 탐스러운 실과라, 먼저 따먹고 함께 있는 아담에게도 주니 그도 먹었다. 그러자 그들의 눈이 밝아져 스스로 발가벗은 줄을 깨닫고는 무화과 나뭇잎을 엮어 옷을 만들어 입었다.

하나님은 이들이 금기를 깬 것에 노하여 그들을 에덴동산에서 추방하였다. 이른바 '원죄', 즉 인간이 지은 가장 원초적인 죄다. 이는 신 앞에서 지은 가장 큰 죄다. 원죄는 우리가 흔히 도덕의 기준이라고 생각하는 도둑질·간음·살인 같은 것이 아니다. 바로 아무 판단력이 없는 상태에서 선악과를 따먹고 눈이 밝아져 좋고 나쁜 것을 가리기 시작한 사실에 있다.

문제는 여기에 있다. 눈이 밝아지긴 했는데, 그것이 완벽하지 못하다는 것이다. 부족한 피조물 인간은 완벽한 하나님처럼 판단할 수가 없다. 선악을 구분한다고 하는 것이 선무당이 사람잡는 꼴이 되어버렸다. 원죄는 인간이 자신의 한계를 깨닫지 못하고 하나님같이 되려고 했던 것으로 자신의 주제를 파악하지 못한 죄이다.

애착과 사랑이 남다르고 편견을 떨쳐버릴 수 없는 인간이 같은 인간을 판단한다면 결국 그 판단은 객관적이 되지 못하고 힘의 논리로 귀결되어 버리고 만다. 인간이 신같이 객관적이 된다는 것은 인간이기를 포기하는 것과 같다. 그것은 인간의 종말, 곧 죽음 이후에야 가능한 일이다.

■ 욥

기독교에서는 선과 악의 구분보다 더 중요한 것이 있다. 진정한 하나님의 본성과 생명의 나라에서는 의로움이란 큰 의미를 갖지 않는다. 하나님은 진정한 목적을 이루기 위해 오히려 의로움에 대한 인간의 자긍심을 무너뜨릴 때가 있다. 욥의 이야기에서 그 같은 것을 볼 수 있다.

우스라라는 곳에 매우 풍족하고 행복한 욥이라는 사람이 있었다. 그는 진실하며 하나님을 두려워하고 악한 일을 거들떠보지 않는 사람이었다. 이 때문에 욥은 자신이 하나님으로부터 큰 축복을 받는 행복한 사람이라고 생각했다. 그는 모든 사람들이 자신을 존경하고 축복해 주며, 자신의 말을 존중한다고 생각하였다. 이는 욥이 자신이 이룬 것으로 인해 자만하고 있음을 뜻한다.

하나님은 욥의 이런 생각을 없애려 하였다. 그래서 하루는 사탄이, 하나님으로부터 욥을 괴롭히도록 허락을 받은 뒤, 재난을 내려보냈다. 욥에게 갑자기 재난이 연이어 세 차례나 닥쳐왔다. 약대[낙타]가 죽고, 재산이 불타고, 자녀들도 모두 비명에 죽었다. 천재인화가 계속 일어남으로써 욥은 아무것도 가진 것이 없는 자가 되어버렸다.

하나님의 목적은 완전하고 또 스스로 의롭다고 생각하는 욥을 망가뜨리려는 것이었다. 고통을 내림으로써 욥의 의로움에 대한 인간적인 자긍심을 헐어버리려고 그를 아무것도 아닌 존재로 만들었던 것이다.

처음에 욥은 여전히 자신에게 아무 잘못된 것이 없다고 생각하여 하나님을 원망했다. 그런 점에서 욥은 그 의로움에서 그의 친구들보다 다소 높은 수준에 있었다 할지라도 여전히 동일선상에 있었다. 하나님의 가르침은 폭풍 속의 자연과 동물들과 같다. 비록 의인이라 하더라도 고통 받은 뒤에는 그 전보다 더 훌륭해진다. 하나님의 본성과 생명과 존재는 인간이 만든 도덕과 윤리로는 이해할 수가 없다. 후자는 독선이 마치 객관적인 평가인 것처럼 생각하는 것과 같다.

마침내 욥은 자신의 가장 큰 오류가 죄지은 것이 없으므로 하나님으로부터 좋은 것을 받았다는 인과응보식 축복신앙관임을 깨달았다. 하나님 본성에 대한 믿음과 생명이 있는 존재 앞에는 어떤 전제조건이 없다. '영[정신]' 안에서 가난하

로마의 바티칸 성당

고 겸손한 것이 천국을 소유할 수 있는 첫 번째 복이다. 우리의 '영'이 고통당하고 비워질 때 우리는 하나님 나라의 본성을 깨닫게 된다.

'하나님께서 이르시되, 너희가 독수리같이 높이 날아 별 사이에 깃들이더라도 내가 너희를 끌어내리리라.'

(2) 고난의 종

■ 이사야

'이사야'는 '야훼는 구원'이라는 뜻의 이름이다. 그는 기원전 8세기경 남쪽 유대왕국의 왕족출신으로 추정되며 약 50년간(B.C 745~695년경) 활동한 예언자였다. 기원전 9세기

헤브류 왕국이 두 개로 분열되면서 북쪽에는 이스라엘, 남쪽
에는 유대왕국이 세워졌다. 이사야가 살던 시기에 북쪽 이스
라엘은 아시리아로부터 압박을 받고 있었으며 마침내 그들에
의해 멸망당하였다.

이사야에서는 사람들의 죄를 대신하여 하나님으로부터 고
통당하는 '고난의 종(從)'의 개념을 볼 수 있다. 이것도 두
가지로 나눌 수 있는데, 하나는 까닭 없이 고통당하는 이스
라엘-유대가 하나님의 위로를 받고 새로운 민족으로 거듭나
는 것[52:13], 다른 하나는 하나님의 종이 나타나 유대인의
죄를 대신 짊어지고 고난을 감당한다는 것이다.

죄를 지은 자는 반드시 그 죄의 대가를 치러야 하지만, 누군
가가 대신하여 책임을 질 수도 있는데 이것이 고난의 종이다.

그는 마침내 승리하고 그로 인해 이스라엘-유대 민족은 구
원을 얻는다[54]. 고난의 종으로 올 메시아는 성도들의 죄악
을 없애줄 것이며, 온 땅에 평화와 정의가 넘치게 할 것이다.
자신의 죄를 인정하고 그를 믿는 자에게는 구원의 은총이 주
어진다.[58~66]

메시아는 십자가를 질 것이나 결국 권력을 잡고 면류관을
쓰게 된다. 다른 이의 죄 때문에 하나님의 심판을 대신 받는
그는 유대인과 이방인 모두에게 희망을 주게 된다.[41~66] 대
리희생과 '고난의 종'으로서의 메시아[크리스트: 구세자] 개념
은 뒷날 예수에게서 볼 수 있는 것이다. 이방인들에 대한 은총
의 확대도 예수의 이방인에 대한 열린 마음과 연결이 된다.

(3) 선하신 하나님

■ 예레미야

예언자 예레미야가 활동을 시작한 시기는 기원전 7세기 말 아시리아 제국이 붕괴되어 가던 때였다. 기원전 612년 아시리아가 망한 뒤 메소포타미아 지역에서는 신 바빌로니아가 강력한 나라로 부상하였다. 이들은 3차에 걸쳐 유대를 공격하였고 마침내 유대는 멸망하였다. 신 바빌로니아는 끝까지 저항했던 유대인들을 바빌로니아로 끌고 가 노예로 노역을 시켰다.

바빌로니아에 포로로 잡혀가 고생하던 유대인들에게 예레미야가 주었던 가장 귀중한 예언은 70년 뒤에 다시 예루살렘으로 돌아가게 되리라는 것이었다. 예레미야서에 나타나는 가장 획기적인 것은 하나님 태도의 변화와 그 약속에 대한 믿음이다. 율법을 어기고 죄를 지었을 때 무자비한 징벌을 내리는 하나님이 이제는 선한 하나님이 되었다.

율법을 매개로 한 구원의 조건부 계약에서 죄를 지어도 궁극적으로 인간을 받아들이는 무조건적인 은총의 하나님이 된 것이다. 하나님 앞에 다시 접근하기 위해서 사람들은 지은 죄를 회개하고 하나님에 대한 믿음을 가져야 한다.

궁극적으로 인간에게 신실한 하나님은 에레미야를 통해서 무조건적인 새 언약을 계시하였고 이는 뒷날 예수 크리스트에게서 구체화된다. 새 언약으로 인간은 죄를 지어도 하나님

백성이 될 수 있는 근거가 마련되었다. 선하신 하나님은 이사야의 '고난의 종' 개념과 더불어 구약사상의 최고봉으로 간주된다.

■ 호세아

예레미아에게서 볼 수 있는 하나님의 새로운 사랑의 약속은 예언서 호세아에서도 볼 수 있다. 이사야가 남쪽 유대에서 활약한 것과 달리 호세아는 그보다 훨씬 뒤에 북쪽 이스라엘에서 활동하였다.

야훼 하나님이 선지자 호세아에게 명하여 "너는 가서 음란한 아내를 취하여 음란한 자식을 낳아라. 이 나라가 나 야훼를 버리고 크게 음행하기 때문이니라", "또 너는 가서 타인의 사랑을 받는 그 여인을 다시 사오라"라고 하였다. 호세아는 음란한 아내 고멜과 혼인하여 음란한 자녀를 낳고 또 달아나 버린 그녀를 다시 사랑하여 돈을 주고 사왔다.

이 같은 그의 비극적 체험은 이스라엘 민족에 대한 하나님의 의미를 보여준다. 아내 고멜의 음란한 행위는 이스라엘 백성의 부패와 타락상에 비견된다. 그들은 바알 신을 섬기는가 하면 하나님도 모르고 저주·살인·투척·간음 등을 좋아했다. 호세아가 고멜에게서 얻은 세 자녀의 이름은 이스라엘의 불신앙을 상징하는 것이었다.

첫째 아들 이스르엘은 하나님이 그 피를 희생시키고 이스라엘 나라를 폐하겠다는 뜻이다. 둘째인 딸 로루하마는 하나님이 더 이상 북쪽 이스라엘 왕국에 은혜를 베풀지 않겠다는 뜻이며, 셋째인 아들 로암미는 하나님이 부패한 이스라엘을 버렸으므로 '하나님의 백성이 아님'을 뜻한다. 그런데 중요한 것은 이스라엘인의 죄상과 그에 대한 심판과 더불어 궁극적으로는 하나님의 신실한 사랑이 보증되어 있다는 사실이다. 이것은 호세아의 다음과 같은 구절에서 볼 수 있다.

내 백성이 아는 것이 없어 망할 것이다. 네가 지식을 버렸으니 나도 너를 버려 제사장이 되지 못하게 할 것이요. 네가 하나님의 율법을 잊었으니 나도 네 자녀들을 잊어버리리라. 저희는 머리를 굴릴수록 내게 죄를 범하니 내가 저들의 영화를 바꾸어 욕이 되게 하리라.[4:6~7]… 가자, 우리가 야훼에게로 돌아가자. 야훼께서 우리를 찢으셨으나 다시 잇게 할 것이요, 우리를 때리셨으나 치료하여 주실 것이라. 야훼께서 이틀 뒤에 우리를 살려서 사흘째 우리를 일으키리니, 우리가 그 앞에서 가리라. 그러므로 우리가 야훼를 알자, 힘써 야훼를 알도록 하자.[6:1~3]… 에브라임이여, 내가 어찌 너를 놓겠느냐! 이스라엘이여, 내가 어찌 너를 버리겠느냐! 내가 어찌 너를 아드마같이 놓겠느냐, 어찌 너를 어찌 스보임같이 두겠느냐! 내 마음이 내 속에서 돌아와서 사랑과 공의를 지키며 항상 너희 하나님을 바라볼지니라.[11:8]

(4) 권력과 영광의 현세적 메시아

■ 다니엘

다니엘은 기원전 6세기 유대인이 바빌로니아로 붙들려가서 포로생활을 할 때 생존했던 인물이다. 그는 스스로 포로로 붙들려갔으나 왕의 해몽을 잘해 준 덕분에 재상이 되었다. 그러나 다니엘은 여러 가지 정황으로 보아 그 일부가 다니엘이 살았던 기원전 6세기가 아니라 훨씬 뒷날인 기원전 2세기 전반에 쓰인 것으로 추측되기도 한다.

다니엘에서 볼 수 있는 것은 현세의 권세와 영광과 나라가 서서 영원히 이 땅 위에서 멸망하지 않을 것이라는 점이다. 이는 영적이고 도덕적인 하나님의 나라와는 사뭇 다른 개념으로 훨씬 더 현세적인 성격이 짙다. 이것은 다니엘의 다음과 같은 구절에서 볼 수 있다.

> 이 여러 왕들의 시대에 하늘의 하나님이 한 나라를 세우시리니 이것은 영원히 망하지도 아니할 것이요, 그 국권이 다른 백성에게로 돌아가지도 아니할 것이요, 도리어 이 모든 나라를 쳐서 멸망시키고 영원히 설 것이다.[2:44]

> 내가 또 밤 환상 속에서 보니 어질어 보이는 이가 하늘 구름을 타고 와서 옛적부터 항상 계신 이에게 나아가 그 앞으로 인도되매 그에게 권세와 영광과 나라를 주고 모든 백성과 나라들과 다른 언어를 말하는 모든 자들이 그를 섬기게 하였으니 그의 권세는 소멸되지 아니하는 영원한 권세요, 그의 나라는 멸망하지 아니할 것이니라.[7:13-14]

> 그러나 심판이 시작되면 그는 권세를 빼앗기고 완전히 멸망할 것이다. 나라와 권세와 온 천하 나라들의 위세가 지극히 높으신 이의 거룩한 백성에게 붙인 바 되리니 그의 나라는 영원한 나라이라 모든 권세 있는 자들이 다 그를 섬기며 복종하리라.[7:26~27]

> 그때 네 민족을 호위하는 큰 군주 미가엘이 일어날 것이요. 또 환난이 있으리니 이는 개국 이래로 처음 있는 환난일 것이다. 그때에 네 백성 중에 책에 기록된 모든 자가 구원을 받을 것이리라. 땅의 티끌 가운데서 자는 자 가운데서 많은 사람이 깨어나 영생을

다니엘의 이 같은 현실적인 지상 왕국의 개념은 일면 뒷날 예수에게 영향을 미친다. 예수의 현실적 천국은 권력과 영광의 나라는 아니지만 이 땅 위에 존재한다는 점에서 다니엘의 사상과 공통점이 있다. 앞에서 언급했듯이, 예수의 부활은 이 땅을 하나님의 나라로 만들기 위한 것이었다. "땅 위에서 매면 하늘에서도 매일 것이요, 땅 위에서 풀면 하늘에서도 풀릴 것이라", "하늘의 뜻이 이 땅에서도 이루어지도록" 하려던 예수에게는 이 땅에 살아 있는 인간이 소중한 것이었다. 이는 내세관이나 이 땅이 아닌 천국의 개념과는 거리가 먼 것이다.

(5) 이방인을 향한 개방성

■ 룻

룻은 '여자친구'라는 뜻이다. 룻은 헤브류 다윗 왕의 증조할머니로 유대인이 아니라 모압 땅의 여인이었다. 또 그 증손 다윗은 예수의 선조다. 유대인은 배타적인 선민사상을 가지게 되나 그 소중한 조상이 이방여인이었음을 인정한 사실에서 초기 유대교가 개방적이었음을 알 수 있다.

기원전 11세기 말경 베들레헴 땅에 살던 엘리멜렉은 심한

예수가 처형된 골고타(갈바리 - 해골) 언덕

기근으로 모압 땅으로 피난을 갔다. 부인 나오미와 두 아들을 함께 데리고 갔는데, 두 아들은 거기서 모압 여인과 결혼하였다. 장자의 부인은 오르바였고 차자 말론의 부인이 룻이었다.

그런데 남편과 두 아들이 그 땅에서 죽어 나오미와 두 며느리만 남게 되었다. 나오미가 고향으로 돌아가려고 할 때 이방 여인 룻이 "어머니의 백성이 나의 백성이며 어머니의 하나님이 나의 하나님이라" 하며 한사코 시어머니를 따라 베들레헴으로 오고자 하였다.

베들레헴으로 따라온 룻은 변함없는 사랑으로 이삭줍기 일을 하기 시작하였다. 그러던 중 엘리멜렉의 일가인 보아스의 밭에서 일하다가 보아스의 아내가 되었으며, 그 자손 가운데 다윗과 예수가 나게 된다. 이로써 야훼는 유대 백성만의 것이 아니라 온 민족의 하나님이 되는 것이다.

■ 요나

　요나는 아시리아의 수도 니느웨로 가서 심판이 임박하였음을 알리고 회개를 촉구하라는 하나님의 부름을 받았다. 그러나 그는 하나님의 말씀을 거역하고 다시 스스로 도망하려 하였다. 그러나 배를 타고 가던 도중에 큰 풍랑을 만났다. 결국 자기 때문에 이 같은 풍랑이 일게 되었다고 생각한 그는 선장과 사공들에게 사실을 털어놓았다.

　사람들은 그를 바다에 던졌고 큰 물고기가 그를 삼켰다. 고기 뱃속에서 그는 회개하는 기도를 드렸다. 그래서 물고기 뱃속에서 3일 만에 나오게 되었고, 그 길로 니느웨로 가서 심판이 임박했음을 알렸다.

　니느웨 백성이 회개하자 하나님은 그들을 심판하지 않으셨

로마의 콜로세움

다. 요나는 니느웨가 심판당하지 않는 것을 보고 하나님께
불평했다. 그러자 하나님은 요나가 박넝쿨 그늘 밑에서 낮잠
을 자고 있을 때 벌레로 하여금 박넝쿨을 다 갉아먹도록 하
였다. 뜨거운 동풍과 햇볕에 시달리게 된 요나가 이 때문에
또 불평을 하자 하나님이 "박넝쿨 하나도 아까워하면서 좌우
를 분별하지 못하는 저 수많은 니느웨 백성들을 어떻게 다
버리겠느냐?"고 말씀하셨다.

이것은 하나님이 이방인들에게까지도 은혜롭고 자비로우
며, 성을 내기보다 사랑이 크심을 보여주는 것이다. 하나님이
이스라엘을 선택하신 것은 그들을 통하여 먼 미래에는 이방
민족까지 구원하려 하심이다.

5) 로마제국과 기독교의 전개

(1) 기독교 제국: 그리스 정교

콘스탄티누스 황제가 기원 313년에 기독교를 공인하고 흑
해입구 콘스탄티노플로 천도한 뒤 테오도시우스 황제가 기독
교를 로마제국의 국교(392)로 하기까지 로마제국에는 그리스
-로마적 전통과 기독교가 공존하면서 서로 각축을 벌였다.
그뿐만 아니라 동방에 수도를 둔 로마제국에서는 기독교 자
체의 교리문제로 골치를 앓았다.

여러 번 종교회의가 열렸으나 그중에서도 이스탄불(콘스탄
티노플)에서 보스포로스 해협 건너 맞은 편 아시아 땅에서

열린 니케아 종교회의(325)가 중요하다. 기독교의 가장 기본
적인 교리가 여기서 자리 잡게 되었기 때문이다.

그 뒤에도 몇 번 번복되었으나 이때 정통이 된 교리가 중
세를 거쳐 지금까지 내려오고 있다. 가장 중요한 것은 알렉
산드리아의 주교 아타나시우스가 주장한 양성설과 삼위일체
설이다.

양성설은 예수가 완전한 인간임과 동시에 완전한 신으로서
인성과 신성을 동시에 가지고 있다는 것이다. 예수가 완전한
인간이라든가 아니면 완전한 신이라든가 하는 것은 이단이
다. 예수가 신이 아니고 완전한 인간이라면 예수가 갖는 구
원의 능력이 설명되지 않는다. 반면 예수가 인간이 아니고
완전한 신이라면 완전한 인간일 때보다 더 큰 문제가 생긴다.

기독교를 구원의 종교로 만드는 십자가의 고통이 일시에
거짓이 되어버리는 것이다. 신은 완전하므로 고통을 느낄 수
가 없다. 그래서 십자가로 대변되는 예수의 굴욕과 고통은
한갓 연극으로 전락하게 된다. 십자가의 고통을 진정한 것으
로 하기 위해서는 예수는 우리와 같은 육체를 가진 완전한
인간이어야 한다.

삼위일체설은 성부와 성자와 성령이 본질상 하나에 속한다
는 것이다. 이는 유일신 개념을 옹호하기 위한 것이지만, 본
질에 관련된 철학적 논쟁은 사실 신약성서와는 거리가 멀고
신플라톤주의의 영향을 받은 것이었다.

한편 아리우스는 알렉산드리아에서 태어났으나 안티오크
에서 신학을 공부했고 후에 알렉산드리아 한 교구의 사제가

되었다. 그는 예수의 인간으로서의 역사성을 강조한다. 그에 따르면, 예수는 하나님의 피조물로 무에서 창조되었다. 예수는 하나님과 동일체가 아니다. 하나님은 말씀을 통해 우리를 구제하기 위해 그 아들 예수를 도구로 사용했을 뿐이라는 것이다. 다만, 아리우스는 예수가 하나님과 동일체가 아니었던 때가 있었다고 하기 때문에, 나중에는 서로 동일체가 되었음을 인정한 것으로 간주된다.

(2) 성 아우구스티누스

성 아우구스티누스(354~430년경)는 로마제국 쇠퇴와 몰락(476)이 가시화되던 시대에 살았다. 410년에는 게르만의 일파인 서고트족이 로마까지 쳐들어와 방화 약탈한 사건이 일어났다. 당시 로마의 비기독교인[이교도]들은 흔히 이 같은 로마 국운의 쇠퇴가 로마의 신들을 버리고 기독교 신을 받아들였기 때문이라고 주장하였다.

당시 로마의 영역으로 북부 아프리카 히포의 주교였던 성 아우구스티누스는 로마의 이 같은 쇠퇴가 기독교 때문이 아니라 로마제국 자체의 모순과 부도덕성 때문이라는 점을 변명하게 되었다. 이 같은 기독교 옹호론자들은 그뿐이 아니었으며 '호교론자'로 알려졌다.

성 아우구스티누스는 기독교를 옹호하는 그의 주장을 역사철학서 『신국론』으로 펴냈다. 그리고 그의 제자 오로시우스로 하여금 구체적인 사건을 기록한 역사서 『연대기』를 저술하도록 하였다. 『연대기』는 과거에 지중해 연안에서 흥하고 망했던 여러 제국의 역사를 불행과 환난의 시각에서 조명하였는데, 이는 기독교와 결합한 로마제국이 상대적으로 양호한 상황에 있음을 입증하기 위한 것이었다.

성 아우구스티누스는 젊은 시절 마니교에 심취하였다가 30세가 넘어서 기독교도인 어머니 모니카의 권유로 기독교로 개종하였다. 그가 남긴 『고백록』에는 그의 젊은 날의 이력이 그려져 있다. 이 같은 경력은 그의 역사철학에 영향을 미쳤다. 이 세상을 신국과 지상국이 서로 대립 투쟁하는 곳으로 묘사한 점이 그러하다. 이 같은 이원론은 페르시아의 조로아스터교, 헬레니즘 말기 그노시스파를 이어 기독교 그노시스파[영지주의자]의 계통을 잇는 것이다.

▶ 그노시스파[영지주의자]는 초기기독교와 헬레니즘과 동방적 종교가 융합된 것으로, 선악이원론에 기초해 있다. 이는 믿음을 강조하는 교부철학과 달리 신을 논리적으로 설명하려 한다. 세상에는 진정한 신인 고급령과 그 신의 일부로 악의 요소를 지닌 하급령이 있다. 세상 만물은 고급령이 아니라 하급령을 모방한 것인데, 참된 지식을 얻음으로써 진정한 신인 고급령과 연결될 수 있다고 한다.

두 나라는 사람의 눈에 보이지는 않지만, 신의 나라에 가까운 것이 교회이며, 지상의 나라에 가까운 것은 세속적 로마제국이다. 신의 나라는 아벨의 후예가, 지상의 나라는 카인의 후예가 세운 것이다. 두 나라는 각각 두 종류의 사람들, 두 가지의 사랑으로 구성되는데, 신국은 하나님에게 헌신하는 사람들의 나라로 이타적인 사랑이 지배한다. 반면 지상국은 하나님을 거역하고 자기중심의 사랑, 육체를 사랑하는 사람들의 나라다. 이 세상 선과 악의 투쟁은 크리스트의 구원으로 끝을 맺게 된다.

지상의 역사에는 신의 의지가 비밀리에 작용하고 있다. 국가의 몰락은 죄에 의한 것이다. 예를 들어 유대민족의 몰락은 다른 민족에게 신의 계시를 전파하기 위한 것이다. 세속국가는 신에 의해 설정된 생의 목적이 아니라 명예 · 지배 · 향락 · 만족 등의 충동에 이바지한다.

그런데 중요한 것은 이와 같은 원론을 잠깐 비켜서면 성 아우구스티누스의 사상은 현실의 불평등한 사회제도를 개혁하려는 의지보다는 수용한다는 점이다. 기독교 로마제국에서와 같이 신국과 지상 국의 현실적인 만남이 불가피하게 계속되는 동안은 지상국가의 외적 질서를 유용한 것으로 받아들여야 한다는 것이 그러하다.

이 같은 그의 입장은 구체적인 사회제도에 관한 논의에서 나타난다. 그에 따르면 지상 국가의 질서는 구성원들의 신체와 재산을 보호하고 도덕의 해이를 방지하기 위해서 필요한 것이다. 예를 들면, 군대는 외적의 침략을 막아내기 위해서 불가피한 것이다. 국가의 권력도 사회의 질서를 유지하기 위해서 불가피하다.

또 게으름은 빈곤의 원인이며 사유재산이나 노예제도 등은 게으른 자를 없애기 위해 인정되어야 한다고 한다. 이 모든 사회적 불평등이 신국이 될 때까지 지상국에서의 질서를 유지하기 위한 불가피한 조처들이라는 것이다. 제국은 과거 및 현실의 사회이며, 교회는 미래에 지향해야 될 사회인 것으로 나타난다.

이 같은 성 아우구스티누스의 역사철학에는 사회적 권력과 사유재산 불평등의 진정한 원인에 대한 반성이나 분석이 없으며, 피상적인 질서라는 개념으로 현실의 온갖 불평등을 정당화하고 있다. 선악이원론에 바탕을 둔 『신국론』의 이론은 현실의 개조에 큰 도움이 되지 못하고 있다.

더 놀라운 것은 이 『신국론』의 견해가 중세를 거쳐 오늘날까지 교회의 기본교리를 제공하고 있다는 사실이다. 사랑과 용서의 신약성경 복음의 진리는 성 아우구스티누스의 교리와 겉으로는 일면 비슷한 점이 있는것 같으나 그 알맹이는 전혀 다른 이원적 논리에 근거하고 있다고 할 수 있다.

6) 헬레니즘과 헤브라이즘의 비교

고대 지중해에서 발달된 헬레니즘과 헤브라이즘 사상은 서양문화의 2대 원류다. 그리스의 헬레니즘 문화는 인간과 자연, 즉 인간의 자연적 본능이 담론의 주를 이룬다. 반면 유대 및 기독교의 헤브라이즘은 인간사회의 윤리가 중심이 된다. 이 같은 차이점에도 불구하고 양자는 다음과 같은 몇 가지 공통점을 가지고 있다.

첫째로 이성이 아닌 감정을 중시했다는 점이다. 헬레니즘에서 나타나는 인간의 희로애락, 기독교에서 말하는 사랑이 그것이다. 헬레니즘적 인간의 생물적·원초적 인간본능에는 원래 선악의 구분이 있을 수 없다. 마찬가지로 예수의 끝없는 사랑과 용서 앞에서도 의인과 죄인의 구분은 무의미해진다. 유혹에 빠지지 못하게 막는 것, 유혹에 빠진 사람에게는 용서가 있을 뿐 죄인에 대한 응징은 무의미하다. 인간은 모두 똑같은 가능성 앞에 노출되어 있기 때문이다.

이처럼 본능적 사랑과 사회적 사랑이 중심이 되는 서방적 사고는 동양의 봉건적 유교문화와는 다르다. 유교의 천륜은 인간관계를 의무-봉사의 사회적 시각에서 파악하고, 윤리도덕의 기준은 옳은 것과 옳지 못한 것, 즉 선악의 구분을 전제로 한다. 인간 상호 간 관계설정과 그에 따른 의무에 대한 유교의 정의도 이성에 바탕을 둔 것이므로 서양의 전통과는 다르다.

둘째로 카타르시스의 효과다. 그리스 문학 및 예술은 인간의 육체는 물론 감정도 적나라하게 노출시킨다. 비극의 주인공들은 인간의 원초적인 본능을 극단으로 드러낸다. 오이디푸스는 어머니와 관계하여 아들 둘, 딸 둘을 낳았고, 티에스테스는 신탁에 따라 형 아트레우스에게 복수할 아들을 얻기 위해 고의로 자신의 딸과 관계를 맺는다. 메데이아는 자신을 배반한 남편에게 복수하기 위해 그들 사이에서 난 아들 둘을 살해하여 남편 앞에 전시한다. 이 같은 그리스 비극의 주인공들은 인간의 마음속에 잠재한 원초적 본능을 대신 실천하는 속죄양이다.

파이, 크레타 섬의 진흙 모형
(기원전 16세기경)

도너츠, 크레타 섬의 진흙 모형
(기원전 16세기경)

그런 점은 기독교의 성경에서도 마찬가지로 나타난다. 성스러운 경전 안에는 인간이 저지를 수 있는 온갖 흉악한 범죄가 다 나온다. 카인은 동생 아벨을 시기하여 살해하였다. 다윗은 친구인 우리아를 전쟁터에 내보내 죽도록 만들고 그 아내를 취한다. 가엾은 예수는 큰 죄도 없이 십자가에 못박혀 처형되었다. 이들은 우리들 마음속에 꿈틀거리는 시기와 심술을 풀어서 우리를 순화하는 속죄양이다. 이들의 대리희생을 통하여 우리는 위안을 얻고 만족하며 마음의 평안을 얻는다.

셋째로 그리스 문화의 헬레니즘과 유대교 및 기독교의 헤브라이즘에서는 다 같이 모든 인간이 저지르는 가장 큰 죄는 도둑질과 살인, 그리고 거짓말·증오나 질투 등이 아니라 바로 신에 대한 도전이다. 가장 큰 죄는 분수를 모르고 신과 같이 되고자 하는 것이다.

구약성서 서두에는 에덴동산에서 추방되는 아담과 이브의 이야기가 나온다. 하나님은 둘을 낙원에 살게 하고 선악과를 따먹지 말도록 명하였다. 그런데 뱀이 이브에게 와서 선악과를 따먹도록 이들을 유혹하였다.

너희들이 선악과를 따먹으면 하나님과 같이 눈이 밝아져서 선악을
판단할 수 있다. 하나님은 너희들이 자신과 같이 되는 것을 시기하
여 선악과를 따먹지 못하게 한 것인데, 그 말을 듣고 따먹지 않느냐!

이 말에 넘어가 선악과를 따먹고 에덴에서 추방된 인간의
원죄는 감히 신과 같아지려고 한 것이다. 말하자면 인간이 자
신의 분수를 알지 못하고, 제 능력을 과대평가한 셈이다. 사
랑과 애착이 없는 인간은 죽은 목숨이다. 살아 있는 인간은
그런 것들 때문에 주관적인 판단밖에 할 수 없다. 그런 인간
이 감히 전지전능하고 객관적인 신을 모방하려 했던 것이다.

인간의 신에 대한 도전과 그에 대한 징벌은 헬레니즘에서
도 마찬가지로 나타난다. 질투와 증오 및 살인 등은 인간사
회에 다반사이지만 신에게 벌을 받지는 않는다. 한 예로 메
데이아는 배신한 남편 야손에 대한 증오로 두 자식을 죽였으
나 신에 의해 벌을 받았다는 이야기는 없다. 그러나 에피알
테스와 오토스 쌍둥이 형제는 신에게 도전하려 했다가 천벌
을 받아 죽었다.

에피알테스와 오토스 쌍둥이 형제는 불사의 운명을 타고났
으며 올림포스의 신들도 이들을 죽일 수가 없었다. 이 사실
을 안 두 형제는 올림포스의 신들에게 도전해 보기로 마음먹
었다. 이들은 지상에 있는 산이란 산은 모조리 쌓아서 신들
이 기거하는 저 올림포스 산 위 하늘로 올라가기 시작했다.

신들은 긴급회의를 열어 대책을 논의했다.

이때 쌍둥이 신 아르테미스와 아폴론이 꾀를 내어 두 형제가 있는 크레타 섬으로 내려왔다. 사냥의 여신 아르테미스는 눈부신 흰 사슴이 되어 두 형제 사이에 나타났고 이를 본 두 형제는 서로 흰 사슴을 잡기 위해 창을 던졌다. 그 순간 아르테미스는 몸을 피하였고, 두 형제가 던진 창은 마주 보고 날아 서로의 가슴을 찔러 둘 다 죽고 말았다. 아무도 죽일 수 없는 형제였지만 서로를 죽일 수는 있었던 것이다.

그리스 문화는 인간과 자연, 기독교는 인간과 인간 사이의 관계에 더 비중을 두고 있다고 하겠으나 양자는 서로 배치되는 것이 아니다. 오히려 둘을 결합함으로써 자연과 사회에서 다 같이 우리 인간성을 회복할 수 있다. 그 처방전은 합리의 이성보다는 자연의 본능과 인간에 대한 사랑과 용서의 비합리적인 것에서 찾을 수가 있다.

7) 그리스 문화 · 기독교 · 우리들

고대 그리스에서 신과 자연과 인간은 서로 연관된 하나이며 변신의 세계다. 고대 그리스의 인간중심주의는 중세기독교의 초자연의 신 중심에 반대되는 말로 자연의 본능적인 인간에 가까이 있다. 그리스 신화의 세계에서 인간은 데메테르가 가져다주는 곡식을 먹고 디오니소스의 포도주를 먹고 산다. 인간은 너나 나나 모두 노동을 하고 자연의 신 앞에 경배한다.

주전자, 크레타 섬의 진흙 모형 (기원전 16세기경, 이라클리오 박물관)

　초기기독교의 신도 우리에게 일용할 양식을 준다. 신이 만들어놓은 땅에서 신이 창조한 인간들은 정직하게 노동할 준비가 되어 있었다. 이것은 자본을 불려서 남의 노동에 빌붙어 사람을 등치고 사는 사회가 아니다. 그리스 신이나 초기기독교의 신은 자연 혹은 초자연의 신이지만 자본주의의 물신(物神)이 아니다.

　그리스 신화와 예수에게 공통적인 것은 폐쇄적이고 조직적인 권력이나 군대가 없다는 점이다. 제우스는 천둥과 번개의 자연신이라 세상 어디서나 볼 수 있다. 제우스는 조직이 없다. 천둥과 번개를 가져서 세상에 누구보다 힘이 있는 제우스와 접촉하는 데는 줄을 설 필요가 없다는 말이다. 제우스의 접촉대상은 이른바 무작위다.

　모든 사람을 받아들이는 예수에게도 폐쇄적 조직이 없다. 그에게는 유대인과 이방인의 구분이나 율법을 지키는 사람과 그렇지 않은 사람의 구분이 중요한 것이 아니다. 진정한 예수의 가르침은 신분·빈부·인종·지역 등 그 모든 것에 앞서 마음으로 사람을 받아들이라는 것이다. 열린 마음은 모든 사회적 불평등과 모순비리를 척결할 수 있는 만병통치약이다.

오늘날 신약성서 '말씀'에 집착하여 기독교도와 이교도를 가르는 사람은 모세 5경 등의 율법에 집착하던 유대인과 본질적으로 다르지 않다. 더구나 유대인들 간에도 가치관과 실천의 방법이 서로 달랐고, 구약과 신약성서 속에도 가르침이 언제나 일관성이 있는 것이 아니다. 그러니 '성경 말씀' 자체가 중요한 것이 아니라 '성경' 안에 나오는 수많은 말씀 가운데 어떤 것을 택하는가 하는 것이 더 큰 문제다.

모든 사람에게 열린 마음을 가진다면 누구와도 싸울 필요가 없어진다. 야훼를 믿건 '물신'을 믿건 다른 사람을 배격하고 분리된 집단을 구성하는 그 순간부터 갈등과 싸움이 시작된다. 그리고 싸움은 필연적으로 배타적이고 조직적 권력과 무력 즉 무기와 군대를 조장하게 된다.

인간 상호 간의 갈등을 조직적인 권력이나 무력으로 해결하려 한다면 인간사회는 불행해진다. 개, 돼지 같은 짐승만도 못한 사회가 되는 것이다. 권력과 무력의 폐쇄적 특권조직만 없어진다면 모든 것에 경계가 없어지게 된다. 폐쇄적 조직은 자연 - 인간, 유대인 - 아랍인, 기독교도 - 이교도, 선 - 악, 실 - 허, 빈 - 부 사이를 이간질하고 그럴싸한 정의의 명분으로 우리를 속이고 있다.

세상 만물은 단절된 것이 아니며, 이것은 각종 종교나 학문분야에서도 마찬가지다. 그리스 문화 · 유대교 · 기독교 · 불교 · 유교 · 이슬람교 · 사회과학 · 컴퓨터 등은 인간의 삶을

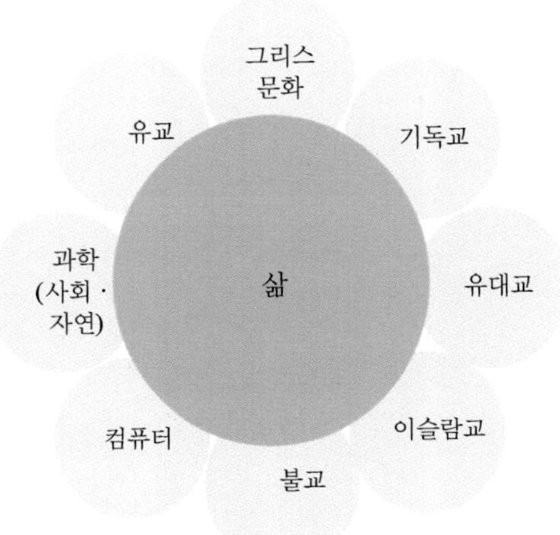

총체적으로 다루고 있다는 점에서 닮았다. 이들이 다루는 기호와 설명의 체계가 다를 뿐이다. 컴퓨터에 통하는 기호를 모르면 그것에 접근할 수 없듯이 각 종교나 과학도 고유의 기호를 알아야 접근이 가능하다. 이것은 개념과 설명방식의 차이를 의미할 뿐 인간의 삶에 관한 내용은 비슷하다.

각 종교나 학문분야는 서로 배타적인 것이 아니다. 분야 간 차이보다는 오히려 같은 분야 내에서의 차이점이 더 크다고 하겠다. 같은 기독교, 혹은 유대교 자체 내부에서 나타나는 여러 상이한 경향은 바로 다른 인간사회에서 일어나는 것의 복사판이다.

열린 마음을 갖는 데 가장 큰 방해는 피아(彼我)의 구분 및 외적 방어를 구실로 한 무력의 증강이다. '외적'을 '방어'한다는 개념은 그 자체가 적지 않은 모순을 안고 있다. 누가 '외적'인가, 어느 정도의 무력행사가 '방어'인가, '외적'·'방어’의 목적이 무엇이며, 누구를 위한 것인가 하는 점들이 선명하게 드러나지 않아서 자칫 오해를 불러일으키는 경우가 많기 때문이다. 흔히 ‘외적’이란 내 욕망의 충족에 걸림돌이 되는 것, ‘방어’는 타인을 부당하게 우려내서 많이 차지하는 기득권을 방해할 만한 요소를 미연에 쳐들어가 제거해 버리는 침략행위까지 포함하는 것, 그래서 결과적으로 외적 방어의 목적은 너와 나의 공생이 아니라 안팎으로 사회적 불평등을 가중시키고 기득권층의 이익을 돕는 것이 되어버리는 경우가 허다하다.

상호 간 공정게임을 포기하고 힘으로 타인을 억압하거나 타인에 맞서고자, 내 힘을 키우고자 하는 순간에 이미 우리는 스스로를 더 큰 인위적 힘에 의한 불평등의 고리로 족쇄에 물리게 된다. ‘외적 방어’의 개념은 한갓 우리 사회 안팎으로 존재하는 기득권층의 특권을 보호하는 음모와 구실에 불과한 경우가 적지 않다.

조직적 군대나 첨단무기가 발달되어 다른 지역을 침공하는 사회 자체가 비민주적인 경우가 많다. 무력은 권력과 같이 흔히 그 사회 자체의 불평등과 억압에 이용되기 때문이다. 반면 평등한 사회는 남을 쳐들어갈 여력이나 필요성이 적어진다.

다른 모든 사람에게 열린 사랑과 용서의 마음을 갖는다면, 침략자를 대적하고 응징하기보다 침략적인 사회 자체의 문제점이 무엇인가를 알아서 함께 고민하여 고치는 것도 좋은 방법이 된다. 이것은 상대를 위하는 길도 되지만 침략의 군사력 자체를 없애게 되니 바로 우리 자신을 위하는 것이 된다.

적군을 방어하기 위해서 우군을 강화하는 것은 결국 우리 자신마저 권력·무력의 지배 아래 옭아매는 결과를 가져온다. 외적을 방어로 발달한 군사력은 그 사회 자체를 억압하는 힘으로 기능해 왔고 정작 외적이 쳐들어올 때는 무능한 경우가 많았다. 외적방어는 오히려 그 땅을 진실로 사랑하는 민병대·게릴라들인 경우가 적지 않았다. 이들 민병대는 조직적인 군사력이 아니라 자유와 권리를 찾기 위해 성심으로 궐기한 희생적인 사람들의 모임일 뿐이며 필요가 없으면 곧 흩어진다.

실례를 들자면, 유대인들이 사는 땅에 쳐들어오는 외적을 방어하기 위해 너도나도 모여 힘을 합쳐 싸웠다면 그것은 자연스러운 일일 수도 있다. 그래서 구약성경에는 여자인 유디트나 에스델도 있는 힘과 꾀를 내어 동족을 도왔다. 카르타고의 침공에 맞서 로마시민들은 3/4이 전사할 때까지 싸워 나라를 지켰다. 그러나 중세 십자군같이 기독교 신의 이름을 빌려 조직적으로 이슬람 세계를 쳐들어가는 것은 기독교의 가르침 자체에도 어긋나는 것이다.

의무적 국민병의 타당성 여부는 한마디로 잘라 말하기 어려우며, 그 조직의 강도에 따라 평가가 달라져야 한다. 영세중립국 스위스에서는 만일의 경우를 위해 한 달 정도 군대에 가서 총 쏘는 것을 배워둔다고 한다. 그러니 무기 등 군수품에 들어가는 국방비가 많지 않음은 당연하다. 그러나 그렇지 않고 복무기간이 그보다 더 길거나 국방비가 더 많이 들어가는 나라도 있다.

　방어의 논리는 쉽게 침략으로 이어지므로 그 구분 점이 어디인가에 대해 우리는 중단 없이 자성(自省)해야 한다. 또 외적 방어를 구실로 하는 군사력이 내부의 기득권 유지 및 사회불평등을 조장하는 데 이용이 되지 않는가 하는 점에 대해서도 반성이 필요하다. 우리는 신이 아니므로 정확한 기준점에 서 있을 수는 없겠지만, 적어도 그것을 찾으려고 부단히 고민하고 노력해야 하는 것이다.

　한편에서 저지르는 작은 월권과 다른 한편에서 받는 작은 권리의 침해가 끊임없이 이루어지는 곳이 신이 아닌 인간의 세상이다. 그러나 추가 한편으로 너무 크게 기울어버리면 무지한 동물의 사회보다 더 간교한 만성적인 불평등 세상이 되어버리는 것이다.

　오늘을 사는 우리는 험한 산 두 개를 넘어야 한다. 하나는 권력과 무력의 조직을 파괴하고 그리스 신화의 세계를 회복하는 것이다. 그곳은 사회적 억압이 아니라 자연의 본능이 살아 숨 쉬는 곳이다. 동물같이 사랑과 연민에 못지않게 육욕과 질투, 증오와 살인도 난무하였다. 옛날 인간이 듬성듬성하니 서로 떨어져 살고 그 수도 적었을 때는 인간 서로의 갈등 관계는 문제가 더 적었을 수도 있다.

　두 번째는 인간 사이의 증오와 갈등을 줄이는 일이다. 오늘날은 물론 옛날에도 유대사회가 그러했듯이 상업교환의 발달 및 생산력 증가로 인간사회가 복잡하고도 밀접해진 곳에서는 자연의 본성에만 따른다면 많은 문제의 소지가 있다. 그래서 선악 · 빈부 · 문화 · 종교에 따른 사람의 차별 · 증오

·갈등을 지양하고 사랑과 용서의 열린 마음을 가져야 한다는 것인데, 이것은 바로 예수의 가르침이다.

험한 산 두 개를 넘고 난 다음 펼쳐지는 평원은 사랑과 우애와 믿음으로 가득 찬 낙원, 즉 파라다이스가 아니다. 그곳은 부질없는 인간의 정념과 욕망이 한줄기 가을바람에도 날개를 펴는 곳, 자그마한 질투가 끝없이 솟아나는 곳, 그래서 정겨운 곳이다. 그것은 화석같이 굳어버린 도덕·신조나 '믿을 만한' 사람, 지도자에 의해 이루어지는 '바람직한' 사회가 아니다. 무지한 군대와 무기로 '악의 축'을 섬멸하러 가는 그런 곳도 아니다.

성인을 본받고 두어 가지 도덕이나 신조를 지킴으로써 올바른 사회를 건설할 수 있다는 생각은 우리 자신을 무방비의 상태로 몰아간다. 이것은 현실에 대한 반성의식을 마비시키고 기득권층의 욕망과 악의 앞에서 자신을 농락의 대상으로 비하시키기 십상이다. 우리는 하나 예외 없이 끝없이 떠도는 욕망의 존재일 뿐이다. 그렇지 않은 성인이 있다면 그는 차라리 예수와 같이 신이라 불러야 옳다.

자신과 타인의 공존을 위해 우리 욕망에 한계를 설정하는 것은 자신 및 사회현실에 대한 반성이다. 그 반성은 한 번으로 그치는 것이 아니라 시시각각 욕망이 멈추는, 목숨이 끊어지는 날까지 계속되어야 하겠다.

터키의 작명문화

우덕찬

터키는 우리에게도 너무나도 멀고도 먼 나라였다. 터키로의 직항로가 생기기 이전에는 서울에서 터키까지 약 20여 시간이 소요되었기 때문에 이스탄불의 아타투르크(Atatürk)[36]공항에 도착하면, 여행자들은 엄습해오는 피로감으로 축 늘어지기에 십상이었다. 지난 2002년 한일 월드컵이 개최되기 이전만 해도 터키는 우리에게 잘 알려진 나라가 아니었다. 흔히 터키 하면 아시아대륙과 유럽대륙을 연결하는 나라 혹은 이슬람의 나라 등이 터키를 연상시키는 수식어였고 혹시 기억력이 뛰어난 사람은 한국전쟁 참전국의 일원이거나 지난 1988년 서울 올림픽 때 여러 개의 역도 세계 신기록을 달성한 선수가 터키선수였다는 정도였을 것이다. 그러나 역사적·문화적 측면에서 볼 때, 터키는 우리에게는 너무나도 가까운 나라이다. 터키인은 우리 한국인과 같은 알타이민족

---

36) 아타투르크는 터키공화국의 국부 무스타파 케말(Mustafa Kemal)을 지칭하는 것으로 그 의미는 터키인의 아버지라는 뜻이다.

으로 특히 문화적 면에서 너무나도 많은 공통분모를 가지고 있는데 언어가 그렇다. 터키어는 한국어와 같은 알타이어로 문장구조가 매우 흡사할 뿐만 아니라 같은 음, 같은 의미의 단어들이 많다. 흥미로운 사실은 특히 남녀의 생식기와 관련된 단어들이 매우 유사하다. 고쟈(Kocya: 생식기가 불완전한 남자), 암(am: 여자의 생식기, 우리말의 암컷의 암), 식(sik: 남자의 생식기, 우리말의 수컷의 숫).

특히 터키의 작명문화를 보면 우리와 너무 흡사해서 놀라움을 금할 수 없다. 나는 터키에서 유학과 대학에서 강의하면서 오랜 시간을 보냈는데 터키의 작명문화와 관련된 체험담을 소개하면 다음과 같다. 내가 콘야(Konya: 신약성서의 Iconium)를 방문했을 때의 일이다. 당시 나는 콘야 방문이 초행길이어서 무스타파(Mustafa)라는 터키인 가이드의 도움을 받아 여행했는데 그는 예의 바른 전통적 터키 남자로 나를 성실히 안내해 주었고 이로 인해 나는 연구에 필요한 자료를 많이 얻을 수 있었다. 그와 여행 도중, 서로 많은 이야기를 나누었는데 나는 아이가 몇이냐고 물었더니 그는 아들이 하나라고 했다. 터키에서 시골 사람들은 아이를 많이 가지는데 이상했지만 개인 프라이버시를 침해할 것 같아 더 이상 묻지 않았다. 내가 가족이 있는 앙카라로 돌아오기 전날, 그는 이별이 아쉽다고 하면서 나를 자기 집으로 초대했다. 나는 처음에는 만류했지만 그의 종용도 있었고 터키 시골집 방문도 하고 싶어 초대에 응했다. 그의 집은 콘야 외곽에 위치하고 있었다. 내가 방문하자, 주변에 살고 있던 그의 친지

콘야의 메블라나 박물관 모습

들이 '칸 카르데쉬'(Kan Kardeş: 피를 나눈 형제라는 의미로 터키사람들은 한국전쟁을 기억해 한국인들을 칸 카르데쉬라고 부른다)가 방문했다고 나를 열렬히 환영해 주었다. 그런데 그의 집을 방문하자 그에게는 막내아들 일한(İlhan) 말고 두 명의 딸이 더 있었다. 나는 무스타파에게 왜 딸 이야기는 하지 않았냐고 묻자, 이 친구 왈 외부인들에게 자식을 이야기할 때는 딸은 제외시킨다고 했다. 그런데 나를 놀라게 한 것은 딸들의 이름이었다. 첫 번째 딸의 이름은 오울게렉(Oğulgerek: 아들이 필요하다라는 의미)이었고 두 번째 딸의 이름은 예테르(Yeter: 충분하다는 의미)였다. 바로 이것은 우리 선조들이 아들을 염원하는 마음에서 우리 딸들에게 지어준 끝순이, 막순이와 같은 이름이었다. 그날 저녁 나는 한국과 터키 두 나라 문화의 유사성에 놀라면서 무스타파가 권하는 터키의 전통 술 라크(Rakı)[37]와 안주로 탄드르 케밥

---

37) 라크는 40도가 넘는 터키의 전통 술이다. 이 술은 포도와 아니스 열매로 만든 증류

(Tandır kebap)38)을 먹으며 여독을 풀 수 있었다.

한편, 우리 선조들은 종종 새로 태어난 아이에게 천한 이름을 지어주곤 했는데 이렇게 하면 샤머니즘 관점에서 사신의 방문을 막는다고 한다. 그 대표적 이름들이 개똥이 등등이다. 오늘날 터키인들의 절대다수가 무슬림이지만 터키 민족도 이슬람화되기 이전에는 우리처럼 샤머니즘을 숭상하는 민족이었다. 따라서 오늘날 터키에는 이와 같은 작명법에서 기원한 이름들이 존재한다. 예를 들어 이트복(İtbok: 개똥이라는 뜻), 이트외듄(İtödün: 개똥이라는 뜻), 무르달(Murdal: 말똥이라는 뜻), 베젝(Böcek: 벌레) 등이 있다. 나의 박사과정 때 친구도 말똥이가 있었는데 그의 이름은 무르달로 현재 터키 모 대학의 민속학과 교수로 재직하고 있는데 말똥이, 말똥이 하면서 나는 그를 놀려주곤 했다. 나는 그 친구에게 우리나라에도 같은 이름들이 있다고 하니 그 친구는 좋은 연구 주제를 찾았다고 몹시 기뻐했던 기억이 난다. 터키에는 신생아의 장수를 바라는 염원에서 지어준 이름들로는 유즈야샤르(yüzyaşar): 백세까지 살라는 뜻), 빈야샤르(binyaşar:천세까지 살라는 뜻)등이 있다.

주인데 주로 술에 물을 타서 마신다. 물을 타면 무색의 술이 우유처럼 변하게 되는데, 사자가 좋아하는 아니스열매로 만든다고 터키어로 아슬란 슈투(Aslan sütü), 일명 사자의 젖이라고도 부른다.

38) 케밥의 원래 뜻은 '꼬챙이에 끼워 불에 구운 고기'이며, 중국 · 프랑스 요리와 함께 세계 3대 요리의 하나로 꼽히는 터키 요리 중에서도 대표적인 요리이다. 터키는 다양한 역사적 · 문화적 배경으로 인해 음식 종류도 다양한데, 특히 드넓은 중앙아시아 땅을 누비던 유목민족 조상 덕분에 빠른 시간 내에 쉽고 간편하게 해먹는 요리에 익숙해졌고 케밥도 그 과정에서 태어난 것으로 추정된다. 탄드르 케밥은 터키 콘야지방의 대표 음식으로 양을 통째로 수 미터 지하에서 쪄 기름을 뺀 케밥이다.

　주지하는 바와 같이, 터키 민족은 몽골민족과 더불어 유목민족이었는데 오늘날 터키에는 이러한 유목민족의 작명법에서 기원한 이름들이 있다. 통상적으로 투르크계, 몽골계 유목민들은 신생아의 이름을 지을 때 아이가 태어나기 직전에 발생했던 사건이나 산모가 출산 후 처음 본 물건 혹은 아이 출생지역 인근의 자연물로 이름을 지어주었다. 예를 들어 테무진(Temucin: 칭키스칸이 태어나기 직전 그의 아버지 예수게이가 타타르족의 적장 테무진을 생포했던 사건에서 유래), 알타이(Altay: 아이가 알타이산 근처에서 출생했을 때), 요르간(Yorgan: 산모가 출산 후 이불을 처음 보았을 때) 등이다.

　오늘날 터키의 위상이 점점 높아지고 있다. 우리나라와 같이 G20의 회원국으로 세계경제를 주도하는 중견국가로 부상했고 우리와의 경제관계도 증진되고 있다. 특히 터키는 1991년 구소련 붕괴 후, 독립한 21세기 자원보고인 중앙아시아지역의 우즈베키스탄, 카자흐스탄, 투르크메니스탄, 크르그즈탄과 같은 계통의 언어와 문화를 공유한 나라로 이들 국가들과의 관계에 있어 대형역할을 하고 있다. 우리의 기업들이 중앙아시아지역에 진출해 있지만 그 규모나 수에 있어 많이 부족한 실정이다. 앞으로 터키를 매개로 우리의 더 많은 기업들이 중앙아시아지역으로의 진출을 기대해 본다.

터키의 전통 술 라크

23가지 주제로 읽는
이슬람 문화

이성수

　한국 사회는 이슬람에 대한 무지와 편견, 왜곡이 심하여 이슬람과 이슬람 문명에 대해 제대로 이해하지 못하고 있는 실정이다. 이슬람은 전세계 16억명이 믿는 세계 최고의 종교 중의 하나이다. 무슬림인구 관련 사이트(islamicpopulation.com)에 의하면 전세계 무슬림 수는 2011년 기준으로 21억 명으로 집계되었다. 이는 세계 인구(70억 명)의 33.3%로, 지구촌 3명 중 1명이 이슬람을 믿는 무슬림인 것이다. 즉 단일 종교로는 세계 최고의 종교인 것이다.

　이슬람은 중동의 아라비아반도와 지중해 동부지역을 중심으로 북아프리카, 중앙아시아, 동유럽 일부, 동남아시아에 걸쳐있는 종교이며 뚜렷한 정체성(identity)을 가진 문명이다. 따라서 이슬람은 단순히 종교를 넘어서 하나의 초 거대 문명권으로 인식해야만 제대로 이슬람 세계를 이해할 수 있다.

한국에서는 '무슬림인', '이슬람인', '알라신'이라는 용어를 사용하는데 모두 잘못된 표현이다. 정확하게는 '이슬람을 믿는 사람', '무슬림'이라고 한다. 아랍어의 '알라'는 우리말로 '하나님'을 뜻하며, 영어의 God, 페르시아어의 Khuda, 인도어의 Deva, 그리스어의 Ged, 라틴어의 Deus, 독일어의 Gott 등과 같이 'Allah'도 '유일신(하나님)'이라는 같은 뜻을 가지고 있다. 따라서 '알라신'이라는 표현은 '하나님 신'이라는 표현으로 매우 잘못된 표현이다.

우리나라에서 '이슬람'에 대한 이미지를 물어보면 '테러'나 '자살폭탄'을 먼저 생각하는데, 이는 감각적인 뉴스만을 보도하는 매스컴의 영향이 크며, 서구적 시각으로 이슬람에 대해 부정적인 면만 보아왔기 때문이다.

원래 이슬람의 어원(Salima)은 평화, 청결, 순종, 복종을 의미한다. 즉 이슬람(Islam)은 복종, 순종을 의미하며 무슬림은 '순종하는 자'라는 뜻이다. 이러한 의미로 볼 때 이슬람이라는 종교는 유일신(Allah)에게 복종하고 순종하는 평화적인 종교인 것이다. 따라서 아랍에서의 인사도 '앗쌀람 알라이쿰'인데, 이는 '(알라의) 평화가 당신에게 있기를'이라는 아랍인들에게는 인간에게 할 수 있는 최고의 인사표현인 것이다.

1. 신에 대한 이슬람의 개념

이슬람은 서기 610년경 사우디아라비아 메카에서 무함마드가 '유일신' 하나님(알라)의 계시를 받으면서 생성된 종교이지만 그 이전에 있었던 유대교와 기독교를 인정하는 종교이다. 즉 이슬람은 유대교나 기독교와 같이 셈(Shem)족의 종교이지만, 그중에서도 연륜이 가장 짧다.

이슬람의 예언자 무함마드(Muḥammad)가 태어난 6세기 후반기의 아라비아반도에는 이미 유대교와 기독교가 상당히 보급되어 있었으므로 이슬람이 그 영향을 상당히 많이 받았을 것으로 본다. 무함마드는 나이 40세에 예언자로 자처했는데, 그 이전에 오랫동안 사막을 가로지르며 대상활동(Caravan)을 하였기 때문에 아라비아반도 밖의 상황을 잘 알고 있었다. 그는 아라비아반도 안과 밖에서 유대교도, 기독교도 및 조로아스터교도와도 아울러 이야기를 나눌 기회를 가졌던 것이다.

유대교와 기독교, 이슬람은 같은 일신교이며 이 세 종교 모두 셈족의 종교이기 때문에 영향을 주고받아 유사한 점이 많이 있지만 신에 대한 개념에는 조금씩 차이가 있다. 이슬람은 신앙의 대상으로 유일신 알라(Allāh)만을 인정하고 그 외에는 모든 것이 그의 창조물이라는 입장이다.

즉 알라가 유일무이의 존재라는 개념은 이슬람의 철저한 대원칙이며, 이 점에 있어서는 어떠한 타협도 전혀 용인되지

않는다. 따라서 알라는 아버지도 아들도 동반자도 없다는 것
이다.

유대교의 신 여호와(Yehowah, 영어 Jehovah)도 유일신임
에는 틀림이 없으나, 오직 유대교도만의 신이라 믿고 그들
자신은 여호와의 선민이라는 것이다. 즉 유대교는 유대인의
민족신앙인 것이다.

기독교의 신도 여호와이고 유일신이기는 하지만 그 창시자
예수를 신의 아들로 보고 예수를 신격화한다는 점에서 차이
가 있다. 즉 이슬람과 유대교에서는 예수는 오직 인간으로
보며, 단지 예수도 무함마드처럼 알라의 부름을 받은 예언자
로 본다는 점에서 기독교와는 다르다.

유대교에서도 예언자 에스라(Ezra)를 신의 아들로 믿고 있

오만의 알아크바르 대사원

으나, 이슬람은 이에 대하여 단호히 반대하고 용서할 수 없는 불경스러운 대죄 행위라고 규탄한다. 즉 신에게 인간차원의 혈연관계는 있을 수 없다는 것이다. 이슬람의 경전인 꾸란(Qur?ān)에서는 예수 그리스도가 성령으로 잉태한 성모 마리아의 아들로서 태어났고, 신이 보낸 위대한 예언자 가운데 한 분이라고 존경하고 있으나, 그 이상은 인정하지 않는다.

2. 이슬람 성법 샤리아(Shari'a)는 어떤 법인가?

"사우디아라비아의 공주인 한 유부녀가 런던 여행 중 영국 남성을 만나 사랑에 빠졌고 임신까지 하게 되었다. 사우디아라비아인 남편이 아내의 불륜을 눈치 채자 그는 '영국에 가서 몰래 아이를 출산하겠다'고 남편에게 애원해 허락을 받았다. 하지만 런던으로 돌아간 그녀는 망명을 신청했다. 그녀는 '만약 사우디아라비아로 돌아가게 되면 사형선고를 받아 돌에 맞아 죽게 될 것(투석형)'이라고 영국 법원에 호소했고, 법원도 이런 가능성을 인정해 망명을 허락한다는 판결을 내렸다."(2009. 7. 21)

"프랑스에서 한 무슬림 여성이 부르키니(부르카+비키니)를 착용했다는 이유로 수영장 입장을 거부당하자, 이 여성은 인종차별이라며 제소하겠다고 밝힌 뒤 '이슬람 율법은 여성의 신체 노출을 금하고 있다'고 자신의 부르키니 착용은 정당하다고 주장했다."(2009. 8. 5)

"이란에서 간통과 살해를 저지른 남성 2명이 죽을 때까지 돌팔매질을 당하는 '투석형'에 처해졌다. 투석형은 형벌을 선고받은 자를

가슴 부위까지 땅에 묻은 뒤 죽을 때까지 돌팔매질을 하는 형벌이
다. 알리레자 잠시디 이란 사법부 대변인은 이날 기자회견에서 약
20일 전 이란 동북부 마슈하드 지역에서 두 명의 남성이 투석형
으로 사형됐다고 하며, 이들과 함께 투석형을 받던 또 다른 한 남
성은 간신히 구멍을 빠져나와 도주했다고 밝혔다. 마슈하드 지역
의 검찰에 따르면, 이들은 간통과 살해 등 각종 악질적인 범행을
저지른 중범죄인들인 것으로 전해졌다."(2009. 1. 14)

신문을 보다 보면 아랍·이슬람 국가들 중에서 범죄를 행
한 사람들에게 내려지는 신체형이 해외 토픽에서 간간히 나
오는 경우가 있다. 손목을 절단한다든지, 태형을 받는다든지
하는 내용이 그것이다. 중동 이슬람 사회의 뉴스에 나오는
독특한 형벌들은 일반인들의 호기심을 자아내게 하는 판결이
종종 나온다. 이러한 판결에는 이슬람 사회의 법체계를 이루
는 이슬람 성법 샤리아(Shari'a)가 있다.

이슬람 사회는 서구와는 다른 법체계를 가지고 있는데, 중
동·이슬람 사회의 근간을 이루는 종교법인 샤리아가 적용
되는 사회이기 때문이다. 꾸란(코란)과 하디스(무함마드의 언
행록)를 기반으로 만들어진 이슬람법 샤리아는 도덕적 윤리
적인 내용도 포함하며 이슬람 사회의 특징을 그대로 보여주
는 법체계이다. 이슬람 국가에서는 샤리아가 사회를 지배한
다고 보아도 될 정도로 중요하다. 무슬림(이슬람 신자)들은
'인간의 모든 언행을 판결할 수 있는 보편적이고 완벽한 법'
이라고 보기 때문에 이슬람 성법에 의한 판결은 하자가 없는
것으로 본다.

이슬람 성법 샤리아는 해석하는 방법이 학자나 법원에 따

라 조금씩 다를 수도 있지만 얼마나 엄격하게 적용하는가는 국가에 따라 다르다. 또한 해석에 있어서 합의(이즈마, Ijma) 또는 유추(끼야스, Qiyas) 등 유연성을 지니기도 한다. 따라서 샤리아로 법집행을 한다고 해서 반드시 엄격하게 하는 것만은 아니다. 그럼에도 불구하고 사우디아라비아, 쿠웨이트, 이란과 같은 이슬람 원리에 충실한 정통 이슬람 국가에서는 법집행을 엄격하게 적용하기 때문에 사형 혹은 신체형(손, 발 등의 절단)이 가끔씩 집행되고 있는 것이다.

3. 아랍 이슬람 사회의 여성의 지위

아랍 이슬람 사회의 여성의 지위는 국가마다 다르지만, 서구적 시각에서 이슬람사회의 여성의 권위와 지위는 대체적으로 부정적으로 인식되어 왔다. 여성들의 사회생활을 억압하고 있는 아랍국가가 아직도 있기 때문이다.

흔히 아랍 이슬람 국가의 여성이라면, 히잡(hijab)을 둘렀거나, 이란에서처럼 차도르(Chador)를 걸치고 남성들로부터 억압받고 구속받는 존재로 인식하는 한국인들이 아직도 많이 있다. 또한 일부다처제의 관습하에서 불평등한 부부관계의 대명사로 인식하고 있는 것이 우리의 현실이다. 이러한 잘못된 인식은 또다시 이슬람이라는 종교의 곡해로 이어져 이슬람문화를 오해하고 편견을 가지는 경우가 허다하다.

그러나 오늘날 아랍 이슬람 국가들의 여성들은 그들의 권리를 내세우면서 사회내에서 위치와 권한을 확보해 나가고 있다. 즉 오늘날의 아랍 이슬람권 여성들은 이슬람적 가치를 통하여 자신의 위치와 권한을 확보하려고 노력하고 있다. 과거에 아랍 이슬람 여성들은 사회와 격리된 생활을 하였으나, 현대의 아랍 이슬람 여성들은 히잡을 쓰고 자유로이 활동할 수 있으며 남성과 격리된 분야, 즉 여성을 위한 은행, 여성전용 상점, 여성전용택시 등의 분야에서 자신의 사회적 영역을 확보하고 있다.

일반적으로 서구 페미니스트들은 무슬림 여성의 베일(히잡, 부르카 등)을 여성 억압의 상징으로 인식한다. 그러나 아랍무슬림들의 시각에서 볼 때 히잡은 여성에 대한 보호와 존중의 결과물로 인식하며, 정치적 의미를 부여하지 않는 전통의복문화로 보고 있다. 일반적으로 아프리카의 반나체 여성들을 볼 때 노출이 심하다고 하여 그들이 개방되고 근대화되었다고 보지는 않는다. 이와같이 무슬림 여성들이 히잡을 쓰는 것에 대하여 여성에 대한 억압으로 보는 관점을 가지는 것은 아랍 이슬람 문화에 대한 잘못된 인식이다.

여성을 보는 관점은 '성적 대상'이 아닌 인간 그 자체로 인식되어야 함에도 불구하고, 서구적 시각은 오히려 여성의 성적인 욕구를 드러내는 것을 여성의 근대화 혹은 여성해방이라고 여기지 않는지 숙고해 볼 필요가 있다. 이슬람 사회에서 여성의 베일이 문제가 된다면 서구화된 사회에서 스커

트도 여성 억압의 상징이 될 수도 있는 것이다. 따라서 이슬
람 세계의 베일 착용을 여성에 대한 속박이라든가 비근대적
이라고 단정짓는 사고는 바뀌어야 한다.

오만의 전통 여성옷

4. 아랍 이슬람의 일부다처제

일반인들이 흔히 잘못 알고 있는 아랍이슬람 전통 중의 하나가 일부다처제에 관한 내용이다. 일부다처제는 서구에서 아랍이슬람 여성의 인권과 관련되어 신랄한 비판을 받아왔다. 그러나 이슬람권에서 최대 4명까지 부인이 허용되는 일부다처제는 실제로는 사라져가는 관습일 뿐이며 일부 지역 혹은 일부 계층에서 이어져 내려오고 있는 오래된 전통이다.

일부다처제는 무함마드 당시 전쟁미망인과 그 자식의 생계 문제의 해결 방안으로 나온 것이다. 이슬람이 발생하기 전 아라비아반도의 여자들은 실제로 세계의 여타지역의 여성과 마찬가지로 인격적인 대우를 받지 못했다.

아라비아반도에서 이슬람 이전 시대에는 아들이 아버지로부터 상속받는 재산에는 아버지의 처첩들도 모두 포함되어 있었다. 따라서 생모를 제외한 처첩들과 결혼 또는 동침을 해도 무방하였다. 이러한 관습을 타파하기 위해 정식 부인을 4명으로 제한하고 부도덕하고 무절제한 남녀관계를 제도적으로 개혁하여 궁극적으로 여성의 사회적 지위 향상을 도모한 것이 이슬람을 창시한 무함마드의 업적이라고 할 수 있다.

이슬람에서 4명까지 부인이 허용되지만 실제로 꾸란에서는 일부일처를 타당한 것으로 밝히고 있으며, 특별한 경우에 한하여 4명까지 처를 둘 수 있도록 예외적으로 허용하였던 것이다.

꾸란에서는 일부다처에 대하여 다음과 같은 특별한 규정을 두고 있다.

첫째, 일부다처는 일정한 조건과 상황 아래서 허용할 수 있다. 이는 조건부 허용으로 이슬람의 신조에 대한 문제가 아니며, 필연의 문제도 아니다.

둘째, 일부다처의 허용은 최대 4명까지만 가능하다. 이슬람 이전에는 아무런 제한이나 보장이 없었다.

셋째, 두 번째 혹은 세 번째 아내가 되었다 하더라도 첫 번째 아내와 동등한 권리와 특권을 누린다. 대우와 부양과 친절에 있어 아내들 사이의 평등은 두 명 이상의 아내를 둔 사람은 누구나 만족시켜야 할 필요조건이다.

넷째, 이러한 일부4처의 허용은 정상 수단에 대한 예외이다. 일부 사회적 윤리적 문제들을 해결하고, 불가피한 곤란에 대처하기 위한 마지막 수단인 동시에 최후의 시도였던 것이다. 즉 일부4처는 긴급조치의 일종이며 그러한 의미에 국한되어야 한다고 이슬람에서는 밝히고 있다.

아랍이슬람 세계에서 평범한 사람이 일부다처를 하기는 매우 어렵다. 왜냐하면 결혼을 하기 위해 남자측에서 여자측에 지불해야 하는 마흐르(Mahr: 지참금)는 여성의 집안과 합의가 되어야만 결혼을 할 수 있기 때문이다.

즉 결혼에서 여성이 우위에 있는 것이 바로 마흐르인 것이다. 마흐르가 합의되지 않으면 남성은 여성에게 결혼을 요구할 수 없으며, 마흐르가 없는 결혼은 무효가 된다. 이미 몇 년 지난 이야기이지만 일부 아랍 국가에서는 남성들이 마흐르를 제대로 준비하지 못하여 노총각이 늘고 덩달아 결혼하고 싶은 여성들이 결혼을 못해 사회문제가 된 적도 있었다.

이슬람 이전에 무제한으로 허용되었던 일부다처제는 이슬람 시대가 도래하면서 4명으로 제한함은 물론 4명의 부인을 얻을 수 있는 특수한 환경과 조건에 대하여 설명하고 있다.

그 첫 번째는 부인이 불임이어서 자손을 갖지 못할 경우이다. 즉 인간은 본능에 의해 남성은 물론 그 부인도 애기를 갖기를 원한다. 이럴 때 첫 부인과 이혼하는 것보다는 그 부인의 동의하에 아이를 가질 수 있는 다른 여성을 부인으로 맞아들일 수 있다는 것이다. 그런데 특별히도 그렇게 맞이한 둘째 부인이 성불능이거나 혹은 심한 질병으로 성생활을 할 수 없을 경우 남성은 성생활에 문제를 갖게 된다. 이때 그 두 번째 부인과 이혼을 하게 되면 그 여성은 보호자를 잃게 되어 사회로부터 격리될 수도 있고 제대로 된 삶을 살아갈 수 없게 된다. 따라서 그녀도 충분히 보살피면서 앞의 두 부인의 동의하에 세 번째 부인을 맞이할 수 있다는 것이다. 또 마지막으로 또한 전쟁이나 사고로 인하여 여성의 숫자가 남성의 숫자보다 절대적으로 많아졌을 때 여성의 성적인 본능을 사회적으로 '치료'하고 전쟁으로 생긴 과부의 아이들을 돌볼 수 있도록, 그러한 여성을 새로운 부인으로 맞아들일 수 있다는 것이다.

이러한 내용은 꾸란에서 충분히 밝혀져 있다. 따라서 이슬람에서의 일부 4처를 현재 관점에서만 비판하는 것은 잘못된 것이다. 일부 4처에 대한 내용은 이미 1,400여년 전에 기록되었던 것이기 때문이다. 현대화된 오늘날의 사회에서 과거와 같은 그런 조건이 맞을 수는 없다. 따라서 오늘날 대부분의 아랍 가정은 일부일처제이며, 일부다처제는 오늘날 쉽게 볼 수 없는 전통이 되고 있다. 꾸란에서도 밝혔듯이 '일부4처는 예외적인 허용일 뿐이며 정상적인 부부는 일부일처'라는 내용이 나와 있기 때문에 이슬람의 일부다처를 '편견적 시각'으로 오해하지 않아야 한다.

베두인 전통 결혼식후 남자들만의 파티

5. 아랍 무슬림들의 결혼이야기

고대 그리스에서는 결혼 때 아버지는 다음과 같은 말을 하고 딸을 신랑에게 주었다.

"(딸이) 정실 자식들을 낳을 것을 내 이름을 걸고 서약합니다." 즉 고대 그리스에서는 아내의 가장 중요한 의무는 자손을 낳는 것이었다.

-매릴린 옐롬 <순종 혹은 반항의 역사-아내>-

아랍에서의 전통적인 결혼 풍습은 한국 전통 결혼과 상당히 많은 면에서 닮아 있다. 일반적으로 아랍 무슬림들의 결혼 관습은 과거에는 부모가 가문이나 본인의 소원을 고려하여 정해준 사람과 혼례를 치르는 것이 일반적 관행이었다. 북아프리카를 비롯한 비교적 개방된 아랍이슬람 사회에서는 연애결혼이 자리를 잡아가고 있지만 아직도 아라비아 반도의 엄격한 이슬람 사회에서는 중매결혼이 원칙이다.

일반인들이 생각하는 바와 달리 아랍의 무슬림 남성들은 이교도의 여자와 결혼을 해도 무방하다. 그러나 무슬림 남성과 이교도의 여성이 결혼했을 때 여자는 이슬람으로 개종하는 것이 원칙이다. 그러나 유일신 종교인 기독교나 유대교의 여자는 이슬람으로 개종하지 않아도 상관이 없다. 이 경우 이 여성은 이슬람에 대하여 이해하고 인정해야 하면 그녀가 낳은 자녀들은 모두 무슬림이 된다. 또한 이교도인 부인이 개종하지 않았을 경우 남편이 사망해도 그녀 자신은 유산을 상속받을 자격이 없다.

반면 무슬림 여성은 불가피한 경우를 제외하고는 이교도의 남자와 결혼할 수 없다. 기본적으로 무슬림 여성은 무슬림 남성들과 결혼해야 하는 것이다. 이슬람에서 결혼이 법적으로 성립되기 위한 전제조건으로는 양가부모와 당사자가 모두 동의하는 것이 제일의 조건이며, 그 다음에는 마흐르(mahr)에 대한 양가의 합의가 이루어져야 하고 이는 결혼 서(계)약서에 명시된다. 마흐르는 신랑 또는 그의 부친이 의무적으로 신부 혹은 그녀의 부모에게 지불해야 하며 마흐르가 합의되지 않으면 결혼이 성립되지 않는다.

과거 전통적인 이슬람의 혼인 관행에 따르면 결혼 적령기의 남녀는 좋아하는 상대를 마음대로 선택할 수가 없었다.

결혼식의 신부행렬

즉 부모가 가문이나 본인의 소원을 고려하여 정해준 사람과
혼례를 치르는 것이 그들의 관습이었다.

남자는 경우에 따라서 스스로 배우자를 찾아 결혼하는 경
우도 있지만, 여자의 경우 부모가 정한 사람이 마음에 들지
않으면 거절할 수는 있었지만 배우자를 스스로 선택하지 않
는 것이 아랍 이슬람 사회의 보편적 관행이었다. 그러나 북
아프리카 아랍국가들 및 세속화를 추구하는 아랍이슬람 국가
들에서 자유연애가 증가하고 있고 결혼으로 연결되는 경우가
점차 증가하고 있다.

6. 아랍 무슬림들의 이혼이야기

이슬람법은 남편이 이혼하기 쉽고 아내는 거의 불가능하도
록 규정하고 있다. 따라서 혼인 관계는 남편의 일방적인 이
혼 선언으로 취소될 수도 있는 것이 아랍의 특징이지만 국가
별 지역별 차이가 많이 있다.

무슬림들의 이혼 조건으로는 첫째, 남편의 일방적 '이혼선
고'(talaq)에 의한 것이다. 이 경우 남편은 '탈라끄'를 세 번
말하면 자동적으로 이혼이 된다. 오늘날 아랍지역에서 이러
한 이혼은 거의 사라졌지만 인도지역의 일부 무슬림들에게는
아직도 남아 있는 이혼 관행이다. 이러한 일방적 이혼 선고

는 아내의 부정을 남편이 알게 되었지만 자신과 가족의 명예를 그대로 유지하기 위하여 행해졌던 이혼의 방식이었다.

두 번째 이혼의 조건은 아내의 부정에 대해서 저주의 맹세를 법정에서 하는 경우이다. 세 번째 이혼의 조건으로는 여성에게 신체적 결함이 있는 경우 및 아내가 남편에게 복종하지 않는 때이다.

여성의 입장에서 남편에게 이혼을 요구할 수 있는 조건은 남편이 마흐르(mahr)를 지불하지 않았을 때, 아내를 부양하지 않는 경우, 남편이 아내를 학대하는 경우다. 그리고 이혼한 여성은 이혼한 날로부터 3개월이 지난 이후에 재혼이 허락된다. 그 이유는 전 남편과의 사이에서 임신이 되어 있을 경우를 고려하기 때문이다. 즉 3달이라는 기간은 임신한 사실을 확인하기 위한 방법인 것이다.

그러나 실제로 아랍 이슬람 사회에서 이혼은 드문 편이다. 왜냐하면 부인이 결혼 시 남편에게 받은 지참금을 보관하고 있기 때문이다. 이와 함께 이슬람의 결혼 계약이 이혼을 단념시키기도 한다. 계약서에 지참금의 일부를 신부에게 즉시 지불하거나 나머지는 추후 아내와 이혼할 경우에만 지불할 것이라고 명시하고 있기 때문이다.

이슬람에서 같은 여자와의 이혼은 단지 두 번만 허락한다. 이유는 남성이 아내와 이혼 후 다시 그녀와 자기 마음대로 재혼할 수 있었던 이슬람 이전의 아랍전통관행을 없애기 위한 것이다. 만일 남편이 아내와 세 번째로 이혼을 했다면 그녀가 다른 남자와 결혼하여 이혼할 때까지는 원래의 그녀와 재혼할 수 없다.

　전통적으로 남편의 이혼 선언은 구두로 이뤄졌었다. 현대 법에서는 그와 같은 이혼 선언은 자격을 갖는 공인 앞에서 서면 증거를 갖추기 전까지는 효력을 발휘하지 못한다.

　여성은 일방적 선언으로 부부 관계를 종식시킬 특권을 갖고 있지 못하다. 여성은 입증할 만한 자료를 바탕으로 법원에 이혼을 청구하여야만 한다. 꾸란에서는 이혼을 하기 전에 양가에서 각각 한 명씩 추천한 2명의 중재자에 의해 화해 시도를 먼저 할 것을 규정하고 있다. 그와 같은 화해 시도가 성공하지 못했을 경우 법원이 발급한 증명서로 이혼이 성립된다.

액운을 막아주는 힌나(헤나)를 손에 치장한 신부

7. 이슬람의 믿음의 다섯 기둥
첫 번째 – 신앙의 증언(샤하다, Shahāda)

전 세계 이슬람을 믿는 무슬림들은 이슬람 신자로서 반드시 행해야 하는 5가지의 의무가 있다. 이를 5주 또는 5행이라고 하는데, 이 다섯 가지는 모든 무슬림들의 의무 사항이며 반드시 지켜야 하는 기본적인 규정이다.

다섯 가지 믿음의 기둥은 신앙의 증언(샤하다, shahāda), 예배(Salah: 쌀라)의례의 수행, 종교적 희사금(Zakah: 자카) 납부, 라마단의 단식(Saum: 싸움) 준수, 멕카 순례(Hajj: 핫즈)이다.

첫 번째 무슬림들의 가장 기본이 되는 것이 바로 신앙의 증언이다. 이 용어는 '증언'을 뜻하는 아랍어 단어인 샤하다(Shahādah)로, '증거하다, 증인이 되다, 잘 보다'는 뜻을 가진 아랍어 동사 샤히다(shahida)에서 파생되어 나왔다.

이 증언은 아랍어로는 "라 일라하 일랄라 무함마드 라쉬룰라"로 읽혀진다. 아마도 독자들은 사우디아라비아의 국기를 한번쯤은 본적이 있을 것이다. 사우디아라비아의 국기는, 초록색 바탕 위에 긴 칼이 있고 그 위에 적혀 있는 아랍어 문구가 있다. 그것이 바로 위의 구절이다.

이 구절의 뜻은 *"알라 외에 신은 없고(즉 알라는 유일신이고) 무함마드는 알라의 사도이다"*라는 구절인데, 이 신앙의 증언을 하면 누구든지 무슬림이 될 수 있다고 본다. 또한 이 구절은 무슬림들이 예배를 볼 때나 일상생활 중에 수없이 반복하여 외우는 구절이다.

이 간단한 문장 속에는 사실 다양한 의미를 내포하고 있는데, 이 속에는 '절대 신은 인간에게 믿음의 길을 열어 주려고 세상 어디에나 존재하고 있으며, 사람들의 일상생활 속에 끊임없이 그 분의 역사가 이루어지고 있다'는 내용을 반증하고 있다고 무슬림들은 생각한다. 특히 이 속에 숨어 있는 이슬람적 의미는 다음과 같다.

첫째, 절대 신의 전지전능성과 우주만물에 대한 배려가 자연의 조화 및 인간의 사회질서 변화 속에 수없이 나타나고 있다는 것이다.

둘째, 과거에 유일신의 예언자를 거부한 종족이 얼마나 엄청난 화를 입어 멸종되었는지에 대하여 끊임없이 회상하도록 하는 역할을 한다.

셋째, 비신자에게는 신의 징벌이 내릴 것이니 누구든지 이 증언을 통하여 믿음의 길을 찾으라는 위협적 경고가 있다.

샤하다는 무슬림들의 정신을 가장 직접적으로 대변하는 구절이라고 볼 수 있다. 간단한 두 개의 문장만으로 그들의 믿음을 가장 구체적으로 표현하고 있기 때문이다.

8. 이슬람의 믿음의 다섯 기둥
두 번째 – 예배(쌀라, Salāh)

이슬람의 오주 중에서 두 번째 기둥은 예배로 전 세계 무슬림들의 일상생활에서 매일 되풀이 되는 것이 바로 하루 다섯 번의 예배이다. 예배를 뜻하는 아랍어 단어 쌀라(Salāh)는 동사 sallā에서 파생되었다. 이 sallā동사의 뜻은 '기도하다, 간청하다, 축복하다, 다가가다'라는 뜻을 가지고 있다.

전 세계 무슬림들은 기본적으로 하루에 다섯 번 예배를 드린다. 그리고 주말인 금요일에는 이슬람 사원에 모여 집단예배를 드린다. 이슬람을 믿지 않는 사람들은 무슬림들이 하루에 다섯 번씩 하는 예배를 매우 번거로울 것으로 인식하지만 무슬림들에게 있어 예배는 일상생활 그 자체로 볼 수 있다. 그들은 하루에 세 끼를 먹듯이 하루 다섯 번의 예배를 보는 것이다.

무슬림들이 예배를 보기 위해서는 마음가짐과 몸가짐을 올바르게 해야 한다고 생각한다. 또한 예배를 보기 전에는 꾸란의 예배규정에 따라서 몸을 깨끗이 씻어야 하는 것이 철칙이다. 무슬림들이 예배를 보기 전에 몸을 씻는 행위를 이것을 '우두(Wudū?, 부분세정)'라 하는데 우두를 하지 않고 예배를 보면 무효가 된다. 또한 특별히 이성과의 접촉이 있었거나 개의 등을 쓰다듬었을 때는 온몸을 씻는 구슬(Ghusl, 목욕)을 해야만 예배를 볼 수 있다.

무슬림들은 예배를 올릴 때 메카의 카아바 신전(하람 대사원)를 향하여 옆으로 줄을 지어 나란히 선 후 예배를 행한다. 이렇게 메카를 향한 예배방향을 끼블라(Qiblah)라고 한다. 즉 전 세계 어디에 있든 무슬림들이 예배를 올리는 방향은 사우디아라비아의 메카를 향해야 한다. 또한 야외에서 예배를 올릴 때는 목욕탕, 묘지, 도살장이 아닌 깨끗한 곳에서 자리를 잡고 행해야 한다.

무슬림들이 하루 다섯 번 올리는 예배 시간은 과거에는 정확하게 정해져 있지 않고 아래와 같은 시간대에 행해졌다.

① 이른 아침 예배(쌀라툴 파즈르, Salāt-ul-Fajr): 새벽 이후 해뜨기 전, 전체 약 2시간의 길이 사이에 드린다.

② 정오 예배(쌀라툿 두흐르 ; Salāt-uz-Zuhr): 해가 기울기 시작하면서 서녘 하늘에 질 때까지의 중간을 잡아서 그 사이에 드린다.

③ 이른 오후 예배 (쌀라툴 아스르:Salāt-ul-ʕAsr) : 정오 예배 시간이 끝난 직후에 시작해서 해 질 녘까지 계속된다.

④ 해 질 녘 예배(쌀라툴 마그립: Salāt-ul-Maghrib) : 이 예배 시간은 일몰 직후에 시작해서 서쪽 지평선에서 저녁놀이 사라질 때까지 1시간 20분에서 30분 동안 계속되는 것이 보통이다.

⑤ 밤 예배(쌀라툴 이샤: Salāt-ul-ʕIshāʔ): 서쪽 지평선에 저녁놀이 사라지는 해지고 약 1시간 30분 뒤에 시작해서 새벽 조금 전까지 계속된다.

이렇게 하루 다섯 번의 예배시간이 구분되어 있지만 오늘날에는 대부분 이슬람 사원에서 알려주는 시간에 맞추어 예배를 올리는 것이 보편화되었다.

9. 이슬람의 믿음의 다섯 기둥
세 번째 – 희사금(자카트, Zakāt)

이슬람의 다섯 가지 믿음의 기둥 중에서 세 번째 기둥은 '종교적 희사금'인 자카트이다. 희사 또는 희사금을 뜻하지만 '성장' 또는 '정화'의 의미도 동시에 가지고 있다. 즉 아랍어 자카 또는 자카트(Zakāh, Zakāt)는 '(몸을) 정화하다, (죄를) 씻다'라는 뜻을 가진 동사 zakkā에서 파생되어 나왔다. 이것은 기독교의 십일조와 같은 성격을 지니지만 무슬림의 자율성에 기반을 둔다는 점에서 의무적인 십일조와는 약간의 차이가 있다.

자카트의 법적인 의미는 '부에 대한 권리' 혹은 '수혜자에게 제공하도록 신에 의해 명시된 부의 일종'을 말한다. 아랍 이슬람 사회에서는 '모든 부는 알라의 소유'로 인식한다. 즉 개인의 재산은 그것을 소유한 무슬림만의 절대적인 것이 아니고 알라로부터 알라의 뜻을 이루기 위해 사용하도록 위탁받은 것이다.

따라서 아랍 이슬람사회에서 모든 재산(부)의 최종적 소유자는 알라이다. 따라서 개인의 사유재산도 원래의 주인이 알라이기 때문에 소유자가 이 자카트를 제대로 낼 경우에만 그 소유가 정당화되는 것이다.

자카트의 목적은 개개인의 소득 가운데 일정한 비율(매년 총자산의 2.5%)을 지불하여 무슬림공동체의 재정을 뒷받침함으로써 지상에서 올바른 사회를 이룰 수 있다는 데 있다.

또한 자카트는 사회적으로 부와 소득의 재배분에 영향을 미치며 다음과 같은 세 가지 측면을 지니고 있다.

① 사회적 측면: 자카트는 활동력 있는 부자들이 사회적 책임을 행하게 함으로써, 사회로부터 빈곤을 추방하도록 이슬람이 규정한 조치이다.

② 경제적 측면: 자카트는 국고에 대한 무슬림들의 기부금이기 때문에, 소수의 사람들에게 부의 불건전한 축적이 이루어지는 것을 금지하며, 부가 그 책임을 다하기 전에 소유자의 손에서 낭비되는 것을 금지한다.

③ 도덕적 측면: 자카트는 부자의 탐욕과 욕심을 정화시켜 준다. 부자가 내는 자카트는 사회·경제적 측면에서 볼 때, 부의 재분배라는 의미와 함께 스스로는 마음의 평안을 갖게 되고, 자카트를 받은 수혜자는 감사하는 마음과 사랑을 느끼게 된다고 본다.

자카트는 사유재산제도와 자유경쟁이 허용되는 국가의 주된 경제원칙이 적용되는 체제의 종교적 조세이다. 또한 여러 형태의 사회보험과 같은 특수 목적을 위해 사용되지만 보통이 자카트 기금은 정부 지출로는 사용될 수 없다. 이 자카트 기금은 가난한 사람, 고아, 여행자, 과부를 돕거나 노예를 풀어주거나 빚진 사람의 빚을 갚거나 이슬람의 선교에 사용되도록 규정되어 있다.

10. 이슬람의 믿음의 다섯 기둥
네 번째 - 단식(싸움, Saum)

이슬람에 있어서 신앙의 네 번째 기둥은 단식(Saum)이다. 한국에서는 일반적으로 싸움(Saum)보다는 '라마단'으로 더 잘 알려져 있는데 라마단은 아랍어로 9월의 명칭이다. 이슬람력으로 아홉 번째 달인 라마단(Ramadān)에 무슬림들은 단식을 행한다,

이슬람력 9월은 무슬림들에게 있어 매우 신성한 달이다. 왜냐하면 무함마드가 이달을 단식의 달로 정한 것은 이달에 그가 알라로부터 최초의 계시를 받았기 때문이며, 또한 무슬림이 메디나로 침입한 메카군을 상대로 한 최초의 전투에서 승리한 달이기도 하기 때문이다.

이슬람력은 음력이어서 1년이 양력보다 11일이 짧다(1년 354일). 따라서 라마단은 해마다 11여 일이 앞당겨진다. 따라서 라마단은 경우에 따라 여름에 오기도 하고 겨울에 오기도 한다. 비무슬림들의 경우 단식기간이 해마다 바뀌기 때문에 의아해하는데 이러한 날짜의 차이 때문이다.

라마단이 여름에 오면 낮도 길고 날씨도 더워 시련을 겪게 된다. 라마단 단식 동안에는 해가 떠서 질 때까지 아무것도 몸속에 넣어서는 안 된다. 음식과 음료수도 먹을 수 없으며 심지어 자신의 침도 삼켜서는 안 된다. 담배도 피울 수 없고 남녀 간의 성행위도 금지되어 있다.

무슬림들은 예배를 드리는데 가능한 많은 시간을 보내야 되며, 특히 이슬람 성원에서 예배드리는 것을 선호한다. 그러나 해가 진 후부터 해뜨기 전까지는 다시 정상적인 생활을 누릴 수 있다. 한 달 동안 진행되는 단식은 기독교나 다른 종교에서처럼 아무것도 먹지 않는 것이 아니다.

꾸란에 의하면 검은 실과 흰 실을 구분할 수 있는 동안(해가 떠있는 동안)에는 음식을 먹어서는 안 된다는 것이다. 즉 해가 진 일몰 이후에는 물과 음식을 먹을 수 있다. 해진 이후에는 무슬림들은 다양한 음식을 차려 식사를 한다. 그리고 밤늦도록 예배를 보고 가족들과 즐거운 시간을 가진다. 말 그대로 단식기간인 라마단은 어떤 의미에서는 축복받은 시간으로 무슬림들의 축제기간으로도 볼 수 있다.

단식기간에는 또한 무슬림들은 가난한 이웃과 과부, 고아들을 위해 많은 희사금(Zakat)을 내놓는다. 이 희사금들은 가난한 사람들을 위한 단체급식에도 사용되기 때문에 이 기간 동안 누구나 이슬람 사원 근처에 가면 식사를 제공받을 수 있다.

또한 한 달 동안의 단식이 끝나면 이둘 피트르(eidul fitr)라는 단식 종료절이 시작된다. 이 축제는 라마단 마지막 날

단식이 끝난 후 3일 동안 행해지는 축제인데, 단식 후 3일 동안은 귀한 음식을 장만하고 떨어져 있던 가족들이 모두 모여 3일 동안 축제를 벌이고 음식을 나누어 먹는다. 이 기간에는 새 옷을 입고 친척을 방문하며, 평소 때보다 많은 자선을 행하는 것이다.

이란의 테헤란의 전통식당에서

11. 이슬람 믿음의 다섯 기둥
다섯 번째 - 순례(핫즈, Hajj)

이슬람에 있어서 다섯 번째 믿음의 기둥은 순례이다. 순례는 아랍어로 핫즈(Hajj)로 표현되는데 핫즈는 대순례(메카순례)로 모든 무슬림들의 의무사항이다. 이 대순례의 달은 이슬람력의 마지막 12번째 달이다. 무슬림들은 이슬람력 12월이 메카 순례의 달이기 때문에 단식을 하는 라마단(9월)과 함께 매우 신성하게 여긴다. 순례 기간 동안 이슬람의 최대 성지인 사우디아라비아의 메카에는 일반인들의 출입은 금지되고 무슬림들만이 들어갈 수 있다. 무슬림임이 확인되지 않으면 절대 메카에 들어갈 수 없다. 이슬람의 성서인 꾸란에는 모든 남녀 무슬림은 '건강과 경제사정이 허락하는 한' 일생에 한 번은 메카순례를 하도록 의무화 되어 있다.

순례객들은 성스러운 도시인 메카에 갔을 때 우선 자기의 몸을 청결하게 해야 된다. 남자는 순례의식에 들어가기 전에 우선 수염을 다듬고 평복을 벗어 놓고, 두 쪽이 평범한 흰 천 조각(이흐람, Ihrām)으로 자기 몸을 위아래로 가린다. 여자들도 두 조각의 흰 천으로 만든 규정된 옷을 입어야 한다. 이것은 알라 안에서 인간은 모두 평등함을 뜻한다. 즉 부자든 가난한 자든 이흐람을 입어야 하기 때문에 가난한 자와 부자를 구별할 수 없게 된다.

순례가 시작되면 순례 기간 동안 순례자에게는 일체의 성생활이 금지되며 목욕도 허용되지 않는다. 또한 머리털이나 손·발톱도 깎으면 안 된다. 즉 순례자가 종교적 의무에 집중하고 있는 동안에 자기 몸의 어떤 부분도 축내서는 안된다는 이슬람의 관행 때문이다.

순례는 이슬람력 12월 8일(명상의 날), 9일(아라파트의 날), 10일(희생의 날)에 이루어지는데, 미나계곡에 도착하면

순례자는 7개의 돌을 잠라툴-아까바(Jamrat- ul-ʕAqabah)에
게 던지는데, 잠라툴-아까바는 세 개 중 가장 큰 기둥으로,
이스마일(기독교와 유태교에서는 둘째 아들인 이삭을 바치려
고 했다고 함)을 바칠 때 유혹한 사탄을 상징한다. 7개의 돌
을 던진 후 12일 마지막 날까지 아무 때나 희생제를 치른다.
순례는 무슬림들에게는 마음의 여행인 동시에 이슬람 안에서
하나 됨을 느끼고 사회적 응집력과 사상을 배우는 역할을 한다.
　대순례인 핫즈 외에 '움라'라는 소순례가 있는데 핫즈의
약식형이라 할 수 있다. 어느 때든지 순례를 할 수 있고 1시
간 반 동안 실시되며, 순례의 달이 아닌 1년의 어느 때든지
낮이든 밤이든 카아바를 7바퀴 돌고 일곱 개의 코스를 필수
적으로 수행한다. 카아바신전(메카의 하람 대사원 안에 있음)
에서 14킬로미터 떨어진 아라파트에서 하룻밤을 자는데, 이
곳은 아담과 하와가 하늘에서 내려와 재결합한 후 경배했던
장소라고 한다.

12. 이슬람의 여섯 가지 믿음
첫 번째 – 유일신 알라(Allah)

　이슬람에서 이 5주만큼 중요한 것이 있는데 그것은 바로
'6가지 믿음'이다. 무슬림들에게 5주 6신으로 불리는 것 중
에서 6신(六信)에 해당하는 것이다.
　일반적으로 기독교사회인 서구사회에서나 극단적인 한국

의 기독교인들이 잘못 알고있는 무슬림들에 대한 사고는 알라만을 떠받드는 광신도로 인식하는 경우가 허다하다. 그러나 이슬람이라는 종교를 제대로 알고 있는 사람들은 그러한 인식이 얼마나 잘못되어 있는지를 잘 알 것이다.

이슬람에서는 기독교와 달리 삼위일체를 인정하지 않고 오직 유일신 알라(Allah) 만을 인정한다. 일신교라는 기독교는 실제로 성부와 성자와 성령의 삼위일체를 기본 교의로 삼고 있지만 이슬람에서는 삼위일체를 인정하지 않는다. 즉 알라만이 유일신이며 그 외에는 모두 알라의 피조물이라는 입장을 견지하고 있다. 따라서 이슬람에서 여섯 가지 믿음의 첫 번째는 당연히 알라가 되는 것이다. 그리고 알라는 이슬람에서는 형상을 가진 인간 앞에 나타나지 않으신다. 모든 것은 그의 대천사장인 지브릴(가브리엘)을 통해서 말로써만 명령을 내리신다.

이슬람의 입장에서는 기독교 성경에 나타난 하나님의 형상과 같은 묘사가 없다. 그 대신에 다음과 같이 꾸란 112장에서 알라에 대해 정의하고 있다. 이를 옮겨보면 다음과 같다.

제112장 -자비롭고 자비로우신 알라의 이름으로
① 말하라, 알라는 한 분이시며
② 알라는 가장 위대하시며
③ 알라는 낳지도 않고 태어나지도 않았다.
④ (알라는 지고하시므로) 그 분과 대등한 자는 아무도 없다.

또한 꾸란에 의하면 알라를 일컫는 단어, 즉 알라의 다른 이름은 99개가 있는데, 은혜, 자비로움, 주권자, 성스러움, 평화 등이 있다.

13. 이슬람의 여섯 가지 믿음
두 번째 – 천사

이슬람에서 6신(信) 중의 두 번째는 알라의 명령을 수행하는 천사를 믿어야 한다는 점이다. 흔히 기독교의 성서에서 하나님은 인간의 형상으로 나타나기도 하고 빛으로 나타나기도 하지만 이슬람에서는 알라의 형상에 대한 어떠한 설명도 없다. 이슬람의 꾸란에서는 유일신 알라는 인간 앞에 형상으로 나타나거나 직접 인간을 대면하거나 하지 않는다.

이슬람에서는 전지전능하신 알라께서 하찮은 인간 앞에 나타난다는 것 자체를 인정하지 않는 것이다. 그 대신 모든 것은 말씀을 통해서 이루어지고 이 말씀을 전하는 매개체가 바로 천사이다. 무함마드가 최초의 계시를 받는 것도 알라의 말씀을 전달하는 지브릴 대천사장으로부터 알라의 계시를 받게 되면서부터 예언자의 일을 수행하기 시작한다. 즉 서기 610년 9월에 무함마드는 멕카의 히라(Hirāʔ) 동굴에서 최초의 계시를 받는데, 그것은 다음과 같다.

"너는 알라의 사자이니라, 나는 지브릴(Jibrāʔī, 가브리엘)이니라.

꾸란에서는 인간에 대한 모든 명령은 알라의 수족처럼 움직이는 천사에 의해서 내려진다. 이 천사들은 빛으로 창조되었으며, 먹지도 마시지도 아니하며, 성의 구별이 없다. 따라서 자손을 번식하지 않는다. 천사들은 대체로 천국에 살면서 알라의 뜻에 완전히 복종하고 그를 밤낮으로 찬미하며 그의 명령을 수행한다.

천사 중 일부는 지상에서 산다. 이슬람의 일부 신학파는 천사가 예언자들 위에 있다고 보기도 하는데, 그 이유는 천사는 악의 성향에서 벗어나 있기 때문이라고 한다. 또 어떤 학파에 있어서는 천사들은 예언자보다 열등한 위치에 있다고 보기도 한다. 그 이유는 예언자들이 그들의 마음 속에 악한 성향을 가지고 있으나 그들이 악한 성향과 싸워 이기므로 천사들보다 위에 있다고 보는 것이다.

이슬람에서 천사장은 넷으로 보는데, 지브릴은 알라의 사자로, 꾸란에서는 알-루흐 알-꾸드스(al-Rūh al-Quds, 성령)라 부르는데, 계시의 천사라고도 한다. 미카일은 유대인들의 보호자이자 친구이다. 아스라필은 부활의 날에 나팔을 부는 천사이다. 아즈라일은 죽음의 천사이며, 리드완은 천국을 맡은 천사이며, 말리크는 지옥을 주재하며 저주받은 자의 고통을 감독한다. 그리고 천사와 인간 사이에 진(Jinn)이라는 존재가 있는데 일종의 정령으로서 도움을 주는 존재와 해악을 주는 존재가 있다고 믿는다. 그들은 아담이 존재하기 수천 년 전에 불에 의해 창조된 것으로 믿는다.

14. 이슬람의 여섯 가지 믿음
세 번째 – 꾸란을 비롯한 성서

이슬람에서 여섯 가지 믿음 중에 세 번째는 꾸란(qur'an: 꾸르안)이다. 꾸란의 뜻은 독경, 즉 '읽히는 책, 소리 내어 읽는 책'이라는 뜻이다.

지난 2005년 미국의 관타나모에서 미군이 화장실에 꾸란을 비치하고 변기에 넣은 사건으로 인해 중동 이슬람권에서 9.11 테러와 미국의 아프가니스탄 공격 이후 최대 규모의 반미시위가 일어났던 적이 있었다. 이 사건은 이슬람에서 꾸란을 어떻게 인식하고 있는지를 잘 알고 있는 미군들이 테러 용의자들을 자극하기 위해 코란을 변기에 넣고 물을 내리는 등 모독 행위를 한 것 때문이었다. 이 사건 직후 아프가니스탄과 파키스탄에서 시작된 반미시위는 사우디아라비아, 인도네시아, 팔레스타인, 이집트, 수단까지 확산되었으며 산불처럼 중동 전역을 휩쓸었던 것이다.

일반적으로 알려져 있듯이 이슬람의 성서는 꾸란이다. 꾸란은 무슬림들에게 있어 최고로 신성한 책이다. 꾸란은 이슬람에서 매우 신성시되며 함부로 다루지 말아야 한다.

보통 무슬림들은 꾸란은 깨끗하고 정갈한 곳에 보관하며, 모든 책들 위의 자리에 놓아둔다. 그만큼 무슬림들은 꾸란을 소중히 다루며, 이슬람에서 꾸란 모독은 사형에 처하는 중범죄로 다루어진다. 무슬림들에게 있어 꾸란은 알라의 말씀이 들어 있는 완전무결하고 신성한 책이기 때문이다.

즉 무슬림들에게 있어서 꾸란은 지브릴 천사를 통하여 유일신 알라께서 인류를 위해 마지막으로 무함마드에게 보낸 책이기 때문이다. 따라서 꾸란은 유일신 알라의 말씀이 한자도 빠짐없이 들어 있는 완전무결한 책이라고 믿는다. 그러나 일반인들이 잘못 알고 있는 것 중의 하나가 있다. 그것은 이슬람에서는 최고의 서적으로서 코란뿐만 아니라 다른 성서의 존재도 인정하고 있다는 점이다.

모든 무슬림들은 알라께서 예언자를 통해 인간에게 내려준 모든 책을 믿는데, 무슬림들은 알라께서 내려준 책이 모두 104권이라고 한다. 이 중 10권은 아담에게, 50권은 셋에게, 30권은 이드리스(유대교 및 기독교의 에녹)에게, 10권은 아브라함에게 각각 주었다고 한다. 나머지 4권은 모세 5경, 시편, 복음서, 꾸란으로 각각 모세, 다윗, 예수, 무함마드에게 주었다. 무함마드는 예언자들의 봉인으로 마지막 예언자이다.

그러나 위의 마지막 4권만 빼고는 나머지는 모두 잃어버렸으며, 그 내용도 알려지지 않고 있다. 그러나 이슬람학자들에 의하면 위의 세 권, 즉 모세 5경과 시편과 복음서는 인간들에 의해 많은 내용이 개악되고 변조되어 불완전하다고 본다.

낙타뼈에 새겨진 꾸란 구절

15. 이슬람의 여섯 가지 믿음
네 번째 – 사도 또는 예언자

이슬람에서 여섯 가지 믿음 중에 네 번째는 사도(또는 예언자)이다. 사도에 관한 부분은 이슬람과 기독교의 가장 큰 차이점이 드러나는 부분이다. 서구 학자들은 이슬람에서의 무함마드를 기독교의 예수와 비교하려는 경향이 많았다. 그러나 이러한 서구 학자들의 비교는 기본적으로 잘못된 것이었다. 즉 이슬람에서 무함마드는 기독교의 예수와는 본질적으로 다르다.

기독교에서 예수는 신성을 지니고 인간의 몸으로 태어난

신의 분신(삼위일체)이지만, 이슬람에서 무함마드는 철저한 인간인 것이다. 또한 이슬람에서는 예수도 성스러운 영에 의해 잉태는 되었지만 인간으로 본다. 즉 이슬람의 성서 꾸란의 많은 부분에서 예수에 대한 언급이 나오는데, 거기에는 반드시 '마리아의 아들 예수'로 지칭하고 있다.

즉 예수의 신성을 인정하지 않는 것이다. 이슬람에서는 무함마드도 한낱 인간일 뿐이라는 점을 강조한다. 단지 무함마드는 모든 사도와 예언자의 봉인으로 마지막 사도(예언자)로 지칭될 뿐이다. 또한 이슬람에서는 성서에 나오는 다양한 인물들도 예언자로 믿는다.

하디스(무함마드의 언행록)에 따르면 알라가 보낸 예언자는 12만 4,000명(하디스의 종류에 따라 24만 명, 또는 10만 명)이라고 말하는데, 이들 중 313명은 특별한 사명을 띠고 신의 섭리와 책을 전하는 사도이고, 그 밖의 예언자들은 신의 뜻에 따라 인도하고 계시를 받는 예언자이다.

독특한 메시지와 특별한 경전을 갖는 사도 중에는 모세, 예수, 무함마드가 있다. 그러므로 모든 사도는 예언자가 될 수 있지만, 모든 예언자가 사도가 되지는 않는다. 무슬림들은 예언자와 사도 중에 가장 높은 위치를 차지하는 사도가 무함마드라고 말한다. 그다음으로 이브라힘(아브라함), 그 다음이 무싸(모세), 그다음이 이싸(예수)이다. 이들 네 등급의 사도들이 오고 그다음에 예언자들이 온다. 그리고 다음의 여섯 명의 예언자들은 새로운 신의 섭리와 율법(샤리아)을 가져온 사람으로 아담(알라에게 선택된 자), 노아(알라의 예언자), 아브라함(알라의 친구), 모세(알라와 대화하는 자), 예수(알라의 영), 무함마드(알라의 사자) 등이다.

이슬람에서는 무함마드의 영은 모든 것보다 먼저 창조되었다고 말한다. 예수가 마지막 날에 심판하기 위해 오는데 예수는 무함마드의 샤리아 법의 추종자로서 무함마드의 법에 따라 심판할 것이라고 말한다. 예언자는 신의 메시지를 전달할 뿐만 아니라 메시지가 실제 생활에서 어떻게 해석되어야 할지를 보여주고 있기 때문에 모든 무슬림들은 모든 예언자들을 믿는다.

16. 이슬람의 여섯 가지 믿음
다섯 번째 – 부활과 최후의 심판

‘2012’라는 영화가 개봉된 이후에 많은 사람들이 인류의 종말이라든지 지구 최후의 날 등에 대하여 부쩍 관심을 많이 가지게 있다. 과거 1992년에 한국사회에서 사이비 종교단체의 ‘휴거’(携擧: 예수의 공중 재림 때 허공으로 들려 올라가는 현상)가 사회문제가 된 적이 있었다. 당시 이 단체에 가입했던 사람들은 전 재산을 단체에 헌납하고 휴거를 기다렸지만 정해진 날 휴거는 이루어지지 않았고 당시 그 단체를 이끌었던 사이비 목사는 형사처벌을 받았다.

대부분의 유일신 종교는 부활이라든지, 죽음 후에 삶에 대하여 이야기하고 있다. 특히 기독교에서는 예수의 부활에 대하여 상세하게 기록해 놓았으며, 기독교인들은 예수의 부활을 믿기 때문에 부활절은 기독교에서 매우 중요한 기념일이다.

유일신 종교인 이슬람에서도 죽음과 부활에 대하여 설명하고 있는데, 꾸란에서는 죽음과 부활, 최후의 심판에 대해 상세히 설명하고 있다. 부활이 이루어지는 정확한 시기는 아무도 알지 못한다. 그러나 꾸란에 의하면 부활의 시기는 알라만이 알고 있기 때문에 인간은 그 누구도 알 수 없다고 본다. 부활의 날이 오면 모든 별들이 빛을 잃고 하늘이 쪼개지며, 산들은 먼지가 되어 날린다고 한다. 이슬람에서는 부활의 징표는 나팔소리로 알 수 있다고 한다. 즉 첫 번째 나팔소리가 들리면 모든 피조물들은 극심한 공포와 두려움에 떨게 되고 알라가 원하는 자를 제외하고는 하늘과 땅에 있는 모든 자들은 의식을 잃게 된다.

두 번째 나팔소리가 들리면 알라가 제외한 피조물을 빼고는 천국과 지상에서 모두 죽는다. 그 후에 부활의 나팔소리가 들리면, 인간의 혼은 심판을 받기 전에 그들의 육체를 수리한다. 알라는 무덤에서 일어난 자들을 심판하기 위해 구름 속에서 나타나게 되고 이 천사들은 알라를 호위하게 된다. 수리된 육체는 심판의 장소로 가서 알라의 심판을 받게 된다는 것이다. 심판은 다음과 같은 순서로 이루어진다.

첫 번째, 알라 앞에 서게 된다.

두 번째, 선한 행위와 악한행위 등 모든 것을 기록한 회계 장부를 가져오게 된다.

셋째, 알라에게 심문을 받는다.

넷째, 그 지은 죄와 선행에 대하여 계산을 한다.

다섯째, 저울에 단다.

이러한 순서로 인간에 대하여 심판을 한다는 것이다. 이 심판에 따라 인간은 천국과 지옥의 기쁨을 맛볼 수 있는데, 이슬람에서 천국의 기쁨이란 온전히 육체적이고 감각적인 즐거움뿐만 아니라 영적 즐거움도 포함된다고 한다.

17. 이슬람의 여섯 가지 믿음
여섯 번째 – 까다르(Qadar, 신이 정한 명령)

무슬림들이 믿는 여섯 번째는 까다르(Qadar, 신이 정한 명령)인데, 이 까다르를 다수파인 순니 이슬람에서는 정명(운명, 숙명)으로, 소수파인 쉬아 이슬람에서는 '인간의 자유의지'라고 본다.

모든 무슬림들은 알라의 절대적인 명령, 그리고 선과 악에 대한 명령을 믿어야 한다. 무슬림은 알라가 이러한 명령을 영원부터 정해 놓았으며, 선과 악, 믿음과 불신은 물론 모든 것을 영원부터 명했다고 믿는다. 또한 현재까지 이루어진 것과 앞으로 일어날 미래도 전적으로 알라의 예지와 주권적 의지에 달린 것으로 인식한다.

무함마드는 아래와 같이 알라가 정하는 인간의 운명에 대하여 다음과 이야기하였다.

"모든 인간은 40일 동안 그의 어머니 자궁 안에 붙어 있다가 곧이어 40일간 피가 응고되고, 그 후 또 40일 동안 약간의 살이 붙는다. 그러고 나서 알라가 자궁의 천사를 보내어 태아에게 4가지를 정해준다. 첫째, 재산의 배당(성공, 번영, 부), 둘째, 식량의 많고 적음, 셋째, 생명의 길고 짧음, 넷째, 미래세상에서의 행복 또는 불행을 기록한다"

이슬람에서는 알라의 '절대적인 명령'이 까다르(Qadar)이며, 모든 '피조물 속에 작용하고 있는 법칙'은 타끄디르(Taqdir)라고 하며 알라의 까다르에 의해서 타끄디르가 작용하고 있는 것이다. 이슬람에서 '알라의 의지'와 '운명'은 같은 의미로 바로 까다르로 귀착된다고 볼 수 있다. 즉 세상 모든 만물은 까다르에 의해 결정된다는 것이다. 즉 알라의 뜻과 섭리에 의하지 아니하고는 나무에서 나뭇잎이 떨어질 수도 없고 벌레가 땅 위에 기어갈 수도 없다.

또한 알라는 이 세상 모든 인간에 대한 행운과 불행을 영원부터 정해 두었는데, 인간에게 신앙이 있다든지 혹은 신앙신이 없다든지 하는 것은 그 결과가 내세에서 이미 정해져 있다는 의미이다. 그리고 그 운명은 오직 알라만이 알고 있다는 것이다. 시아파에서 말하는 인간의 자유의지도 까다르에 포함되는데, 인간의 선한 길과 악한 길을 명하는 까다르는 인간에게 선택권을 주었지만 궁극적으로 이 선택권, 즉 자유의지도 까다르에 포함되는 개념인 것이다.

아랍어에서 이러한 까다르에 기반을 둔 표현들이 많이 있다. 일반인들이 많은 알고 있는 표현 중의 하나가 '인샤알라'

이다. 이 말은 '알라의 뜻대로'라는 표현인데 이는 단순한 의미가 아니다. 이 말은 긍정이 될 수도 있고 부정이 될 수도 있으며, 또는 아무런 결정이 되지도 않을 수 있는 그야말로 알라만이 알고 있다는 말이다. 즉 모든 것은 알라의 뜻에 의해 움직이고 결정된다는 뜻인 것이다.

18. 아라비아 상인과 실크로드

우리에게 '아라비아 상인' 하면 먼저 생각나는 것이 신밧드의 모험에 나오는 부유한 상인들의 이야기일 것이다. 즉 수십 마리의 낙타를 일렬로 길게 몰고 사막을 가로질러 가는 캐러밴(caravan)들을 상상하는 것은 당연한 일일 것이다.

실제로 아라비아 상인들은 과거 실크로드를 통해 동·서양의 문물과 문화를 전파하던 상인들을 대표하는 존재였다. 이러한 아라비아 상인들 덕분에 서양에는 동양의 비단과 도자기 향신료 등이 전파되어 나갔고, 동양에는 유리를 비롯한 서구의 각종 공예품들이 들어왔다.

특히 아라비아 반도의 히자즈지역(아라비아 반도에서 메카와 메디나를 연결하는 지역: 내륙의 산악지대와 홍해의 해안 사이에 경계를 이루는 지역)은 과거 무역 통상로로 지중해권과 연결되어 있어 동서양의 문물이 교류하는 교착지의 성격을 지니고 있었다.

고대 페르시아 제국시대에도 아라비아 상인들은 동서교역
의 주체였는데 이들은 인도양과 중국을 교류했으며, 이 교류
를 통하여 동물(공작, 앵무, 매), 캐시미르 울, 보석, 사향, 비단
등이 동양에서 서양으로 또는 서양에서 동양으로 전해졌다.

6 - 7세기경에도 아라비아를 중심으로 이러한 교역은 지속
적으로 이루어졌으며, 이 당시 아라비아 사막의 베두인들은
로마 제국과 페르시아 제국의 양지역으로 나뉘어져 활동하였
고, 아라비아반도, 인도, 중국을 통한 교역은 고대 한반도와
의 교류도 있었음을 보여준다. 즉 인도, 말레이시아, 중국으
로 통하는 교역로는 아라비아 상인들이 한반도에도 많이 진
출했음을 보여 주고 있다. 특히 아랍지역의 고대 문헌에는
신라에 대한 언급이 여러차례 나오고 있는데, 이 당시 아랍
인들은 인삼, 금·은장도, 비단제품, 도자기, 매(hawk)등을
신라로부터 수입하였으며, 신라는 중국과의 중계무역을 통하
여 향약(香藥), 심향(沈香), 상아, 앵무, 공작 등을 아랍인들
로부터 수입하였다.

이러한 아시아의 무역로는 초원길, 비단길, 바닷길(해양 실
크로드) 등을 통해 이루어졌으며, 이 당시 비단을 포함한 카
페트와 같은 물건들이 실크로드를 통하여 거래되었다.

7C부터 11C에 중동은 아랍제국의 정치적 확대와 함께 경
제력도 막강한 지역으로 나타나기 시작했고, 아랍지역의 경
제는 크게 확대되었다. 특히 9C 후반부터 10C까지 아랍인들
은 지중해를 지배하면서 해로(海路)를 관장하였는데 이 통로
를 경유하는 무역이 크게 성행하였다. 아랍인들은 인도양도

지배하여 말레이시아, 인도네시아, 필리핀, 중국에까지 통상로를 확대하였다. 이러한 결과로 중국서부지역과 말레이시아, 인도네시아에도 아랍대상들이 이슬람을 전파하여 많은 무슬림들이 분포되어 있다.

오만-부레이미의 야시장에서

19. 하람(Haram, 금지)과 할랄(Halal, 허용)

한국사람들이 이슬람의 관습 중에 가장 잘 알고 있는 것은 이슬람교도들은 돼지고기를 먹지 않는다는 것이다. 그러나 왜 돼지고기를 먹지 않느냐에 대해서는 잘 모르고 있는 것

같다.

필자가 이슬람에 대하여 많은 분들과 이야기를 나누면 반드시 나오는 이야기가 이슬람교도들 즉 무슬림들은 돼지고기를 먹지 않는데 왜 그 맛있는 돼지고기를 무슬림들이 먹지 않느냐에 대하여 궁금해 한다는 점이다.

한국인들이야 당연히 돼지고기를 비롯하여 개고기까지 다양한 종류의 고기를 먹지만 무슬림들이 어떤 종류의 고기를 어떻게 먹는지에 대하여 제대로 알고 있지 못하다. 물론 요즈음에 동남아시아의 무슬림들이 한국사회에 많이 들어와 있어 과거에 비해 무슬림들에 대하여 관심이 많이 높아지기는 했다.

그러나 이들 무슬림들과 어울리면서도 이들의 음식문화에 대하여 제대로 알고 있지는 못한 것 같다. 왜냐하면 이들에게 한국에서 잡은 쇠고기를 권하기 때문이다. 그러나 독실한 무슬림들은 한국에서 나는 쇠고기와 양고기도 거의 먹지 않는다. 왜 그러면 이들은 쇠고기마저 먹지않는 것일까?(물론 덜 종교적인 동남아시아 무슬림들은 한국에서 쇠고기나 양고기 심지어는 돼지고기를 먹기도 한다.)

먼저 무슬림들은 돼지고기를 먹지 않는데 왜 먹지 않는 것일까? 그 이유는 무엇일까? 그것은 당연히 꾸란에서 금지하고 있기 때문이다. 그러면 왜 꾸란에서 돼지고기를 금지하는 것일까? 꾸란에서는 특별히 인간이 먹을 수 있는 고기와 먹을 수 없는 고기에 대하여 상세히 설명해 놓았다. 꾸란에서는 '발굽이 두 쪽으로 갈라져 있고, 되새김질을 하는 동물'을 먹을 수 있다고 하였다. 되새김질을 하는 동물이란 반추동물, 즉 위가 3-4개인 동물들을 의미한다. 소, 염소, 양 등이 이에 속한다. 물론 낙타도 마찬가지로 먹을 수 있다. 또한 발톱이나 이빨로 먹이를 잡는 들짐승(호랑이, 늑대, 표범 등)도 먹을 수 없으며, 설치류, 파충류, 벌레 등을 먹이로 하는 모든 날짐승(매, 독수리, 까마귀) 등도 먹을 수 없다.

그러면 다시 돼지고기로 돌아가 보자. 돼지는 발굽이 두쪽으로 갈라져 있지만, 돼새김질을 하지 않는다. 따라서 당연히 먹을 수 없다. 돼지고기로 만든 제품(소시지 햄 등)도 먹을 수 없다. 그러면 한국에서 잡은 쇠고기와 양고기는 왜 먹지 않는 것일까?

그것은 '할랄(Hala)된 것이 아니기 때문이다. 일반적으로 한국인들이 잘못 알고 있는 것 중에 무슬림들은 쇠고기나 염소고기는 먹는다고 알기 때문에 무슬림들에게 이들 고기를 권하지만 이슬람에서 모든 고기는 '할랄'된 고기만 먹을 수 있는 것이다.

할랄(허용)이란 알라께 '허락'을 받아 이슬람식 도살법으로 '알라의 이름으로' 인간이 직접 숨통을 끊어 잡은 고기를 뜻한다. 따라서 아무리 쇠고기나 양고기라 하더라도 자연사한 고기나, 병걸린 고기 등은 먹을 수 없다.

그것은 이슬람에서 '금지'되는 하람(Haram)이기 때문이다. 물론 돼지고기는 하람이다. 또한 하람에는 포도주, 증류주, 독주 등 인간을 취하게 하는 모든 술을 금지하고 있다. 그 외에도 도박과 무익한 스포츠 등도 금지하며, 모든 혼외 선관계와, 유혹하는 몸짓, 성욕을 자극하거나 은연 중에 음란행위로 이끄는 태도와 몸짓도 엄격히 금지하고 있다.

20. 이슬람에서의 '죄'의 개념

성서에서 아담과 하와는 선악과를 따서 먹고 하나님께 죄를 짓게 되고 이로 인하여 인간은 원죄를 짓게 된다고 되어 있다. 물론 그 후 예수께서 인간의 죄를 대신하여 죽음으로써 원죄가 씻겨졌다고 본다. 그러나 이슬람에서는 기독교에서 언급하는 아담과 하와가 지은 원죄의 개념 혹은 유전죄의 개념은 인정하지 않는다.

꾸란과 예언자에 따르면 인간은 순수한 자연상태 '곧 하나님의 뜻과 법에 복종한다'는 의미의 '이슬람'의 상태에서 태어난다. 즉 사람이 출생 후에 어떻게 되든 그것은 외부의 영향을 받고 여러 요인이 간섭해서 생긴 결과로 보는 것이다.

이슬람적 윤리에 따르면, 인간이 불완전하거나 잘못을 범하는 것은 죄에 들지 않는다. 그 이유는 인간은 유한하고 한정된 피조물이기 때문이다. 그러나 상대적으로 완전해질 수 있는 길과 방법이 있는데도 그것을 추구하지 않는다면 그것은 죄에 포함된다고 본다. 즉 이슬람에서의 죄는 행위와 사고와 의지로 나타난다고 보는 것이다.

따라서 이슬람에서 보는 죄는 다음과 같은 경우에 해당된다.

1) 고의적으로 저지를 경우,

2) 알라께서 정해놓은 명백한 법을 무시하는 경우,

3) 알라의 권리와 인간의 권리를 침해하는 경우,

4) 인간의 영혼과 육체에 유해한 경우,

5) 잘못인줄 알면서도 되풀이하여 저지르는 경우,

6) 정상적인 상태에서 피할 수 있는데도 저지르는 경우이다.

또한 이러한 것들이 범죄의 구성 요건이 되기도 하지만 타고나거나 유전되는 것이 아니다.

이와 함께 알라께 대한 모든 죄는 단 하나만 빼 놓고는 죄를 진 사람이 진지하게 용서를 구하기만 하면 모든 죄는 용서받을 수 있다.

꾸란에 의하면 용서받을 수 없는 단 하나의 죄는 '다신론, 범신론, 삼위일체설'이다. 이슬람에서 이것들은 도저히 용서받을 수 없는 불경죄로 명백히 규정되어 있다. 사람에 대한 죄는 피해자가 가해자를 용서하거나 응분의 보상과 처벌, 또는 둘 중의 어느 하나가 이루어져야 용서가 가능하다. 특히 기독교에서는 인정하는 '삼위일체설'의 경우 이슬람에서는 대죄 중의 대죄이며, 불경죄로 보고 있다. 왜냐하면 알라께서 인간과 같은 혈연관계를 갖는다는 것은 있을 수 없는 일이라고 보기 때문이다.

21. 아랍인들과 명예살인(honor killing)

명예살인(honor killing)'이란, 일부 아랍국가들에서 행해지는 아랍 관습의 일부로 여성이 강간을 당했거나 불륜을 저질렀을 때, 또는 불륜을 의심받거나 가족의 동의없이 남자와 교제하거나 관계를 가졌을 때, 그 가족 구성원이 가족의 명예를 위해서 불륜을 범한 여성을 죽이는 것을 의미한다.

일반적으로 아랍인들은 유대가 매우 강해서 가족 중 누군가가 강간을 당했거나, 불륜을 저질렀을 때 모든 가족 구성원의 체면이 손상되고 불명예스러운 것으로 받아들인다.

즉 아랍세계에서 남자들이 가장 불명예스럽게 여기는 것은 그의 여자 가족 중에 몸가짐이 좋지 않았을 때 생기는 문제로 가족의 명예는 죄지은 여자를 처벌함으로서 회복될 수 있다고 보며, 매우 보수적인 가정의 경우 심하게는 여자를 죽이기도 한다는 것이다.

아랍에서는 가족의 명예를 매우 중요시 하는데, 명예는 아랍어로 샤라프(Sharaf, 남성과 관련된 명예) 또는 이르드(i'rd, 여성과 관련된 명예, 여성의 순결과 관련되어 있음)라고 한다. 즉 샤라프는 남자의 명예를 의미하는데, 말하고 행동하는 태도에 따라 획득되기도 하고 높아지기도 하며, 손상되거나 잃어버릴 수도 있다고 본다.

반면 이르드는 매우 경직된 개념으로, 여성은 이르드와 함께 태어나서 함께 자라지만 이르드가 절대적인 것이므로 더 높이지는 못한다. 다만 여성은 이르드를 반드시 지켜야 할 의무가 있다. 따라서 본의 아니게 가벼운 성적 범죄를 당하더라도 여성은 그녀의 이르드를 잃는 것이며, 한번 잃으면 다시 얻을 수 없다. 이르드는 어떤 의미에서는 아랍여성의 육체적 순결을 정신적 개념으로 바꾼 것이나 다름없다.

이렇듯 아랍에서 이르드는 여성의 순결과 함께 본질적으로 여성의 일부가 되어 왔다. 이 둘은 더 보태어 질 수 없으며, 한번 잃어버리면 다시 회복할 수가 없는 것이다. 즉 여성이 강간을 당하면 순결(처녀성)을 잃어버림과 동시에 이르드도 잃어버린다. 물론 두가지가 상황에 따라 달라지기도 하는데 신혼 첫날밤의 순결은 합법적으로 잃어버리지만 이르드는 잃지 않는 것이다.

그러므로 현숙한 여인은 이르드를 보존하며 그가 죽는 날까지 지키게 된다. 아랍남성의 샤라프는 상당부분 가족 여성들의 이르드에 의해서 좌우된다. 여성들이 이르드를 지키면 남성의 명예는 높아지는 것이다.

여성들이 이르드를 잃게 되는 경우 여성은 집안 남성들의 샤라프를 파괴한 것이 된다. 따라서 여성은 그녀 가족구성원들로부터 처벌을 받게 된다. 즉 여성이 결혼을 하기전에 성관계를 가지거나, 결혼한 여성이 간음했을 경우 그녀의 처벌은 남편에 의하지 않고 아버지쪽 가족(그녀의 아버지 혹은 오빠나 남동생)에 의해 이루어지는 것이 원칙이다. 이 처벌이 심하게는 여성들의 살해로도 이어졌는데 이를 '명예살인'이라고 한다.

아랍권에서 명예살인은 궁극적으로 가족집단의 결속을 유지하는데 도움을 준다고 보았으며, 만일 여성이 속한 아버지쪽 가족이 아닌 남편에게 그녀를 처벌하도록 허락한다면 그들은 자신의 가족 구성원의 통제력이 약화된다고 보았다. 따라서 여성이 반드시 처벌받아야 한다면 그녀의 아버지쪽 가족은 가족의 명예를 지키기 위해 어쩔수 없이 그녀를 죽이기도 하였던 것이다. 그러나 남편이 불륜을 의심하여 그의 아내를 죽였다고 한다면 명예살인보다는 '질투로 인한 살인'에 더 가깝다고 볼 수 있다.

그런데 문제는 이러한 아랍일부지역의 '명예살인'은 사실 이슬람이라는 종교와는 아무런 상관이 없다는 점이다. 그러나 아랍과 이슬람을 구분하지 못하는 일반인들은 쉽게 '명예살인'을 이슬람적 문화로 치부해 버리곤 한지만, 명예살인은 아랍지역의 전통적인 관습일 뿐이며 종교와는 상관이 없다. 더구나 이슬람학자들은 명예살인이야말로 가장 반이슬람적이고 비이슬람적인 행위라고 규탄한다.

이러한 명예살인도 서구적 법적용과 살인에 대한 부정적 개념으로 아랍지역에서 점점 사라져가고 있다. 단지 전통적인 시골사회나 베드윈 사회, 또는 매우 엄격한 아랍가정에서 가끔 발생하기 때문에 해외언론에 대서특필되기도 하는 것이다.

22. 하디스(Ḥadīth)와 전승

　이슬람에서 꾸란은 신의 말씀이 모두 기록된 것으로 완벽하다고 보며 모든 이슬람법의 가장 원천이 되고 있다. 그러면 이슬람에서 꾸란 다음으로 중요시하는 책은 무엇일까? 그것은 '하디스(Ḥadīth)'로 예언자 무함마드의 '말과 행동을 기록한 책'이다.

　무함마드 사후 이슬람세력이 확대되어감에 따라 급속하게 팽창하는 이슬람제국의 복잡한 문제들과 시대적 요구 및 새로운 사건들을 꾸란만으로는 해결할 수 없는 다양한 상황을 발생시켰다. 이에 따라 알라의 계시는 아니지만, 완전무결한 인간으로서 무함마드의 말과 행동은 이슬람 초기 사회의 표준이 되었다. 또한 다양하게 나타나는 법적인 문제들 중 꾸란만으로 해석하기 어려운 사건들이 나타나는데 꾸란에 적용할 수 없는 미묘한 문제의 경우는 하디스를 통하여 해설하게 되었던 것이다.

　즉 사회의 유지와 보완 제도로서 무함마드의 말와 행동을 기반으로 한 제도가 세워지면서 이 두 가지는 '법령'과 '시행'의 효력을 갖게 되었다. 즉 무함마드의 말과 행동을 기록한 책 자체를 '하디스'라고 함으로써, 꾸란 다음가는 이슬람의 중요한 서적으로 인정하게 되었던 것이다. 즉 꾸란이 이슬람법 샤리아의 모체라면, 하디스는 두번째 법원(法源)이 되고 있다.

하디스는 전하는 사람들이 신뢰할 만한 인물인지 아닌지를 철저히 역으로 검증을 거친 다음에 그 내용을 인정받았다. 이슬람에서는 가장 신뢰할 만한 전달자들은 알라를 사랑하고 경외하는 신학자들과 신자들이었다. 유명한 하디스 편집자들인 이맘 알 부카리(Imam al-Bukhari)와 살레 무슬림(Salih Muslim)이 편집한 하디스의 가장 중요한 선집은 무함마드 사후 약 120년이 지난 다음에 완성되었으며, 그 내용은 예언자의 생애와 지식을 모두 망라하고 있다.

이맘 알 부카리와 살레 무슬림이 수집한 선집은 당시 증인들의 이야기였다. 하디스는 예수에 대해서도 자주 언급하고 있는데, 예수에 관해 언급하는 것은 꾸란과 하디스 뿐 아니라, 예수의 가르침과 행동을 전하는 '무슬림 전승'에서도 나타나고 있다.

본래 전승은 예수의 초기 추종자들, 특히 아라비아와 북아프리카에 살고 있던 기독교인들로부터 수집한 것이었다. 예언자 무함마드가 이슬람을 전파할 때 예수를 믿던 많은 추종자들이 이슬람에 입교했다. 그들은 예언자 무함마드가 올 것이라고 예언한 예수에 관한 이야기를 모두 보존하고 있었다. 그 중에는 다양한 재미있는 일화들도 있는데, 이 일화들 중에는 그들의 재치와 해학도 포함되어 있는데, 그 일화들 중 2편만 소개하고자 한다.

첫 번째 일화는 예수가 방랑하다가 외투를 뒤집어쓰고 누워 있는 사람을 보고 깨우며 대화를 나누는 장면이다.

예수가 "잠자는 사람아! 일어나 하나님을 찬미하라. 그 분은 지고
하시다"라고 말씀하시자, 그 사람은 "당신은 저한테 무엇을 바라
십니까? 참으로 저는 이 세상을 그 사람들에게 다 버렸습니다"라
고 말하였다.
이에 그 분이 "그러면, 다시 자라. 내 친구야!"라고 말씀하셨다.

두 번째 일화는 다음과 같다.

어느 날 예수께서 언덕을 지나다가 한 동굴을 보았다. 그 안에 들
어가 보니, 한 사람이 열심히 하나님께 경배를 드리고 있었다. 그
는 등이 굽었고 몸은 쇠약했으며 가진 것이라고는 하나도 없는 사
람이었다.
예수께서 그에게 인사를 하셨으니, 그가 얼마나 하나님께 헌신하
는지 보고 놀라워하셨다.
"당신은 얼마나 오랫동안 여기에 있는 것입니까?"고 물으시자
"70년 동안 저는 하나님께 한 가지만을 요구하는데, 지금까지 저
에게 주시지 않으십니다. 아마도 당신께서 저 대신 하나님께 청하
시면 받을 수 있을 것입니다"고 대답했다.
"무엇을 요구했습니까?"고 물으셨다.
"저는 그 분께 먼지 무게 만큼의 순전한 사랑을 맛보게 해달라고
기도했습니다."
"내가 당신을 위해 하나님께 그것을 달라고 기도하겠습니다."

그날 밤 예수는 지고하신 하나님께 기도를 드렸으며, 하나님께서
는 계시를 내려셨다.
"내가 네 중재를 받아들였으니 네 간청을 들어주겠다."
예수께서 며칠 뒤에 그 자가 어떻게 지내는지 만나러 갔을 때 동
굴이 무너져 있었는데, 그 사이로 큰 틈이 보였다. 예수께서 틈
사이로 내려가 그 헌신자를 보니, 눈은 뜨고 입은 벌린 채로 경배
를 드리고 있었다.
예수께서 그에게 인사를 하였으나, 그는 대답을 하지 않았다. 예수
께서는 그가 이상하다고 생각하고 있는 동안 누군가 자기에게 외

치는 소리를 들었다.

"예수야! 그는 우리에게 먼지 만큼의 순전한 사랑을 맛보게 해달라고 요구했는데, 우리는 그가 이를 맛볼 수 없다는 것을 잘 알고 있다. 그래서 우리가 먼지 무게의 70분의 1을 맛보게 했더니, 그가 제정신이 아니구나. 만약 우리가 그보다 더 많이 주었다면, 어떻게 되었을까?"

23. 순니파와 시아파

오늘날 존재하는 대부분의 종교는 다양한 종파와 분파가 있듯이 이슬람도 예언자 무함마드 사후에 종교적 분파가 이루어지게 되었는데 크게 두 종파로 나눌 수가 있다. 즉 순니파와 쉬아파가 그것이다.

순니파는 멕카의 꾸라이시 부족과 그들의 자손들은 누구든지 칼리파가 될 수 있다고 보는 종파로 오늘날 대부분의 아랍 이슬람 국가는 순니파 국가들이다. 그들은 예언자 무함마드 사후 후계자인 아부바크르, 우마르, 우스만, 알리로 이어지는 4대 정통칼리파(대리인, 즉 알라의 사도의 대리인-무함마드의 후계자 혹은 대리인들을 의미함)를 인정하고 그 이후의 모든 칼리파를 인정하는 종파로 현재 순니파는 전세계 무슬림들의 80% 이상을 차지하고 있는 다수파이다.

이들은 무슬림 공동체(움마)의 순나(Sunnah, 관행)를 추종하는 종파인 것이다. 즉 순니파는 순나·꾸란·하디스(예언자의 언행록)·예언자와 정통 할리파들의 선례에 바탕을 두고 있는 종파로서 그들만이 정통 무슬림이라 자처한다.

　순니파는 꾸란과 순나 해설과 또 그들의 종교적 입장과 행위가 이슬람의 주류가 되어 왔다고 믿고 있으며, 이슬람의 4대 법학파의 추종자는 모두 주류에 속하는 순니파이다. 원래는 순나(관행)파라고 해야 하는데 오늘날 통상적으로 순니파라고 불린다. 그리고 순나를 믿는 무슬림을 순니(Sunnī)라고 한다.

　시아(Shīʿah)파는 전 세계 무슬림의 10% 정도를 차지하는 이슬람의 두 번째 종파이다. 이란과 이라크가 대표적인 시아파 국가인데 이란 인구의 98% 이상이 시아파이고 이라크인의 60% 이상이며, 요르단과 시리아에도 소수 존재한다.

　시아파의 동기는 칼리파를 알리의 가문에 돌려주려는 운동으로써 시작되었다. 4대 정통 칼리파 중 알리는 무함마드의 사촌인데, 무함마드의 딸인 파띠마와 결혼하였다. 따라서 알리는 무함마드의 사촌이자 사위인데 시아파는 알리만이 정통을 이어받을 수 있고 그 이후 칼리파들도 알리의 후손들만이 되어야 한다고 주장하는 종파이다.

　시아는 아랍어로 '파벌, 추종자'를 뜻하며, 알리의 파벌이라는 말에서 유래하였다. 그리고 시아파를 믿은 무슬림을 시이(Shīʿī)라고 한다. 시아파는 이슬람제국에서 정통칼리파 이후의 이슬람 제국인 우마이야조의 창시자 무아위야가 알리와 그의 장남인 하산을 독살시켰다고 믿는다.(순나파에서는 이 죽음을 자연사로 본다.) 또한 하산의 동생 후세인이 680년에

알-아인의 오아시스에서

이락의 쿠파 근처의 도시 카르발라(Karbalāʔ)에서 우마이야 조에 반항하여 반란을 일으켰으나 참혹하게 살해되었는데, 시아파는 순나파들이 그의 목을 잔인하게 잘랐다고 본다. 그래서 후세인의 제삿날인 이슬람력 1월(Muḥarram) 10일(아슈라, ʕAshūrā)은 시아파의 중요한 공휴일이다. 시아파는 이들 알리 가문의 후손들을 이맘이라고 부르며 그들의 존재를 각별하게 인식해왔다.

시아파와 순나파와 구별이 되는 가장 큰 차이점은 시아파는 알리와 하산 후세인 등 그 뒤를 잇는 이맘들에게 매우 치중한다는 것이다. 또한 메카와 메디나의 성지순례에 못지않게 이맘들의 무덤에도 순례를 하며, 대부분의 시아 무슬림은 열두 이맘의 존재를 인정한다. 즉, 알리·하산·후세인 및 그의 자손이 계승하여 제12대 이맘에까지 이른다. 제12대 이맘은 878년 어린 나이에 사마라에 볼모로 잡혀가 그 곳에서 사라졌다. 시아파는 12대 이맘이 지상에서 보이지 않게 되었지만 결코 죽은 것이 아니어서 '숨은 이맘'으로서 오랜 은둔생활을 하고 있을 뿐이라고 믿는다. 따라서 그는 언젠가 지상에 마흐디(Mahdī, 구세주)로 나타난다고 믿고 있다.

유네스코 인류무형문화유산 목록[39)]

(* 은 '인류무형문화유산' 등재 이전의 '인류구전 및 무형유산걸작' 등재연도)

국가명/건수	인류무형문화유산 목록
감비아(GAMBIA): 총 1건	―칸쿠랑, 멘딩지방의 입문의식/The Kankurang, Manding Initiatory Rite(2008/* 2005)
과테말라(GUATEMALA): 총 2건	―가리푸나족의 언어·무용·음악/The Garifuna Language, Dance and Music(2008/* 2005) ―라비날 아치 무용극 전통/The Rabinal Achí Dance Drama Tradition(2008/* 2005)
그루지야(GEORGIA): 총 1건	―그루지야의 다성 합창/Georgian Polyphonic Singing(2008/* 2005)
그리스(GREECE): 총 1건	―지중해식 식단/The Mediterranean diet(2010)
기니(GUINEA): 총 1건	―니아가쏠라 소쏘발라 문화 공간/The Cultural Space of Sosso―Bala in Nyagassola(2008/* 2005)
나이지리아(NIGERIA): 총 3건	―겔레데의 구전 유산/The Oral Hertage of Gelede(2008/* 2005) ―이파 점술/The Ifa Divination System(2008/* 2005) ―이젤 가면 축제/Ijele masquerade(2009)
니카라과(NICARAGUA): 총 2건	―가리푸나족의 언어·무용·음악/The Garifuna Language, Dance and Music(2008/* 2005) ―엘 구에구엔스/El Güegüense(2008/* 2005)

---

39) Cf. http://www.unesco.or.kr. '인류무형문화유산 대표목록'에 등재된 무형유산은 전 세계 84개국 213건(2010. 11월 현재)에 이른다. 유네스코가 2001년, 2003년, 2005년 각각 선포했던 '인류 구전 및 무형유산걸작' 90건은 2008년 11월, '인류무형문화유산 대표목록'으로 편입되었다. 대표목록 추가 선정은 2009년부터 시작되어, 2009년 76건, 2010년 47건이 새로 대표목록에 등재되면서 2011년 11월 현재 총 213건이 되었다. 참고로, 유네스코 지정 인류무형문화유산으로 등재되기 위한 기준은 다음과 같다. ① 대상은 협정 제2항에 규정된 무형문화유산의 구성에 적합해야 한다. ② 가시적인 부분, 무형문화유산의 중요성에 대한 인식, 구성원 간 대화를 장려하는 등 인간의 창조성을 증명해야 하고 전 세계의 문화적 다양성을 반영하는 것으로 한다. ③ 제도적 보호정책은 각 국가에서 작성된 요소들을 장려하고 보존할 수 있어야 한다. ④ 각 공동체, 사회적 그룹, 필요한 경우에는 관련 있는 개인들까지 무형문화유산으로 지정되기 위해 필수적인 선결과제들을 가능한 한 넓은 범위에서 함께 해결해야 한다. ⑤ 조항 11장, 12장에 규정에 따라 관련 국가에서 무형문화유산으로 먼저 선정되어 있어야 한다.

국가명/건수	인류무형문화유산 목록
도미니카 공화국(DOMINICAN REPUBLIC): 총 2건	-빌라 멜라 지역 문화/The Cultural Space of the Brotherhood of the Holy Spirit of the Congos of Villa Mella(2008/* 2005) -코코로 무용극 전통/The Cocolo Dance Drama Tradition(2008/* 2005)
라트비아(LATVIA): 총 1건	-발트지역 가무 축제/The Baltic Song and Dance Celebrations(2008/* 2005)
러시아(RUSSIAN FEDERATION): 총 2건	-세메이스키에 문화 공간과 구전 문화/The Cultural Space and Oral Culture of the Semeiskie(2008/* 2001) -야쿠트민족의 영웅서사시 올롱코/The Olonkho, Yakut Heroic Epos(2008/* 2005)
루마니아(ROMANIA): 총 2건	-칼루스 의식/The Căluş Ritual(2008/* 2005) -도이나/Doina(2009)
룩셈부르크(LUXEMBOURG): 총 1건	-에히터나흐의 무도행렬/The hopping procession of Echternach(2010)
리투아니아(LITHUANIA): 총 3건	-리투아니아(LITHUANIA): 총 3건 발트지역 가무 축제/The Baltic Song and Dance Celebrations(2008/* 2005) -십자가 공예와 그 상징성/Cross Crafting and its Symbolism(2008/* 2005) -수타르틴스, 리투아니아 다성부 노래/Sutartinės, Lithuanian multipart songs(2010)
마다가스카르(MADAGASCAR): 총 1건	-자피마니리족의 목공예 지식/Woodcrafting Knowledge of the Zafimaniry(2008/* 2005)
말라위(MALAWI): 총 2건	-구레 왐쿠루/The Gule Wamkulu(2008/* 2005) -빔부자 치유춤/The Vimbuza Healing Dance (2008/* 2005)
말레이시아(MALAYSIA): 총 1건	-막용 극/Mak Yong Theatre(2008/* 2005)
말리(MALI): 총 3건	-야루알과 데갈의 문화 공간/The Cultural Space of the Yaaral and Degal(2008/* 2005) -구루칸 푸가에서 선언된 맨든 헌장/The Manden Charter, proclaimed in Kurukan Fuga(2009) -카마블론의 7년 주기 지붕교체의식/The septennial re-roofing ceremony of the Kamablon, sacred house of Kangaba(2009)
멕시코(MEXICO): 총 6건	-죽은 이를 위한 토착 축제/The Indigenous Festivity dedicated to the Dead(2008/* 2005) -똘리만의 오또미 치치메까족의 추억장소 및 살아있는 전통/Places of memory and living traditions of the Otomí-Chichimecas people of Tolimán: the Peña de Bernal, guardian of a sacred territory(2009)

국가명/건수	인류무형문화유산 목록
멕시코(MEXICO):	-볼라도레의 제례의식/Ritual ceremony of the Voladores(2009) -멕시코 전통요리/Traditional Mexican cuisine – ancestral, ongoing community culture, the Michoacán paradigm(2010) -치아파 데 코르소의 신년 축제의 춤/Parachicos in the traditional January feast of Chiapa de Corzo(2010) -피레쿠아, 멕시코 푸레페차의 전통 노래/, traditional song of the P'urhépecha(2010)
모로코(MOROCCO): 총 4건	-제마 엘프나 광장의 문화 공간/The Cultural Space of Jemaa el-Fna Square(2008/* 2005) -탄탄의 마우셈/The Moussem of Tan-Tan(2008/* 2005) -매사냥술, 인간문화유산/Falconry, a living human heritage(2010) -지중해식 식단/The Mediterranean diet(2010)
모잠비크(MOZAMBIQUE): 총 2건	-구레 왐쿠루/The Gule Wamkulu(2008/* 2005) -쵸피 팀비라/The Chopi Timbila(2008/* 2005)
몽골(MONGOLIA): 총 5건	-모린 쿠르 전통 음악/The Traditional Music of Morin Khuur(2008/* 2005) -우르틴두 - 전통 민속 장(長)음악/Urtiin Duu – Traditional Folk Long Song(2008/* 2005) -나담, 몽골 전통 축제/Naadam, Mongolian traditional festival(2010) -매사냥술, 인간문화유산/Falconry, a living human heritage(2010) -허미의 몽골 전통예술/Mongolian traditional art of Khöömei(2010)
바누아투(REPUBLIC OF VANUATU): 총 1건	-바누아투의 모래 그림/Vanuatu Sand Drawings (2008/* 2003)
방글라데시(BANGLADESH): 총 1건	-바울의 노래/Baul Songs(2008/* 2005)
베냉(BENIN): 총 1건	-겔레데의 구전 유산/The Oral Hertage of Gelede (2008/* 2005)
베트남(VIETNAM): 총 4건	-베트남 궁정 음악 나냑/Vietnamese Court Music Nha Nhac(2008/* 2003) -공 문화공간/The Space of Gong Culture(2008/* 2005) -호박닌 민요/Quan Họ Bắc Ninh folk songs(2009) -푸동 사원과 속 사원의 종 축제/Gióng festival of Phù Đông and Sóc temples(2010)

국가명/건수	인류무형문화유산 목록
벨기에(BELGIUM): 총 7건	−뱅슈 사육제/The Carnival of Binche(2008/* 2005) −벨기에와 프랑스의 축제 행진용 거인과 용 형상/Processional Giants and Dragons in Belgium and France(2008/* 2005) −브뤼헤의 보혈의 행렬/Procession of the Holy Blood in Bruges(2009) −매사냥술, 인간문화유산/Falconry, a living human heritage(2010) −알스트 카니발/Aalst carnival(2010) −크라케링흔 및 토네켄스브랜드, 헤라드스베르흔의 세밀 성찬과 불축제/Krakelingen and Tonnekensbrand, end−of−winter bread and fire feast at Geraardsbergen(2010) −하우템 야르마르크트, 신트 리벤스 하우템의 겨울 가축 품평회 및 시/Houtem Jaarmarkt, annual winter fair and livestock market at Sint−Lievens−Houtem(2010)
벨리즈(BELIZE): 총 1건	−가리푸나족의 언어 · 무용 · 음악/The Garifuna Language, Dance and Music(2008/* 2005)
볼리비아(BOLIVIA): 총 2건	−오루로 사육제/The Oruro Carnival(2008/* 2005) −칼라와야족의 전통 의술/The Andean Cosmovision of the Kallawaya(2008/* 2005)
불가리아(BULGARIA): 총 2건	−비스트리타사 바비 - 쇼플룩 지방의 고대 다성음악, 춤 그리고 의식/The Bistritsa Babi − Archaic Polyphony, Dances and Rituals from the Shoplouk Region(2008/* 2005) −네스티나즈보의 과거로부터 온 편지/Nestinarstvo, messages from the past: the Panagyr of Saints Constantine and Helena in the village of Bulgari(2009)
브라질(BRAZIL): 총 2건	−바이아 로콘카보의 삼바 데 로다/The Samba de Roda of Recôncavo of Bahia(2008/* 2005) −와자피족의 구어 · 회화 표현/The Oral and Graphic Expressions of the Wajapi(2008/* 2005)
사우디아라비아(SAUDI ARABIA): 총 1건	−매사냥술, 인간문화유산/Falconry, a living human heritage(2010)
사이프러스(CYPRUS): 총 1건	−레프카라 레이스 공예/Lefkara laces or Lefkaritika(2009)
세네갈(SENEGAL): 총 1건	−칸쿠랑, 멘딩지방의 입문의식/The Kankurang, Manding Initiatory Rite(2008/* 2005)
스페인(SPAIN): 총 9건	−엘체 신비극/The Mystery Play of Elche(2008/* 2001)

국가명/건수	인류무형문화유산 목록
스페인(SPAIN):	—베르가 성체축일축제/The Patum of Berga(2008/* 2005) —라 고메라섬의 휘파람 소리 언어/Whistled language of the island of La Gomera(Canary Islands), the Silbo Gomero(2009) —스페인 지중해 연안의 관람 법정/Irrigators' tribunals of the Spanish Mediterranean coast: the Council of Wise Men of the plain of Murcia and the Water Tribunal of the plain of Valencia(2009) —마요르카의 실빌 영창/The chant of the Sybil on Majorca(2010) —매사냥술, 인간문화유산/Falconry, a living human heritage(2010) —인간 탑 쌓기/Human towers(2010) —지중해식 식단/The Mediterranean diet(2010) —플라멩고/Flamenco(2010)
슬로바키아(SLOVAK REPUBLIC): 총 1건	—푸자라와 푸자라음악/The Fujara and its Music (2008/* 2005)
시리아(SYRIAN ARAB REPUBLIC): 총 1건	—매사냥술, 인간문화유산/Falconry, a living human heritage(2010)
아르메니아(ARMENIA): 총 2건	—전통악기 두둑과 그 음악/The Duduk and its Music(2008/* 2005) —아르메니아의 십자가석, 카취카르의 상징과 공예기술 /Symbolism and craftsmanship of Khachkars, Armenian cross—stone art(2010)
아르헨티나(ARGENTINA): 총 1건	—탱고/The Tango(2009)
아제르바이잔(AZERBAIJAN): 총 4건	—아제르바이잔의 전통음악 무감/Azerbaijani Mugham (2008/* 2005) —노브루즈, 노우루즈, 누루즈, 나브루즈, 누로크, 네브 루즈/Novruz, Nowrouz, Nooruz, Navruz, Nauroz, Nevruz(2009) —아제르바이잔 아쉬크 예술/The art of Azerbaijani Ashiq(2009) —아제르바이잔 카펫의 전통기술/The traditional art of Azerbaijani carpet weaving in the Republic of Azerbaijan(2010)
알바니아(ALBANIA): 총 1건	—알바니아의 민속 단조다성부음악/Albanian Folk Iso—polyphony(2008/* 2005)
알제리(ALGERIA): 총 1건	—고아라의 아헬릴/The Ahellil of Gouara(2008/* 2005)

국가명/건수	인류무형문화유산 목록
에스토니아(ESTONIA): 총 3건	−발트지역 가무 축제/The Baltic Song and Dance Celebrations(2008/* 2005) −키누 문화 공간/The Kihnu Cultural Space(2008/* 2005) −세토 릴로, 세토 합창음악/Seto Leelo, Seto polyphonic singing tradition(2009)
에콰도르(ECUADOR): 총 1건	−자파라족의 구전 유산과 문화적 표현물/The Oral Heritage and Cultural Manifestations of the Zápara People(2008/* 2005)
예멘(YEMEN): 총 1건	−사나의 노래/Songs of Sanaa(2008/* 2001)
오만(OMAN): 총 1건	−알 바라, 오만 도파리 계곡의 춤과 음악/Al-Bar'ah, music and dance of Oman Dhofari valleys(2010)
온두라스(HONDURAS): 총 1건	−가리푸나족의 언어·무용·음악/The Garifuna Language, Dance and Music(2008/* 2005)
요르단(JORDAN): 총 1건	−페트라와 와디럼의 베두의 문화적 공간/The Cultural Space of the Bedu in Petra and Wadi Rum(2008/* 2005)
우간다(UGANDA): 총 1건	−나무껍질옷 만들기/Barkcloth Making in Uganda (2008/* 2005)
우루과이(URUGUAY): 총 2건	−칸돔베와 그 사회문화적 공간/The Candombe and its socio-cultural space: a community practice (2009) −탱고/The Tango(2009)
우즈베키스탄(UZBEKISTAN): 총 4건	−보이순 지역 문화/The Cultural Space of the Boysun District(2008/* 2001) −샤쉬마콤 음악/Shashmaqom Music(2008/* 2003) −노브루즈, 노우루즈, 누루즈, 나브루즈, 누로크, 네브루즈/Novruz, Nowrouz, Nooruz, Navruz, Nauroz, Nevruz(2009) −카타 아슐라 전통 노래/Katta Ashula(2009)
이라크(IRAQ): 총 1건	−이라크의 마캄/Iraqi Maqam(2008/* 2005)
이란(IRAN): 총 7건	−노브루즈, 노우루즈, 누루즈, 나브루즈, 누로크, 네브루즈/Novruz, Nowrouz, Nooruz, Navruz, Nauroz, Nevruz(2009) −라디프 이란 전통 음악/The Radif of Iranian music(2009) −카샨지방의 전통적 카펫 제작기술/Traditional skills of carpet weaving in Kashan(2010) −타지예라는 의례적 드라마 예술/The ritual dramatic art of Ta'zīye(2010) −파르스 지역의 전통적인 카펫 직조기술/Traditional skills of carpet weaving in Fars(2010)

국가명/건수	인류무형문화유산 목록
이란(IRAN):	−팔레바니와 주르카네이 의례/The Pahlevani and Zoorkhanei rituals(2010) −호라산 지역의 바크쉬 족의 음악/The music of the Bakhshis of Khorasan(2010)
이집트(EGYPT): 총 1건	−알 시라흐 알 히아랴흐 서사시/The Al-Sirah Al-Hilaliyyah Epic(2008/* 2005)
이탈리아(ITALY): 총 3건	−시칠리아 전통 인형극 푸피/Opera dei Pupi, Sicilian Puppet Theatre(2008/* 2005) −칸토 아 테노레, 사르디니아의 목가노래/Canto a tenore, Sardinian Pastoral Songs(2008/* 2005) −지중해식 식단/The Mediterranean diet(2010)
인도(INDIA): 총 8건	−람릴라 − 라마야나 전통공연/Ramlila − the Traditional Performance of the Ramayana (2008/* 2005) −베다 전통/The Tradition of Vedic Chanting (2008/* 2005) −산스크리트어 연극 쿠티야탐/Kutiyattam, Sanskrit Theatre(2008/* 2005) −노브루즈, 노우루즈, 누루즈, 나브루즈, 누로크, 네브루즈/Novruz, Nowrouz, Nooruz, Navruz, Nauroz, Nevruz(2009) −람만: 종교 축제 및 히말라야 가르왈의 제의연극/Ramman: religious festival and ritual theatre of the Garhwal Himalayas, India(2009) −라자스탄지방 칼벨리아족의 민속춤과 노래/Kalbelia folk songs and dances of Rajasthan(2010) −무디예투, 케랄라지역의 의례극과 춤극/Mudiyettu, ritual theatre and dance drama of Kerala(2010) −인도의 차우 댄스/Chhau dance(2010)
인도네시아(INDONESIA): 총 4건	−와양 인형극/Wayang Puppet Theatre(2008/* 2005) −인도네시아의 단도 크리스/The Indonesian Kris (2008/* 2005) −인도네시아 바틱/Indonesian Batik(2009) −인도네시아의 앙클룽/Indonesian Angklung(2010)
일본(JAPAN): 총 18건	−가부키극/Kabuki Theatre(2008/* 2005) −노가쿠(能樂)/Nôgaku theatre(2008/* 2005) −닌교 조루리 분라쿠(人形淨瑠璃文樂) 인형극/Ningyo Johruri Bunraku Puppet Theatre(2008/* 2005) −교토 기온축제의 이동식 무대 의식/Yamahoko, the float ceremony of the Kyoto Gion festival(2009) −궁정 음악/가가쿠/Gagaku(2009) −노토 지방의 농업 풍습/Oku−noto no Aenokoto (2009)

국가명/건수	인류무형문화유산 목록
일본(JAPAN):	−다이니치 궁정 무용 및 음악/Dainichido Bugaku (2009) −다이모쿠타테/Daimokutate(2009) −신년 어린이 축제/차키라코/Chakkirako(2009) −아키호의 모내기 축제/Akiu no Taue Odori(2009) −유오누마 지방의 모시 제조 기술/Ojiya−chijimi, Echigo−jofu: techniques of making ramie fabric in Uonuma region, Niigata Prefecture(2009) −이와미 지방의 종이제조/Sekishu−Banshi: papermaking in the Iwami region of Shimane Prefecture(2009) −전통 아이누 춤/Traditional Ainu dance(2009) −코시키지마 노 토시돈 신 축제/Koshikijima no Toshidon(2009) −하야치네 무악/Hayachine Kagura(2009) −히타치 후류모노 축제/Hitachi Furyumono(2009) −유키 추무기, 실크 섬유 생산기술/Yuki−tsumugi, silk fabric production technique(2010) −쿠미오도리, 오키나와의 전통 음악극/traditional Okinawan musical theatre(2010)
잠비아(ZAMBIA): 총 2건	−구레 왐쿠루/The Gule Wamkulu(2008/* 2005) −마키쉬 가면무도회/The Makishi Masquerade (2008/* 2005)
중국(CHINA): 총 28건	−곤극(昆劇)/Kun Qu Opera(2008/* 2005) −구친(古琴) 음악/The Guqin and its Music(2008/* 2005) −신장의 위구르 무캄/The Uyghur Muqam of Xinjiang(2008/* 2005) −우르틴두 − 전통 민속 장(長)음악/Urtiin Duu − Traditional Folk Long Song(2008/* 2005) −게사르 전통 서사시/Gesar epic tradition(2009) −난징의 윤진 문직 공예/The craftsmanship of Nanjing Yunjin brocade(2009) −남음/Nanyin(2009) −동족대가/Grand song of the Dong ethnic group (2009) −레공 예술/Regong arts(2009) −마나스/Manas(2009) −마주 신앙과 관습/The Mazu belief and customs (2009) −서안 고악/Xi'an wind and percussion ensemble (2009)

국가명/건수	인류무형문화유산 목록
중국(CHINA):	−양잠 및 비단 공예/Sericulture and silk craftsmanship of China(2009) −용선 축제/The Dragon Boat festival(2009) −용천청자 초벌 기술/The traditional firing technology of Longquan celadon(2009) −월극/Yueju opera(2009) −전통 선지 제조기술/The traditional handicrafts of making Xuan paper(2009) −중국 도장 전각 기술/The art of Chinese seal engraving(2009) −중국 목판 인쇄술/China engraved block printing technique(2009) −중국 서예/Chinese calligraphy(2009) −중국 전지 공예/Chinese paper−cut(2009) −중국 전통 목조 건축기술/Chinese traditional architectural craftsmanship for timber−framed structures(2009) −중국에 거주하는 조선족의 농무/Farmers' dance of China's Korean ethnic group(2009) −쿠메이: 몽골 가창 예술/Mongolian art of singing: Khoomei(2009) −티베트 식 오페라/Tibetan opera(2009) −화얼/Hua'er(2009) −북경 경극/Peking opera(2010) −중국의 전통의학: 침과 뜸/Acupuncture and moxibustion of traditional Chinese medicine(2010)
중앙아프리카공화국(CENTRAL AFRICAN REPUBLIC): 총 1건	−아카 피그미족의 구전 음악/The Polyphonic Singing of the Aka Pygmies of Central Africa(2008/* 2005)
짐바브웨(ZIMBABWE): 총 1건	−음벤데 예루살레마 춤/The Mbende Jerusarema Dance(2008/* 2005)
체코(CZECH REPUBLIC): 총 3건	−슬로바코 버번크, 모집춤/Slovácko Verbuňk, Recruit Dances(2008/* 2005) −매사냥술, 인간문화유산/Falconry, a living human heritage(2010) −흘리네츠코지역 마을의 쉬로브타이드 행진과 가면들/Shrovetide door−to−door processions and masks in the villages of the Hlinecko area(2010)
캄보디아(CAMBODIA): 총 2건	−스벡 톰, 크메르 그림자 극단/Sbek Thom, Khmer Shadow Theatre(2008/* 2005) −캄보디아 왕실 무용/The Royal Ballet of Cambodia (2008/* 2005)
코스타리카(COSTARICA): 총 1건	−코스타리카의 소 치기와 우차 전통/Oxherding and Oxcart Traditions in Costa Rica(2008/* 2005)

국가명/건수	인류무형문화유산 목록
코트디브와르(구 아이보리코스트) (COTE D'IVOIRE): 총 1건	−아풍카아의 보페: 타그바나 지역의 횡취(橫吹)형 젓대와 문화 공간/The Gbofe of Afounkaha: the Music of the Transverse trumpets and the cultural space of the Tagbana Community (2008/* 2005)
콜롬비아(COLOMBIA): 총 6건	−바랑끼야 사육제/The Carnival of Barranquilla (2008/* 2005) −파렌큐 데 산 바실리오의 문화공간/The Cultural Space of Palenque de San Basilio(2008/* 2005) −포파얀의 부활절 행렬/Holy Week processions in Popayán(2009) −흑백 사육제/Carnaval de Negros y Blancos (2009) −콜롬비아 남태평양연안 지역의 마림바 음악과 전통 영창/Marimba music and traditional chants from Colombia's South Pacific region(2010) −팔라브레로에 의해 적용되는 와유족의 규범체계/The Wayuu normative system, applied by the Pütchipü'üi(palabrero)(2010)
쿠바(CUBA): 총 1건	−오리엔테주의 음악, 툼바 프란체사/La Tumba Francesa, Music of the Oriente Brotherhood (2008/* 2005)
크로아티아(CROATIA): 총 9건	−고르자니 지방 여왕의 봄 행렬/Spring procession of Ljelje/Kraljice(queens) from Gorjani(2009) −두브로브니크의 수호자성 블레이세 축제/The festivity of Saint Blaise, the patron of Dubrovnik (2009) −이스트리안 음계 이중창 및 이중주/Two−part singing and playing in the Istrian scale(2009) −카스타브 지방 종지기들의 연례 행렬/Annual carnival bell ringers' pageant from the Kastav area(2009) −크로아티아의 레이스제조/Lacemaking in Croatia (2009) −흐바르섬에 십자가의 행렬/Procession Za Krizen ('following the cross') on the island of Hvar(2009) −흐바즈코 자고르제 전통 목재 장난감 제조/Traditional manufacturing of children's wooden toys in Hrvatsko Zagorje(2009) −북크로아티아의 생강빵 제조기술/Gingerbread craft from Northern Croatia(2010) −시니스카 알카, 신지의 기사 대회/The Sinjska Alka, a knights' tournament in Sinj(2010)

국가명/건수	인류무형문화유산 목록
키르기즈스탄(KYRGYZSTAN): 총 2건	−키르기즈스탄의 소리꾼, 아킨스의 기예/The Art of Akyns, Kyrgyz Epic Tellers(2008/* 2005) −노브루즈, 노우루즈, 누루즈, 나브루즈, 누로크, 네브루즈/Novruz, Nowrouz, Nooruz, Navruz, Nauroz, Nevruz(2009)
타지키스탄(TADJIKISTAN): 총 1건	−샤쉬마콤 음악/Shashmaqom Music(2008/* 2003)
터키(TURKEY): 총 8건	−시사시 이야기꾼, 메다의 기예/The Arts of the Meddah, Public Storytellers(2008/* 2003) −메블라나 세마 의식/The Mevlevi Sema Ceremony (2008/* 2005) −그림자 연극/Karagöz(2009) −노브루즈, 노우루즈, 누루즈, 나브루즈, 누로크, 네브루즈/Novruz, Nowrouz, Nooruz, Navruz, Nauroz, Nevruz(2009) −음유시인 전통/Âşiklik(minstrelsy) tradition(2009) −세마, 알레비−벡타시 의례/Semah, Alevi−Bektaşi ritual(2010) −전통적인 소벳 미팅/Traditional Sohbet meetings (2010) −크르크프나르 오일 레슬링 축제/Kirkpinar oil wrestling festival(2010)
토고(TOGO): 총 1건	−겔레데의 구전 유산/The Oral Hertage of Gelede (2008/* 2005)
파키스탄(PAKISTAN): 총 1건	−노브루즈, 노우루즈, 누루즈, 나브루즈, 누로크, 네브루즈/Novruz, Nowrouz, Nooruz, Navruz, Nauroz, Nevruz(2009)
페루(PERU): 총 4건	−자파라족의 구전 유산과 문화적 표현물/The Oral Heritage and Cultural Manifestations of the Zápara People(2008/* 2005) −타킬레섬의 직물공예/Taquile and its Textile Art (2008/* 2005) −가위춤/The scissors dance(2010) −후아코나다, 미토의 의례적 춤/Huaconada, ritual dance of Mito(2010)
프랑스(FRANCE): 총 8건	−벨기에와 프랑스의 축제 행진용 거인과 용 형상/Processional Giants and Dragons in Belgium and France(2008/* 2005) −말로야/Maloya(2009) −오뷔송 벽걸이 융단/Aubusson tapestry(2009) −프랑스 목조 구조물 제작 전통/The scribing tradition in French timber framing(2009) −매사냥술, 인간문화유산/Falconry, a living human heritage(2010)

국가명/건수	인류무형문화유산 목록
프랑스(FRANCE): 총 8건	−알렁송의 자수 레이스 공예기술/craftsmanship of Alençon needle lace−making(2010) −콩파뇨나쥬: 업무를 통한 지식과 정체성의 전승 네트워크/Compagnonnage, network for on−the−job transmission of knowledge and identities(2010) −프랑스의 미식(美食) 문화/The gastronomic meal of the French(2010)
필리핀(PHILIPPINES): 총 2건	−이푸가오족의 후드후드/Hudhud Chants of the Ifugao(2008/* 2001) −마라나오 부족의 대서사시 다란젠/The Darangen Epic of the Maranao People of Lake Lanao (2008/* 2005)
한국(REPUBLIC OF KOREA): 총 11건	−종묘제례 및 종묘제례악/Royal Ancestral Rite and Ritual Music in Jongmyo Shrine(2008/* 2001) −판소리/The Pansori Epic Chant(2008/* 2003) −강릉단오제/The Gangneung Danoje Festival (2008/* 2005) −강강술래/Ganggangsullae(2009) −남사당 놀이/Namsadang Nori(2009) −영산재/Yeongsanjae(2009) −제주 칠머리당 영등굿/Jeju Chilmeoridang Yeongdeunggut(2009) −처용무/Cheoyongmu(2009) −가곡, 관현악 반주에 맞춰 부르는 서정적 노래/Gagok, lyric song cycles accompanied by an orchestra(2010) −대목장/Daemokjang, traditional wooden architecture(2010) −매사냥술, 인간문화유산/Falconry, a living human heritage(2010)
헝가리(HUNGARY): 총 1건	−모학스 부소 축제/Busó festivities at Mohács: masked end−of−winter carnival custom(2009)

저자 소개

류정아
한국문화관광연구원 연구위원
(프랑스) 파리 고등사회과학연구원(EHESS) 사회인류학 및 프랑스민족학 박사
ryooja@kcti.re.kr

임지영
부산외국어대학교 지중해지역원 HK연구교수
(프랑스) Paris Descartes 사회학 박사
jill2020@pufs.ac.kr

장니나
부산외국어대학교 지중해지역원 HK연구교수
(프랑스) 파리VIII대학교 언어학 박사
cnn@pufs.ac.kr

김희정
부산외국어대학교 지중해지역원 HK연구교수
(이탈리아) 밀라노 가톨릭대학 문학 박사
senese77@pufs.ac.kr

임주인
부산외국어대학교 지중해지역원 HK연구교수
(스페인)서울대학교 스페인문학 박사
jlimoh@pufs.ac.kr

최자영
부산외국어대학교 지중해지역원 HK교수
(그리스) 이와니나 대학교 역사고고학 박사
jayoung@pufs.ac.kr

우덕찬
부산외국어대학교 터키-중앙아시아어과 교수
(터키) 하제테페대학교 역사학 박사
tnshan@pufs.ac.kr

황의갑
부산외국어대학교 지중해지역원 HK연구교수
모로코 무함마드 5세 국립대학교 이슬람학 박사
hwangeg@pufs.ac.kr

이성수
부산외국어대학교 지중해지역원 학술연구교수
부경대학교 국제지역학 박사(중동 이슬람지역학)
seongsoo@pufs.ac.kr

* 본문에서 사용된 도판에 대한 모든 책임은 저자에게 있습니다.

초 판 인 쇄 | 2011년 8월 30일
초 판 발 행 | 2011년 8월 30일

지 은 이 | 지중해지역원
펴 낸 이 | 채종준
펴 낸 곳 | 한국학술정보㈜
주   소 | 경기도 파주시 문발동 파주출판문화정보산업단지 513-5
전   화 | 031) 908-3181(대표)
팩   스 | 031) 908-3189
홈 페 이 지 | http://ebook.kstudy.com
E-mail | 출판사업부 publish@kstudy.com
등   록 | 제일산-115호(2000. 6. 19)

ISBN   978-89-268-2575-4 93920 (Paper Book)
          978-89-268-2576-1 98920 (e-Book)

이담 Books 는 한국학술정보(주)의 지식실용서 브랜드입니다.